GUIDE PRATIQUE

APPRENDRE LA T.V.A.

Initiation au fonctionnement du système de la T.V.A. et notions de base

Actualisé au 1er avril 2018

Michel CEULEMANS

CONFORME AUX RÉFÉRENTIELS PÉDAGOGIQUES ET
AGRÉÉ PAR LA COMMISSION DE PILOTAGE

L'édition professionnelle

L'éditeur veille à la fiabilité des informations publiées, lesquelles ne pourraient toutefois engager sa responsabilité.

Aucun extrait de cette publication ne peut être reproduit, introduit dans un système de récupération ou transféré électroniquement, mécaniquement, au moyen de photocopies ou sous toute autre forme, sans l'autorisation préalable écrite de l'éditeur.

Éditeur responsable
L. Venanzi
Edi.pro ©
Éditions des CCI SA
Esplanade de l'Europe, 2 à 4020 Liège
Belgique
(http ://www.edipro.info),
Tél. : 00.32.(0)4.344.50.88
Fax : 00.32.(0).4.343.05.53
© 2018, tous droits réservés

Imprimé en Belgique

D/2018/8406/11
ISBN : 978-2-87496-361-2

Avant-propos

Depuis ses origines, la T.V.A. s'est progressivement imposée pour devenir un système de taxation commun à tous les pays membres de l'Union européenne. C'est dire son importance et son caractère universel qui en fait un élément important de la vie économique.

Dans une certaine mesure, chaque pays conserve sa souveraineté et la possibilité d'adapter la législation T.V.A. en fonction de ses impératifs politiques et économiques. Il n'en demeure pas moins que sa structure générale présente une certaine uniformité que les institutions européennes tendent de plus en plus à renforcer.

Personne ne peut rester indifférent à cette taxe omniprésente dans les activités quotidiennes aussi bien professionnelles que privées. Qu'il s'agisse du fabricant, du négociant chargé de la porter en compte ou du consommateur qui la subit, chacun est concerné.

*
* *

Cet ouvrage n'a certes pas la prétention d'exposer de manière exhaustive l'ensemble de la législation T.V.A. Chaque chapitre justifierait à lui seul un volume... Il se veut avant tout une sérieuse initiation par une approche simple et progressive d'une matière étendue, complexe et parfois ardue.

Que les puristes ne s'offusquent dès lors pas de la liberté du ton et de la formulation dont l'unique but est de permettre aux non initiés - et notamment aux étudiants qui découvrent cette matière - de comprendre rapidement le système de la T.V.A., pourquoi il fait l'unanimité et en quoi il concerne aussi bien les entreprises que les particuliers.

Avant-propos

Sa vocation est donc bien didactique. Il correspond environ aux cinquante heures d'exposé nécessaires à un premier parcours de la matière, dans ses grands principes, y compris les obligations nées de la pratique quotidienne.

*
* *

Apprendre la T.V.A. c'est découvrir une matière moderne et originale qui ne ressemble à aucune autre et fait tour à tour appel à la mémoire, au raisonnement, à la logique et au calcul fondamental.

Dans la première partie, notre approche sera progressive :

- Qu'est-ce que la T.V.A. ?
- Qui doit appliquer la T.V.A. et qui ne doit pas ?
- Quelles sont les opérations soumises à la T.V.A. et celles qui ne le sont pas ?
- Quand la T.V.A. est due, quel en est son montant ?
- Quelles sont les T.V.A. que l'on peut déduire ou celles que l'on peut se faire rembourser ?

Pratiquer la T.V.A. c'est aussi être en contact permanent – même informatisé - avec l'administration fiscale et en particulier son secteur T.V.A. Cet aspect est abordé dans la seconde partie à travers l'étude des obligations de l'assujetti :

- Quelles formalités doit-on remplir ?
- Quelles sont les déclarations à déposer ?
- Comment remplir correctement la déclaration périodique à la T.V.A. ?
- Quand faut-il facturer ?
- Quelle comptabilité tenir ?
- Comment se passe un contrôle T.V.A. ?

Enfin, en troisième partie, plusieurs exercices résolus illustrent l'exposé théorique auquel ils se réfèrent systématiquement. Les étudiants y trouveront une aide précieuse à la préparation de leurs examens.

Cet exposé des matières n'exclut pas la lecture des articles du au Code T.V.A. auxquels il est fréquemment renvoyé.

Toutes les circulaires et décisions administratives, ainsi que les réponses aux questions parlementaires référencées, peuvent être consultées sur le site fisconet.fgov.be/fr.

*
* *

Toute remarque de nature à améliorer le contenu de cet ouvrage sera reçue avec intérêt.

Les textes de cette nouvelle édition sont actualisés <u>au 1er avril 2018</u>. Les nouveautés sont renseignées par un trait vertical dans la marge extérieure.

M.C.

Table des matières

Avant-propos 3

Table des abréviations 17

PREMIÈRE PARTIE - LA LÉGISLATION 19

01. Le système de la T.V.A. 21
1.1. Fonctionnement du système de la T.V.A. 21
1.1.1. Constatations et conclusions 22
1.1.2. Déclaration à la T.V.A. 22
1.2. Situation de la T.V.A. par rapport à l'I.P.P. ou l'I.S.O.C. 23
1.2.1. Bases de calcul des impôts et taxes 23
1.2.2. Conclusion 24

02. Les personnes assujetties à la T.V.A. 25
2.1. Définition de l'assujetti à la T.V.A. 25
2.1.1. Référence légale 25
2.1.2. Notion d'assujetti 25
2.1.3. Début et fin de l'assujettissement 26
2.1.4. Conséquences de l'assujettissement à la T.V.A. 27
2.2. Catégories d'assujettis à la T.V.A. 27
2.2.1. Les assujettis avec droit à déduction 27
2.2.2. Les assujettis franchisés 28
2.2.3. Les assujettis exonérés 30
2.2.4. Les assujettis exploitants agricoles 34
2.2.5. Les personnes morales non assujetties 35
2.2.6. Les assujettis mixtes ou partiels 36
2.2.7. Les assujettis étrangers 37
2.2.8. Les assujettis occasionnels sur option 38
2.2.9. Les assujettis occasionnels d'office 39
2.2.10. Résumons-nous 40
2.2.11. Cas particuliers 41
2.2.12. L'unité T.V.A. 43
2.3. Tableau synthétique des catégories d'assujettis à la T.V.A. .. 44

03. Les opérations réalisées en Belgique 45
3.1. Les livraisons de biens en Belgique 45
3.1.1. Référence légale 45
3.1.2. Notion de livraison de biens 45
3.1.3. Taxation de la livraison de bien 45
3.1.4. Opérations assimilées à des livraisons de biens 46

- 3.1.5. Lieu de la livraison de bien 46
- 3.1.6. Moment de la livraison de bien 47
- 3.1.7. Exigibilité de la T.V.A. 47
- 3.1.8. Déclaration périodique à la T.V.A. 48
- 3.1.9. Base imposable d'une livraison de bien 48
- 3.2. Les livraisons de biens incorporels 48
- 3.3. Les ventes de fonds de commerce 49
  - 3.3.1. Référence légale 49
  - 3.3.2. Exemption de la T.V.A. 49
- 3.4. Les prestations de services en Belgique 50
  - 3.4.1. Référence légale 50
  - 3.4.2. Principe 50
  - 3.4.3. Opérations assimilées à des prestations de services 51
  - 3.4.4. Exigibilité de la T.V.A. 52
  - 3.4.5. Déclaration périodique à la T.V.A. 52
  - 3.4.6. Base imposable d'une prestation de services en Belgique 52
- 3.5. Les prélèvements 52
  - 3.5.1. Référence légale 52
  - 3.5.2. Principe 52
  - 3.5.3. Prélèvements de biens 53
  - 3.5.4. Prélèvements de services 54
  - 3.5.5. Déclaration périodique à la T.V.A. 54
- 3.6. Les avantages de toute nature (ATN) 55
  - 3.6.1. Référence légale 55
  - 3.6.2. Principe 55
  - 3.6.3. Mise à disposition d'une voiture automobile 56
  - 3.6.4. En résumé 56
  - 3.6.5. Déclaration périodique à la T.V.A. 56

04. Les importations 57

- 4.1. Référence légale 57
- 4.2. Principe 57
  - 4.2.1. Importation par un assujetti avec droit à déduction 57
  - 4.2.2. Importation par un assujetti sans droit à déduction ou par un particulier 58
- 4.3. Fait générateur de la T.V.A. 58
- 4.4. Déclaration périodique à la T.V.A. 58
- 4.5. Importation avec report de paiement 59
  - 4.5.1. Principe 59
  - 4.5.2. Déclaration périodique à la T.V.A. 59

05. Les exportations 61

- 5.1. Référence légale 61
- 5.2. Principe de l'exportation 61
- 5.3. Preuve de l'exportation 61
- 5.4. Déclaration périodique à la T.V.A. 62
- 5.5. Entreprises exportatrices 62
- 5.6. Autre cas d'opérations exemptées 62

06. Les achats de biens dans l'Union européenne 63

- 6.1. Référence légale 63
  - 6.1.1. L'Union européenne 63
- 6.2. Notion d'acquisition intracommunautaire 64
- 6.3. Principe 64
  - 6.3.1. Acquisition intracommunautaire par un assujetti avec droit à déduction 65
  - 6.3.2. Acquisition intracommunautaire par un assujetti sans droit à déduction ou une personne morale non assujettie 65
  - 6.3.3. Acquisition intracommunautaire par un particulier 66
  - 6.3.4. Acquisition intracommunautaire de moyens de transport neufs 67
  - 6.3.5. Acquisition intracommunautaire de produits soumis à accises 67
- 6.4. Résumons-nous 67
- 6.5. Lieu et moment d'une acquisition intracommunautaire 68
- 6.6. Fait générateur de la T.V.A. 68
- 6.7. Base imposable 68
- 6.8. Taux 68

07. Les ventes de biens dans l'Union européenne 69

- 7.1. Référence légale 69
  - 7.1.1. L'Union européenne 69
- 7.2. Notion de livraison intracommunautaire 69
- 7.3. Principe 70
- 7.4. Les ventes à distance 70
- 7.5. Les livraisons avec installation et montage 70
- 7.6. Les transferts 71
- 7.7. Lieu et moment de la livraison intracommunautaire 71
- 7.8. Preuve de la livraison intracommunautaire 71
  - 7.8.1. Preuve par le numéro d'identification à la T.V.A. de l'acheteur 71
  - 7.8.2. Preuve par documents 72
- 7.9. Résumons-nous 73

07bis. Les prestations de services dans l'Union européenne 75

- 7bis.1. Références légales 75
- 7bis.2. Principe 75
  - 7bis.2.1. Règle générale 75
  - 7bis.2.2. Qui peut être assimilé à un preneur du service ? 75
  - 7bis.2.3. Nouvelles notions d'assujettis 76
  - 7bis.2.4. Exceptions (critères dérogatoires) 77
  - 7bis.2.5. Moment d'exigibilité de la T.V.A. 78
  - 7bis.2.6. Déclaration périodique à la T.V.A. 78

08. Les opérations immobilières 79

- 8.1. Références légales 79
- 8.2. Les ventes d'immeubles 79
  - 8.2.1. Notion de bâtiment neuf 79
  - 8.2.2. Valeur normale de construction 80

        8.2.3.   Qualité du vendeur (le cédant) 81
        8.2.4.   Nature du contrat 82
        8.2.5.   Moment de la cession 82
        8.2.6.   Déclaration périodique à la T.V.A. 83
   8.3. Les locations immobilières 83
        8.3.1.   Références légales 83
        8.3.2.   Notion 83
        8.3.3.   Locations immobilières non soumises à la T.V.A. 83
        8.3.4.   Locations immobilières soumises à la T.V.A. 84
        8.3.5.   Déclaration périodique à la T.V.A. 84
   8.4. Les ventes de terrains 84

09.   Les ventes de véhicules 85

   9.1. Référence légale 85
   9.2. Notions 85
        9.2.1.   Notion de «moyen de transport» (uniquement pour les opérations
        intracommunautaires) 85
        9.2.2.   Notion de «moyen de transport neuf» (uniquement pour les opérations
        intracommunautaires) 86
        9.2.3.   Notion de «voiture» (pour les opérations en Belgique) 86
        9.2.4.   Notion de «voiture neuve» (pour les opérations en Belgique) 87
        9.2.5.   Notion de «voiture d'occasion» (pour les opérations en Belgique) 87
   9.3. Ventes de véhicules en Belgique 87
        9.3.1.   Ventes de véhicules neufs en Belgique 87
        9.3.2.   Ventes de véhicules d'occasion en Belgique 87
        9.3.3.   Le régime de la marge 88
   9.4. Vente d'un véhicule à l'étranger 93
        9.4.1.   Vente dans un pays de l'U.E. (livraison intracommunautaire) 93
        9.4.2.   Vente dans un pays autre qu'un pays de l'U.E. (exportation) 94
        9.4.3.   Vente à l'étranger sous le régime de la marge 94

10.   La base imposable 95

   10.1. Références légales 95
   10.2. La base imposable d'une opération en Belgique 95
        10.2.1. Le prix 95
        10.2.2. Les charges 95
        10.2.3. Le pourboire (obligatoire) 95
        10.2.4. Les emballages perdus 95
        10.2.5. Les rabais, remises et ristournes 96
        10.2.6. L'escompte 96
        10.2.7. Les intérêts 96
        10.2.8. Les débours 97
        10.2.9. Les emballages consignés 97
        10.2.10. La T.V.A. 97
   10.3. La base imposable d'une importation 98
   10.4. La base imposable d'une opération intracommunautaire 98
   10.5. La base imposable du régime de la marge 98

11. Les taux 99
- 11.1. Références légales 99
- 11.2. Principe 99
- 11.3. Principaux taux appliqués en Belgique 100
- 11.4. Taux appliqués dans les pays de l'U.E. 101
- 11.5. Taux réduit de 6% sur les rénovations d'immeubles 102
  - 11.5.1. Références légales 102
  - 11.5.2. Travail immobilier 102
  - 11.5.3. Logement privé 102
  - 11.5.4. Ancienneté du bâtiment 102
  - 11.5.5. Consommateur final 103
  - 11.5.6. Mention sur la facture 103
- 11.6. Taux 0% sur les facturations «cocontractant» 103
  - 11.6.1. Références légales 103
  - 11.6.2. Principe 103
  - 11.6.3. Conséquences 105
  - 11.6.4. Clients auxquels ne peut pas s'appliquer la règle du cocontractant 105
- 11.7. Cas d'application 105

12. Les déductions de T.V.A. 107
- 12.1. Références légales 107
- 12.2. La facture, support de la déduction 107
- 12.3. T.V.A. totalement déductible 108
  - 12.3.1. Que signifie «réalisation d'opérations passibles de la T.V.A.» ? 108
  - 12.3.2. Dépenses dont la T.V.A. est totalement déductible 108
- 12.4. T.V.A. non déductibles 109
  - 12.4.1. Frais à caractère privé 109
  - 12.4.2. Certains frais à caractère économique 109
- 12.5. T.V.A. partiellement déductible chez les assujettis mixtes 111
  - 12.5.1. Référence légale 112
  - 12.5.2. Règle du prorata général 112
  - 12.5.3. Règle de l'affectation réelle 114
- 12.6. T.V.A. partiellement déductibles sur certains véhicules automobiles ... 115
  - 12.6.1. Référence légale 115
  - 12.6.2. Règle des 50% 115
- 12.6bis. T.V.A. partiellement déductibles sur les investissements mixtes 118
  - 12. 6bis.1. Véhicules automobiles 118
  - Méthode 3 – Forfait général (minimum 4 moyens de transport) 119
  - Détermination du droit à déduction 120
  - 12. 6bis.2. Les biens meubles autres que les véhicules 120
  - 12. 6bis.3. Les biens immeubles 121
- 12.7. Révision de la déduction 121
  - 12.7.1. Révision sur les biens d'investissement 121
  - 12.7.2. Déclaration périodique à la T.V.A. 124
- 12.8. Délais de la déduction 124
- 12.9. Déclaration périodique à la T.V.A. 124

13. Les restitutions de T.V.A. 125

- 13.1. Références légales 125
- 13.2. Restitutions des crédits d'impôts 125
  - 13.2.1. Notion de «crédit d'impôt» 125
  - 13.2.2. Conditions du remboursement trimestriel d'un crédit d'impôt 126
  - 13.2.3. Conditions du remboursement mensuel d'un crédit d'impôt 126
- 13.3. Restitutions de T.V.A. aux assujettis agriculteurs 127
- 13.4. Restitutions de T.V.A. aux assujettis occasionnels 127
- 13.5. Restitutions de T.V.A. aux assujettis étrangers 127
  - 13.5.1. Établissement stable 127
  - 13.5.2. Représentant responsable 128
  - 13.5.3. Bureau des assujettis étrangers 128
  - 13.5.4. T.V.A. étrangères 128
- 13.6. Restitutions de T.V.A. suite à un paiement indu 129
- 13.7. Restitutions de T.V.A. suite à un rabais de prix 129
- 13.8. Restitutions de T.V.A. suite à un renvoi d'emballage 129
- 13.9. Restitutions de T.V.A. suite à la résiliation d'une convention 130
- 13.10. Restitutions de T.V.A. suite à la reprise d'un bien dans les 6 mois 130
- 13.11. Restitutions de T.V.A. suite à une perte de créance 130
  - 13.11.1. Faillite 130
  - 13.11.2. Créance impayée 131
- 13.12. Restitutions de T.V.A. à certaines personnes handicapées 131

DEUXIÈME PARTIE - LES OBLIGATIONS 133

14. Formalités administratives des assujettis 135

- 14.1. Identification à la T.V.A. 135
  - 14.1.1. Attribution d'un numéro d'identification à la T.V.A. 135
  - 14.1.2. Compte courant T.V.A. 136
- 14.2. Déclaration d'activité 136
- 14.3. Compte bancaire 136
- 14.4. Régimes de taxation 136
- 14.5. Régimes de dépôt 137
  - 14.5.1. Déclaration mensuelle 137
  - 14.5.2. Déclaration trimestrielle 137
- 14.6. Modalités et délais de dépôt de la déclaration périodique à la T.V.A. 137
- 14.7. Délais de paiement de la T.V.A. 138
  - 14.7.1. Intérêts de retard 138
- 14.8. Acomptes T.V.A. 138
  - 14.8.1. Assujetti mensuel 138
  - 14.8.2. Assujetti trimestriel 139

15. Les régimes de taxation 143

- 15.1. Le régime normal 143
  - 15.1.1. Références légales 143
  - 15.1.2. Principe 143

15.2. Le régime du forfait 144
    15.2.1. Références légales 144
    15.2.2. Principe 144
    15.2.3. Activités forfaitaires 145
    15.2.4. Feuille de calcul et coefficients forfaitaires 145
    15.2.5. Conditions d'application du forfait 146
    15.2.6. Techniques du calcul forfaitaire 146
    15.2.7. Perte du bénéfice du forfait 146
    15.2.8. Prélèvement 146
15.3. Le régime de la franchise 147
    15.3.1. Références légales 147
    15.3.2. Principe 147
15.4. Le régime des exploitants agricoles 147
    15.4.1. Références légales 147
    15.4.2. Principe 147
15.5. Le régime des biens d'occasion 147
    15.5.1. Références légales 147
    15.5.2. Principe 147
15.6. Changements de régime de taxation 148

16. La déclaration périodique à la T.V.A. 149

16.1. Références légales 149
16.2. Personnes tenues au dépôt de la déclaration périodique à la T.V.A. ... 149
16.3. Présentation de la déclaration périodique à la T.V.A. 149
    16.3.1. Quelques remarques préalables 150
    16.3.2. Structure de la déclaration périodique à la T.V.A. 150
16.4. Analyse de la déclaration périodique à la T.V.A. 153
    Cadre I - Renseignements généraux 153
    Cadre II - Opérations à la sortie 153
    Cadre III - Opérations à l'entrée 156
    Cadre IV - Taxes dues 159
    Cadre V - T.V.A. déductibles 161
    Cadre VI - Solde – Une seule des deux grilles peut être remplie 162
    Cadre VII - Acompte : concerne uniquement la déclaration mensuelle de décembre 163
    Cadre VIII - Listing clients « néant » 163
    Cadre IX - Date et signature(s) 163
    Décompte final 163

17. La déclaration spéciale à la T.V.A. 165

17.1. Références légales 165
17.2. Personnes concernées 165
17.3. Opérations visées 165
17.4. Formalités 166
17.5. Délais de dépôt de la déclaration spéciale à la T.V.A. 166

18. La facturation 169

18.1. Références légales 169
18.2. La facture 169

  18.2.1. Mentions sur la facture 169
  18.2.2. Factures simplifiées 170
 18.3. Obligation de facturer 171
 18.4. Dispenses de facturer 171
 18.5. Délais de facturation 172
 18.6. Facturation électronique 173
 18.7. Self billing 174

19. Caisses enregistreuses et souches T.V.A. 175
 19.1. Références légales 175
 19.2. Caisses enregistreuses 175
  19.2.1. Assujettis concernés 175
  19.2.2. Système 175
  19.2.3. Conservation des données 176
 19.3. Souches T.V.A. 176
  19.3.1. Délivrance de la souche T.V.A. 176
  19.3.2. Modèles de souches T.V.A. 177

20. Tenue de la comptabilité 179
 20.1. Références légales 179
 20.2. Livres imposés 179

21. La liste des clients assujettis à la T.V.A. 181
 21.1. Référence légale 181
 21.2. Principe 181
 21.3. Utilité de la liste 181
 21.4. Absence d'opérations 182

22. Le relevé à la T.V.A. des opérations intracommunautaires 185
 22.1. Référence légale 185
 22.2. Principe 185
 22.3. Utilité de la liste 186
 22.4. Périodicité d'envoi 186

23. Conservation des livres et documents 189
 23.1. Conservation des livres et documents comptables 189
  23.1.1. Références légales 189
  23.1.2. Livres et documents à conserver 189
  23.1.3. Délais de conservation 190
  23.1.4. Sanctions 190
 23.2. Communication des livres et documents comptables 190
  23.2.1. Références légales 190
  23.2.2. Règles 190
  23.2.3. Droit d'emporter les livres et documents 190

23.3. Droit de visite des locaux professionnels 191
    23.3.1. Références légales 191
    23.3.2. Règles 191
23.4. Fourniture de renseignements à l'administration 192
    23.4.1. Références légales 192
    23.4.2. Règles 192

24. Les moyens de preuve de l'administration 193

24.1. Références légales 193
24.2. Principe 193
24.3. Moyens de preuve spécifiques à la T.V.A. 193
    24.3.1. Le procès-verbal 193
    24.3.2. La taxation d'office 193
    24.3.3. L'expertise 194
    24.3.4. Les présomptions légales 194

25. La procédure 195

25.1. Référence légale 195
25.2. Principe 195
25.3. Le contrôle T.V.A. 195
    25.3.1. Avis de contrôle 195
    25.3.2. Lieu du contrôle de la comptabilité 195
    25.3.3. Relevé de régularisation 196
    25.3.4. Amendes 196
    25.3.5. Requête en remise ou réduction d'amendes 196
    25.3.6. Intérêts de retard 197
    25.3.7. Accord de l'assujetti 197
    25.3.8. Désaccord de l'assujetti 197
    25.3.9. Procès-verbal 197
    25.3.10. Contrainte 197
    25.3.11. Procédure judiciaire 199

26. Les intérêts moratoires 201

26.1. Références légales 201
26.2. Intérêts en faveur de l'Etat 201
26.3. Intérêts en faveur de l'assujetti 201

27. Organigramme du SPF Finances 203

27.1. Référence légale 203
27.2. Structure générale 203
27.3. Groupe cible 204
    27.3.1. Critère «Taille» pour les sociétés 204
    27.3.2. Critère «Taille» pour les personnes morales 204
    27.3.3. Critère «Secteur d'activités spécifiques» 205
    27.3.4. Critère «Groupe d'entreprises» 205
    27.3.5. Critère «Unité T.V.A.» 205
27.4. Dates de rattachement au groupe cible GE 205
27.5. Compétences territoriales 205

27.5.1. Les 7 centres régionaux.. 205
27.5.2. Le Centre GE - Gestion et Contrôles spécialisés 206
27.6. Compétences matérielles 206
27.6.1. Les 7 centres GE régionaux 206
27.6.2. Le Centre GE - Gestion et Contrôles spécialisés 207

TROISIÈME PARTIE - LES EXERCICES 209

28. Exercices pratiques 211

Série n° 01 - Assujettissement à la T.V.A. 213
Exercice n° 1.1. - Catégories d'assujettis 213
Série n° 02 - Comptabilisation et déclaration T.V.A. 215
Exercice n° 2.1. - Déclaration périodique à la T.V.A. au régime normal 215
Exercice n° 2.2. - Déclaration périodique à la T.V.A. au régime du forfait .. 217
Série n° 03 - Maîtrise de la déclaration T.V.A. 219
Exercice n° 3.1. - Déclaration périodique à la T.V.A. 219
Exercice n° 3.2. - Déclaration périodique à la T.V.A. 221
Exercice n° 3.3. - Déclaration périodique à la T.V.A. 223
Exercice n° 3.4. - Déclaration périodique à la T.V.A. 225
Exercice n° 3.5. - Déclaration périodique à la T.V.A. et solde 226
Exercice n° 3.6. - Déclaration périodique à la T.V.A. et solde 227
Série n° 04 - Déduction de la T.V.A. 229
Exercice n° 4.1. - Cas pratiques de déduction 229
Exercice n° 4.2. - Déduction selon la règle du prorata général 230
Exercice n° 4.3. - Déduction sur achats de véhicules 231
Série n° 05 - Facturation 233
Exercice n° 5.1. - Rédaction d'une facture et déclaration T.V.A. 233
Exercice n° 5.2. - Rédaction d'une facture 234
Série n° 06 - Investissements 235
Exercice n° 6.1. - Comptabilisation des investissements 235
Série n° 07 - Formalités administratives 237
Exercice n° 7.1. - Changement de régime de taxation 237
Exercice n° 7.2. - Changement de régime de taxation 238
Exercice n° 7.3. - Régimes de dépôt 239
Série n° 08 - Chiffre d'affaires 241
Exercice n° 8.1. - Ventes en Belgique et à l'étranger 241
Exercice n° 8.2. - Cession de fonds de commerce 242
Exercice n° 8.3. - Prestations de services fournies à l'étranger 242
Série n° 09 - Véhicules automobiles 245
Exercice n° 9.1. - Ventes de véhicules au régime de la marge 245
Exercice n° 9.2. - Déclaration T.V.A. d'un négociant en véhicules 246
Exercice n° 9.3. - Opérations sur véhicules 248
Exercice n° 9.4. - Achats et ventes de véhicules 249
Exercice n° 9.5. - Transactions internationales de véhicules 250
Exercice n° 9.6. - Achats et ventes de véhicules 251
Série n° 10- Taux 253
Exercice n° 10.1. - Taux des travaux immobiliers 253
Exercice n° 10.2. - Taux «cocontractant» 254
Série n° 11 - Analyse de situations diverses 255
Q.C.M. T.V.A. 257

28. Solutions des exercices ... 269

Solution exercice n° 1.1. ... 269
Solution exercice n° 2.1. ... 270
Solution exercice n° 2.2. ... 276
Solution exercice n° 3.1. ... 282
Solution exercice n° 3.2. ... 282
Solution exercice n° 3.3. ... 283
Solution exercice n° 3.4. ... 283
Solution exercice n° 3.5. ... 284
Solution exercice n° 3.6. ... 284
Solution exercice n° 4.1. ... 286
Solution exercice n° 4.2. ... 286
Solution exercice n° 4.3. ... 287
Solution exercice n° 5.1. ... 288
Solution exercice n° 5.2. ... 288
Solution exercice n° 6.1. ... 289
Solution exercice n° 7.1. ... 289
Solution exercice n° 7.2. ... 289
Solution exercice n° 7.3. ... 289
Solution exercice n° 8.1. ... 290
Solution exercice n° 8.2. ... 290
Solution exercice n° 8.3. ... 291
Solution exercice n° 9.1. ... 291
Solution exercice n° 9.2. ... 291
Solution exercice n° 9.3. ... 292
Solution exercice n° 9.4. ... 292
Solution exercice n° 9.5. ... 293
Solution exercice n° 9.6. ... 294
Solution exercice n° 10.1. ... 294
Solution exercice n° 10.2. ... 295
Solution exercice n° 11. ... 295
Solution Q.C.M. T.V.A. ... 296

Index ... 297

Table des abréviations

AGE	Administration Grandes Entreprises
AGF	Administration Générale de la Fiscalité
A.M.	Arrêté ministériel
A.R.	Arrêté royal
Art.	Article
A.S.B.L.	Association sans but lucratif
B.N.B.	Banque Nationale de Belgique
Cass.	Cassation
C.I.R.	Code des impôts sur le revenu
C.J.C.E.	Cour de Justice de la Communauté européenne
C.J.U.E.	Cour de Justice de l'Union européenne
Circ.	Circulaire administrative
C.Soc.	Code des sociétés
C.T.R.I.	Centre de traitement régional de l'information
Déc.	Décision administrative
D.I.V.	Direction de l'immatriculation des véhicules
GE	Grande(s) Entreprise(s)
H.T.V.A.	Hors T.V.A., T.V.A. non comprise.
I.P.P.	Impôt des personnes physiques
I.S.O.C.	Impôt sociétés
P.C.M.N.	Plan comptable minimum normalisé
Pr.I.	Précompte immobilier
Q.P.	Question parlementaire
SCE.	Système de caisse enregistreuse
T.T.C.	Toute(s) taxe(s) comprise(s)
T.V.A.	Taxe sur la valeur ajoutée
T.V.A.C.	T.V.A. comprise
U.E.	Union européenne

PREMIÈRE PARTIE

LA LÉGISLATION

01. Le système de la T.V.A.

Le montant sur lequel la T.V.A. vient s'appliquer correspond au supplément de valeur que l'entreprise a ajouté par son activité économique au bien ou au service acquis. D'où le nom de taxe sur la valeur ajoutée.

1.1. Fonctionnement du système de la T.V.A.

On a compris le système de la T.V.A. lorsque l'on a compris que la T.V.A. n'est en définitive supportée que par le **consommateur final** du bien ou du service. Même si avant d'atteindre ce stade final de la consommation, d'autres paiements de T.V.A. peuvent intervenir, ils restent théoriquement neutres.

Prenons l'exemple d'une chaîne économique comprenant différents stades de production et de commercialisation :

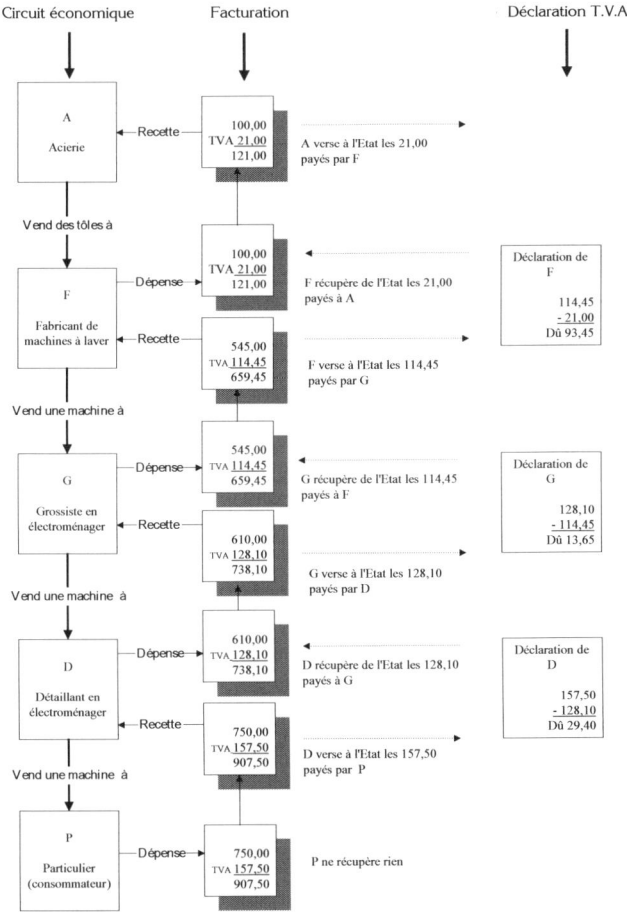

1.1.1. Constatations et conclusions

Chacun des vendeurs dans le circuit économique est un percepteur d'impôt de l'Etat (on dit « **collecteur d'impôt** ») puisqu'il est chargé de lui reverser systématiquement les T.V.A. comprises dans le prix de vente et payées par ses clients.

- A reverse à l'Etat la T.V.A. de 21,00 € payée par F
- F reverse à l'Etat la T.V.A. de 114,45 € payée par G
- G reverse à l'Etat la T.V.A. de 128,10 € payée par D
- D reverse à l'Etat la T.V.A. de 157,50 € payée par P

A chaque stade économique, chaque intervenant **récupère la T.V.A.** qu'il a payée à ses fournisseurs.

- A récupère la T.V.A. payée à ses fournisseurs
- F récupère la T.V.A. de 21,00 € payée à A
- G récupère la T.V.A. de 114,45 € payée à F
- D récupère la T.V.A. de 128,10 € payée à G
- P ne récupère pas la T.V.A. de 157,50 € payée à D

P est le seul à ne pouvoir récupérer la T.V.A.; c'est donc bien lui, le consommateur final, qui la supporte. La T.V.A. est une **taxe à la consommation**.

Il faut bien comprendre que la T.V.A. payée à l'État par le vendeur est celle qui a été payée par le client. Il n'y a donc pas de charge de T.V.A. De même, la T.V.A. récupérable n'est que celle que l'on a payée au fournisseur. Il n'y a donc pas de gain de T.V.A.
Dans le système de la T.V.A., tant que l'on reste dans le circuit économique, on ne «gagne» pas de T.V.A. et on n'en «perd» pas. On dit que la T.V.A. est **neutre**.

> La neutralité est ici établie du fait de la déductibilité totale de la T.V.A. Nous verrons que cette neutralité est parfois remise en cause par certaines restrictions de déduction de T.V.A. à caractère économique.

Disons enfin que la T.V.A. est **transparente** puisque l'on connaît non seulement les opérations sur lesquelles elle doit s'appliquer mais également son montant, notamment le taux du bien ou du service.

1.1.2. Déclaration à la T.V.A.

Comme indiqué sur le schéma, la déclaration périodique à la T.V.A. est le document qui regroupe l'ensemble des T.V.A. à payer et à récupérer pour une période donnée. La déclaration dégage un **solde débiteur** (T.V.A. dues > T.V.A. à récupérer) ou un **solde créditeur** (T.V.A. dues < T.V.A. à récupérer).

Un solde créditeur indique un montant de T.V.A. déductibles supérieur au montant des T.V.A. dues et peut être la conséquence, par exemple, de nombreux achats (constitution de stock), d'acquisitions d'investissements (montant important de T.V.A. à déduire) ou d'un chiffre d'affaires soumis à un taux de T.V.A. inférieur au taux de T.V.A. des achats ou encore d'un chiffre d'affaires exempté de T.V.A. (pour cause de vente dans ou hors de l'U.E.).

C'est par l'intermédiaire de la déclaration périodique à la T.V.A que les soldes sont communiqués de manière informatisée chaque mois ou chaque trimestre à l'administration fiscale.

1.2. Situation de la T.V.A. par rapport à l'I.P.P. ou l'I.S.O.C.

1.2.1. Bases de calcul des impôts et taxes

Nous avons déjà vu que la T.V.A. est une taxe calculée sur le prix de vente, donc sur le **chiffre d'affaires**. A l'inverse, l'I.P.P. (Impôt des personnes physiques) et l'I.S.O.C. (Impôt des sociétés) sont calculés, eux, sur le **revenu**. De manière très schématique nous dirons que :

➢ chez l'employé ou l'ouvrier, l'impôt direct est calculé au départ d'un revenu brut imposable (appointements ou salaires) diminué de retenues de cotisations sociales et de frais forfaitaires ou réels.

```
Appointement ou salaire brut        ⟶   JAMAIS DE T.V.A.
- Frais forfaitaires ou frais réels
- Cotisations sociales
_____
Appointement ou salaire imposable   ⟶   I.P.P.
- Impôt (précompte professionnel)
_____
Appointement ou salaire net
```

➢ pour les professions libérales, l'impôt direct est calculé au départ d'un revenu brut imposable (honoraire) diminué des frais généraux, des amortissements et des cotisations sociales.

```
Honoraire brut                      ⟶   T.V.A. SUR CERTAINES ACTIVITES
- Frais généraux et amortissements
- Cotisations sociales
_____
Honoraire imposable                 ⟶   I.P.P. ou I.S.O.C.
- Impôt (versements anticipés)
_____
Honoraire net
```

➢ chez les commerçants et les entreprises commerciales et industrielles, l'impôt direct est calculé au départ d'un revenu brut imposable (chiffre d'affaires) diminué des frais généraux, des amortissements et des cotisations sociales.

```
Prix de vente (Chiffre d'affaires)  ⟶   T.V.A.
- Prix d'achat ou prix de revient
- Frais généraux et amortissements
- Cotisations sociales
_____
Bénéfice brut imposable             ⟶   I.P.P. ou I.S.O.C.
- Impôt (versements anticipés)
_____
Bénéfice net
```

Nous avons ainsi visualisé l'**assiette** de la T.V.A. et l'assiette de l'impôt direct, c'est-à-dire les éléments sur lesquels ces impôts doivent être appliqués.

1.2.2. Conclusion

Lorsque la T.V.A. est exigible (on a vu qu'elle ne l'est pas toujours), elle s'applique sur les recettes (le revenu de base) c'est-à-dire le <u>chiffre d'affaires</u> ou les <u>honoraires</u> quel que soit le résultat final (bénéfice ou perte).

L'impôt s'applique, lui, sur le chiffre d'affaires diminué des charges, autrement dit, le <u>bénéfice</u>. Pas de bénéfice, pas d'impôt.

> Le chiffre d'affaires intéressera à la fois le contrôleur des contributions directes et le contrôleur de la T.V.A. puisque tant l'I.P.P. ou l'ISOC que la T.V.A. sont fonction de ce chiffre. Par contre le contrôleur des contributions directes s'attachera à vérifier le montant des frais qui influence directement le bénéfice taxable alors que le contrôleur de la T.V.A. vérifiera plutôt les déductions de T.V.A. qui influencent directement le solde de la déclaration à la T.V.A.

Ce qui précède montre également que certaines personnes sont tenues d'appliquer la T.V.A. (négociants, fabricants, entreprises de services, etc.) alors que d'autres en sont dispensés (employés et salariés, assureurs, banquiers, écoles, etc.).

Qui sont les uns et les autres ? Le prochain chapitre répond à cette question.

02. Les personnes assujetties à la T.V.A.

> Dire qui n'est pas assujetti à la T.V.A., c'est dire en même temps qui l'est. Mais dire qui est assujetti ne veut pas encore dire qui doit appliquer la T.V.A. ! Comment s'y retrouver ?
> La définition de l'assujetti à la T.V.A. nous y aide mais n'est pas suffisante.

2.1. Définition de l'assujetti à la T.V.A.

2.1.1. Référence légale

Code T.V.A. : Art. 4.

2.1.2. Notion d'assujetti

Est un assujetti :

- ➢ **quiconque**

    Il s'agit de n'importe quelle personne : une personne physique, une société, une A.S.B.L., un pensionné, un enfant mineur… Il ne faut pas être nécessairement un «professionnel» pour être assujetti.

- ➢ **dans l'exercice d'une activité économique**

    Il s'agit notamment d'une «*exploitation d'un bien corporel ou incorporel en vue de retirer des recettes ayant un caractère de permanence*». Sont aussi visées les activités agricoles, les professions libérales ou assimilées qui sont des «activités économiques» pour l'application de la T.V.A.

- ➢ **d'une manière habituelle et indépendante**

    Le caractère habituel est tout aussi essentiel, il implique une répétition d'opérations accomplies à des intervalles plus ou moins longs et qui présentent une certaine régularité.
    C'est ce qui différencie par exemple le particulier qui vend sa voiture d'occasion après quelques années, du négociant en véhicules qui en fait une activité régulière.
    Dès lors, la personne qui, une seule fois, mais chaque année à la même époque, organise une manifestation en effectuant des opérations soumises à la T.V.A., exerce une activité habituelle au sens du Code T.V.A. et est assujettie.

    Le caractère d'indépendance est capital. Puisqu'il existe un lien de dépendance entre eux et un employeur, les employés et les ouvriers n'acquièrent jamais la qualité d'assujetti pour les opérations qu'ils effectuent comme appointés ou salariés.

C'est ce qui différencie par exemple un comptable employé dans une fiduciaire d'un comptable indépendant. Le comptable employé est non assujetti et le comptable indépendant est un assujetti.

En cas de doute, la position à l'égard de la sécurité sociale et de l'I.P.P. peut constituer une indication utile.

➢ **à titre principal ou à titre d'appoint**

L'activité d'appoint est celle que l'on exerce en complément d'une activité principale avec ou sans lien avec celle-ci.

Par exemple, un employé de banque effectue des travaux de secrétariat après journée. Il est non assujetti pour ses activités bancaires (lien de subordination) et assujetti pour ses activités de secrétariat (pas de lien de subordination).

➢ **avec ou sans esprit de lucre**

Le but économique ne doit pas nécessairement être le bénéfice. Les associations sans but lucratif peuvent aussi être des assujettis à la T.V.A.

➢ **effectue des livraisons de biens ou des prestations de services visées par le code**

L'activité doit avoir pour objet des livraisons de biens et/ou des prestations de services visées par le Code T.V.A. c'est-à-dire dont le code fait mention.

➢ **quel que soit le lieu où s'exerce l'activité économique.**

2.1.3. Début et fin de l'assujettissement

Contrairement à ce que l'on pourrait croire, le point de départ de l'assujettissement ne se situe pas au moment où l'on commence à effectuer des opérations passibles de la T.V.A. (par exemple, l'ouverture d'un magasin) mais bien dès le moment où l'on pose le premier *acte non équivoque* (par exemple : la publication des statuts d'une société). Ce n'est pas non plus l'attribution d'un numéro d'entreprise ou d'identification à la T.V.A. qui détermine nécessairement le départ de l'assujettissement.

Exemples

- une société est assujettie dès sa constitution bien avant de fabriquer ou de vendre des biens;
- un commerçant devient assujetti dès qu'il s'inscrit à un guichet d'entreprise alors même qu'il n'a pas encore réalisé sa première vente;
- un cafetier est assujetti dès qu'il ouvre son commerce alors même qu'il n'est pas encore identifié à la T.V.A.

De même, la qualité d'assujetti ne se perd qu'au moment où l'activité qui donne cette qualité prend fin d'une manière définitive (réalisation du stock de marchandises et du matériel) et non pas nécessairement lors de la fermeture de l'établissement commercial.

Exemples

- lors de sa liquidation, une société reste assujettie pour la réalisation des investissements, du matériel, de son stock de marchandises etc.; elle cesse d'être assujettie lorsqu'elle n'effectue plus aucune opération soumise à la T.V.A., même si la liquidation n'est pas définitivement clôturée pour d'autres motifs (contentieux, créances et dettes en cours, etc.);
- un bijoutier cesse ses activités et entreprend une liquidation totale de son stock de marchandises.

2.1.4. Conséquences de l'assujettissement à la T.V.A.

Il résulte d'un assujettissement à la T.V.A. deux conséquences aussi importantes pour l'assujetti que pour les personnes qui contractent avec lui : des **obligations** et des **droits**.

D'une part, l'assujetti doit appliquer la T.V.A. (c'est une obligation) en principe sur toutes les livraisons de biens et prestations de services effectuées dans l'exercice de son activité habituelle (pas sur ses opérations privées) et, d'autre part, il peut récupérer la T.V.A. (c'est un droit) qui a grevé les biens et les services utilisés pour effectuer ces opérations soumises à la T.V.A.

Bien d'autres obligations administratives incombent encore à l'assujetti : déposer des déclarations périodiques, délivrer des factures, faire connaître annuellement les ventes et les services qu'il a fournis, etc. Nous y reviendrons en détail dans la deuxième partie.

2.2. Catégories d'assujettis à la T.V.A.

L'étude de la classification des assujettis est essentielle. Nous verrons tout au long de notre parcours que la connaissance précise du statut des personnes contractantes détermine dans bien des cas le régime de taxation à adopter.

2.2.1. Les assujettis avec droit à déduction

Il s'agit des personnes physiques et morales qui répondent à la définition de l'assujetti (2.1.2) et dont l'entièreté de l'activité économique est soumise à la T.V.A. en vertu du Code T.V.A. Cette catégorie représente bien entendu la majorité des assujettis à la T.V.A. du pays.

On les appelle aussi « *assujettis ordinaires* » ou « *assujettis totaux* ».

Exemples

- les détaillants en alimentation, en textiles;
- les entreprises de la construction (à l'exception de certaines transactions sur les terrains);
- les coiffeurs et coiffeuses, esthéticiens et esthéticiennes;
- les conseillers fiscaux, comptables, experts-comptables et réviseurs d'entreprises;
- les notaires, avocats et huissiers ;

- les industries;
- les entreprises de transport;
- les cafetiers, restaurateurs et traiteurs;
- etc.

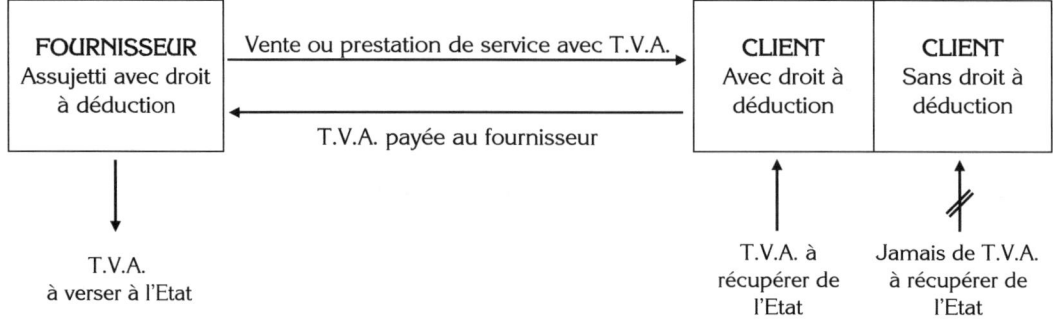

2.2.2. Les assujettis franchisés

Les entreprises dont le chiffre d'affaires annuel ne dépasse pas 25.000,00 € T.V.A. non comprise (l'administration fiscale tolère un léger dépassement occasionnel de 10% de ce montant[1]), peuvent bénéficier du **régime de franchise de la T.V.A.** pour les livraisons de biens et les prestations de services qu'elles réalisent. Nous les appellerons les **assujettis franchisés**.

L'entreprise qui dépasse le seuil de 25.000,00 € est soumise au régime normal (ou forfaitaire) dès la première opération, considérée dans sa totalité, pour laquelle ce seuil est dépassé.

Les entreprises qui effectuent des travaux immobiliers (y compris les entreprises de jardins) sont exclues de ce régime.

Ce régime **optionnel** consiste pour les assujettis franchisés à ne pas appliquer la T.V.A. à leurs clients mais, en revanche, à ne pas déduire la T.V.A. grevant les biens et les services qu'ils utilisent pour effectuer ces opérations en franchise. Autrement dit, ils paient normalement la T.V.A. à leurs fournisseurs, ne la déduisent pas (même sur leurs investissements) et n'appliquent pas de T.V.A. sur leurs ventes et prestations. Ils agissent un peu comme des «particuliers» mais n'en demeurent pas moins des entreprises qui exercent bel et bien une activité économique. Cette absence de paiement et de déduction de la T.V.A. les dispense du dépôt de la déclaration périodique à la T.V.A.

> Nous verrons que pour certaines opérations intracommunautaires, les assujettis franchisés peuvent être redevables de T.V.A. belge (6.3.2.).

Afin d'avertir leurs clients qu'aucune T.V.A. n'est portée en compte (et donc qu'aucune T.V.A. n'est déductible pour le client), les assujettis franchisés doivent indiquer sur leur facture la mention :

> *«Assujetti soumis au régime de la franchise - T.V.A. non applicable».*

---

[1] Q.P. du 28/4/2015 n° 312 – WILMES.

Exemples

Toutes conditions remplies, le régime de la franchise pourrait par exemple être choisi par :
- un club philatélique qui vend occasionnellement des timbres de collection;
- un employé comptable qui tient des comptabilités après journée pour son propre compte;
- un pensionné qui effectue quelques menus travaux;
- un particulier qui donne des boxes de garage en location;
- une société en liquidation de ses actifs;
- une personne qui débute une activité après journée.

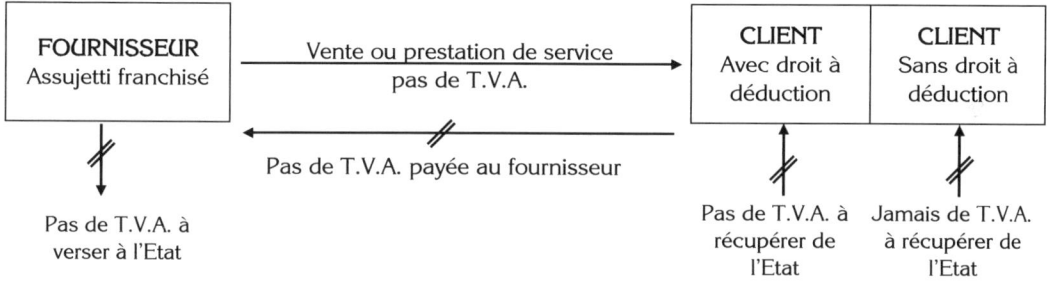

Lorsque l'assujetti ne désire plus bénéficier du régime de la franchise ou en perd le bénéfice, il devient ou redevient un assujetti avec droit à déduction (2.2.1.).

L'attention est attirée sur le fait que le passage du statut d'assujetti franchisé au statut d'assujetti avec droit à déduction - et inversement - peut avoir des conséquences au niveau du stock de marchandises et des biens d'investissement [2] existants au moment de ce passage. Pourquoi ?

En cas de sortie du régime de la franchise, l'on passe d'un régime de **non déduction** vers un régime de **déduction** autorisée ce qui signifie que la T.V.A. qui n'avait pu être déduite au moment de l'acquisition des marchandises restées en stock ou des biens d'investissement toujours existants, devient du jour au lendemain déductible. Une régularisation **en faveur de l'assujetti** peut être envisagée dans ce cas.

Inversement, lors de l'entrée dans le régime de franchise en cours d'activité, les marchandises en stock et les biens d'investissement dont la T.V.A. a été récupérée lors de leur acquisition, rentrent dans un régime de non déduction. Une régularisation **en faveur de l'Etat** doit être opérée dans ce cas.

---

[2] En T.V.A., les investissements ont une durée théorique de 5 ans (15 ans pour les immeubles). L'année d'acquisition est comptée entière et on ne tient pas compte de l'année du passage, quelles que soient les dates d'acquisition et de passage.

Exemple

Une camionnette d'une valeur de 2.500,00 € a été investie le 24 janvier 2016. La T.V.A. au taux de 21% a été payée à l'achat : 525,00 €.

Achat de la camionnette

Passage au régime de la franchise

1. Passage le 31 mars 2018 du régime de la franchise au régime normal ou forfaitaire :
   T.V.A. à récupérer : 525,00 x 3/5 = 315,00 €.
   La camionnette a été utilisée deux années sans que la T.V.A. puisse être déduite et sera utilisée trois années sous un régime qui permet la déduction.

2. Passage le 31 mars 2018 du régime normal ou forfaitaire au régime de la franchise :
   T.V.A. à reverser : 525,00 x 3/5 = 315,00 €.
   La camionnette a été utilisée deux années sous un régime qui permettait la déduction et sera utilisée trois années sans que la T.V.A. puisse être déduite.

Le choix du régime de la franchise dépend donc d'éléments de fait à analyser. Il sera prudent d'examiner notamment l'importance des investissements et du stock avant de s'engager dans ce régime.

2.2.3. Les assujettis exonérés

Un assujetti exonéré est un assujetti qui répond à la définition générale de l'assujetti [2.1.2.] mais dont les opérations sont exonérées de la T.V.A. par l'article 44 du Code T.V.A. En d'autres termes, ces personnes sont dispensées (c'est une obligation) de porter en compte la T.V.A. sur les opérations qu'elles réalisent avec leurs clients; en revanche, elles n'ont pas le droit de déduire la T.V.A. grevant leurs dépenses.

> Nous verrons que pour certaines opérations intracommunautaires, les assujettis exonérés peuvent être redevables de T.V.A. belge [6.3.2.].

Pour savoir qui est assujetti exonéré, le plus simple est de consulter l'article 44 du Code T.V.A. reproduit ci-dessous. Il énumère les personnes et les activités exonérées :

Sont exonérées de la T.V.A., les personnes et activités suivantes :

➢ **les médecins, dentistes, accoucheuses, infirmiers et infirmières, soigneurs et soigneuses, gardes-malades, masseurs et masseuses et les kinésithérapeutes**

Ce sont les personnes qui peuvent, en conformité avec les lois régissant l'art de guérir, exercer la médecine en Belgique. L'exemption s'étend à toutes les prestations qui relèvent de l'exercice normal de la profession et notamment les examens médicaux préventifs, les examens de contrôle en matière sociale (les services de médecine du travail), ou encore les analyses de laboratoire.

Les prestations de chirurgie esthétique sont exclues et donc taxables.

Les prestations de soins aux personnes doivent être reprises dans la nomenclature des prestations de santé en matière d'assurance obligatoire contre la maladie et l'invalidité.

L'exemption s'étend également aux mandats judiciaires et à la consignation du résultat des examens dans le rapport que le médecin est amené à rédiger en sa qualité d'expert.

Les personnes pratiquant la thérapeutique par les plantes, l'acupuncture et l'ostéopathie ne sont exonérées que si elles sont titulaires du diplôme légal de docteur en médecine, chirurgie ou accouchements. Les autres sont des assujettis avec droit à déduction.

Le médecin exonéré qui exploite en outre un dépôt de médicaments est assujetti avec droit à déduction pour cette dernière activité. Il est donc un assujetti mixte (2.2.6).

Bien que leur profession relève du domaine médical au sens large, les pharmaciens, les vétérinaires, les bandagistes, les orthopédistes, les pédicures, les manucures et les esthéticien(nes) sont des assujettis avec droit à déduction qui ne bénéficient pas d'exonération.

En principe, les prestations d'un psychologue indépendant sont soumises à la T.V.A. sauf si le psychologue est titulaire d'un diplôme de docteur en médecine. Mais les prestations qui ont pour objet l'orientation scolaire (centres PMS) et l'orientation professionnelle (excepté les agences matrimoniales) ainsi que les livraisons qui lui sont étroitement liées sont exonérées.

L'exemption ne s'étend pas aux informations ou conseils en matière d'hygiène, de santé physique ou mentale qui ne sont pas des prestations d'orientation familiale.

> **les prestations des établissements de soins de santé et assimilés**
> - les prestations des hôpitaux, cliniques et dispensaires agréés par les autorités compétentes ainsi que les fournitures de logement, de repas et de boissons aux personnes qui accompagnent les malades;
> - les ventes d'organes humains, de sang humain et de lait maternel;
> - les services d'aide familiale et de baby-sitting;
> - les transports de blessés et de malades par ambulance au moyen d'un véhicule approprié;
> - les services des crèches et des pouponnières;
> - les prestations des maisons de repos pour personnes âgées, reconnues par l'autorité compétente;
> - les prestations des maisons et clubs de jeunes, des homes, des colonies de vacances, etc.

> **les prestations d'enseignement**
> - les prestations qui ont pour objet l'enseignement scolaire ou universitaire, la formation ou le recyclage professionnel, lorsqu'elles sont effectuées sans but de lucre;

- la fourniture de logement, de nourriture, de boissons (bar, cantine, friandises…) et autres prestations accessoires (livres, cahiers, articles de papeterie...);
- les leçons données par les enseignants et qui portent sur l'enseignement scolaire, universitaire, la formation ou le recyclage professionnel;
- les prestations d'orientation scolaire ou familiale fournies par les psychologues ou instituts spécialisés.

➢ **les prestations des établissements d'éducation physique et des installations sportives**

L'exemption s'applique aux prestations relatives à la pratique du sport en lui-même, celles-ci étant fournies aux personnes qui pratiquent dans ces établissements une activité sportive, à condition que les exploitants et les établissements soient des organismes qui ne poursuivent pas un but lucratif (constitués sous la forme d'une A.S.B.L. ou sans la personnalité juridique) et que les recettes retirées des activités exemptées servent exclusivement à couvrir les frais. En d'autres termes, les recettes ne peuvent être supérieures aux dépenses.

➢ **les prestations des organismes sans but lucratif**

Les objectifs poursuivis doivent être de nature politique, syndicale, religieuse, patriotique, philanthropique ou civique et les prestations doivent être effectuées au profit exclusif des membres, fondateurs ou non, dans l'intérêt collectif des membres (ce qui exclut les services individualisés), moyennant une cotisation fixée conformément aux statuts [3].

➢ **certaines mises à disposition de personnel**

La mise à disposition de personnel par des institutions religieuses ou philosophiques pour l'assistance spirituelle et pour les activités des établissements hospitaliers, maisons de repos pour personnes âgées, organismes d'enseignement et mouvements de jeunesse.

➢ **les prestations de nature culturelle et intellectuelle**

- les locations de supports de la culture (livres, périodiques, partitions musicales, disques, bandes magnétiques, diapositives, tableaux, dessins, photographies, etc.);
- les prestations des bibliothèques et cabinets de lecture;
- les visites guidées ou non des musées, monuments, sites, parcs aménagés, jardins botaniques et zoologiques.

… à condition (pour ces trois points) que les prestataires de ces services soient des organismes qui ne poursuivent pas un but lucratif; les recettes doivent servir uniquement à couvrir les frais.

- les prestations des conférenciers;
- lorsqu'ils ne sont pas eux-mêmes les organisateurs du spectacle, les prestations des acteurs, chefs d'orchestre, musiciens et artistes, personnes physiques ou morales, pour les représentations théâtrales, musicales, cinématographiques,

---

[3] Voir à ce sujet : «A.S.B.L. et T.V.A.», du même auteur aux Éditions **Edi.pro**.

chorégraphiques, de cirque et de cabaret effectuées pour les organisateurs, éditeurs, réalisateurs de films ou autres;
- les prestations des joueurs de tennis, de golf, de football, etc.;
- l'organisation de manifestations culturelles par des organismes reconnus par l'autorité compétente, pour autant que les recettes tirées de leurs activités servent uniquement à en couvrir les frais.

➢ **les opérations de soutien financier**

Certains organismes sont amenés à effectuer des opérations qui, prises individuellement, sont imposables à la T.V.A. Il s'agit de manifestations organisées pour apporter un soutien financier au profit exclusif des établissements et des institutions dont les opérations principales sont habituellement exemptées de la T.V.A. Par exemple, des barbecues, marchés de Noël organisés par une école pour l'achat de fournitures, le transport d'élèves...

➢ **les opérations immobilières**

Les livraisons d'immeubles par nature autres que les bâtiments neufs (8.2.1.) et les terrains vendus attenants à un immeuble neuf ainsi que la constitution, cession et rétrocession de droits réels portant sur ces immeubles.

La location et la cession de bail de biens immeubles par nature (hormis quelques exceptions: terrains de camping, parkings, coffres bancaires, entrepôts... (8.3.4.)).

➢ **les opérations financières**

Le dépôt et la réception de fonds, les opérations de crédit, les opérations de paiement et d'encaissement (sauf le recouvrement de créances), les opérations sur les devises et les opérations sur les titres.

➢ **les opérations d'assurances**

Les opérations d'assurances effectuées par les agents ou courtiers, à l'exception de l'expertise en dommages.

➢ **les contrats d'édition** d'œuvres littéraires ou artistiques conclus par les auteurs ou les compositeurs

➢ **les livraisons de timbres-poste** ayant cours, **de timbres fiscaux et d'autres valeurs similaires**

➢ **les paris, tombolas, loteries et autres jeux de hasard ou d'argent**, excepté ceux en ligne autres que les loteries[4]

➢ **la gestion de fonds communs de placement**

---

[4] Depuis le 1/8/2016.

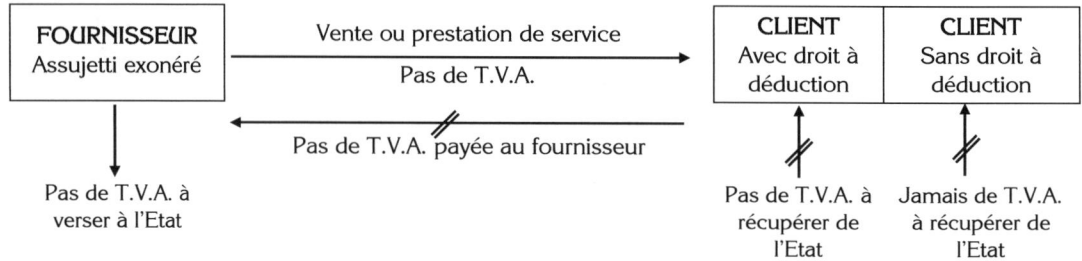

2.2.4. Les assujettis exploitants agricoles

Les exploitants agricoles ont la faculté d'opter pour un régime particulier qui les dispense de déposer des déclarations périodiques à la T.V.A. Comme les assujettis franchisés [2.2.2], ce régime leur interdit toute déduction des T.V.A. payées aux fournisseurs et les dispense de l'obligation de reverser la T.V.A. à l'Etat.

> Nous verrons que pour certaines opérations intracommunautaires, les exploitants agricoles peuvent être redevables de T.V.A. belge [6.3.2.].

En pratique, les clients assujettis avec droit à déduction qui achètent la production des agriculteurs rédigent eux-mêmes un bordereau d'achats par lequel ils acquittent à l'agriculteur une T.V.A. calculée forfaitairement au taux de 6% sur base du prix d'achat. L'exploitant agricole n'est pas tenu de reverser cette taxe à l'Etat, il la conserve en compensation de la non déduction de la T.V.A. sur ses frais généraux et ses investissements.

Exemples

- A, agriculteur soumis au régime particulier du forfait agricole, vend 10 tonnes de pommes de terre à 1.000,00 € la tonne à C, chaîne de magasin d'alimentation à grande surface.
- C rédige un bordereau d'achat d'une valeur de 10.600,00 € et paie cette somme à son fournisseur agriculteur A (10.000,00 € de marchandises + 600,00 € de T.V.A.).
- C peut récupérer la T.V.A. de 600,00 € dans sa déclaration de telle manière que son achat lui coûte en réalité 10.000,00 €. (Il en serait d'ailleurs ainsi s'il avait acheté ses pommes de terre chez un grossiste).
- A ne doit pas reverser les 600,00 € à l'Etat (il ne remplit d'ailleurs pas de déclaration périodique à la T.V.A. le lui permettant) et conserve cette somme dans sa trésorerie.

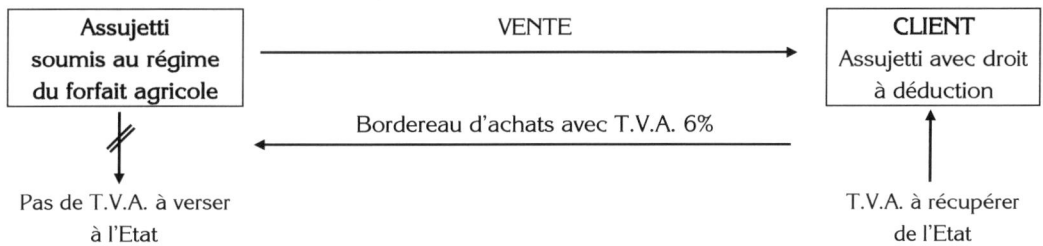

2.2.5. Les personnes morales non assujetties

L'Etat, les Communautés de l'Etat belge, les Régions, les Provinces, les Agglomérations, les Communes et les Etablissements publics ne sont pas considérés comme des assujettis pour les activités ou opérations qu'ils accomplissent en tant qu'autorité publique, même lorsqu'à l'occasion de ces activités ou opérations, ils perçoivent des droits, redevances, cotisations ou rétributions.

Toutefois, le législateur [5] a déterminé limitativement les activités pour lesquelles l'assujettissement est requis.

Exemples

- les services de télécommunication;
- la fourniture d'eau, de gaz et d'électricité;
- le transport de biens et de personnes;
- l'exploitation de ports et aéroports;
- l'exploitation de foires et expositions;
- l'exploitation de parkings, entrepôts;
- les travaux de publicité;
- les prestations d'agence de voyages;
- la gestion de cantines, économats, etc.;
- la gestion d'organismes de radiodiffusion et de télévision.

Dans la mesure où les organismes de droit public ne sont pas repris à l'art. 6, ils restent des non-assujettis (et non des assujettis exonérés). Ils ne peuvent déduire la T.V.A. sur leurs dépenses et n'appliquent pas la T.V.A. sur leurs recettes.

> Nous verrons que, comme pour les exploitants agricoles, les assujettis exonérés et franchisés, les personnes morales non assujetties peuvent également être redevables de T.V.A. belge pour certaines opérations intracommunautaires [(6.3.2.)].

Lorsqu'ils sont repris à l'art. 6, ces organismes publics sont des assujettis avec droit à déduction [(2.2.1.)] titulaires d'un numéro d'identification à la T.V.A., et déposent des déclarations périodiques à la T.V.A. Ils peuvent éventuellement invoquer le régime de la franchise [(2.2.2.)].

---

[5] Article 6 du Code T.V.A.

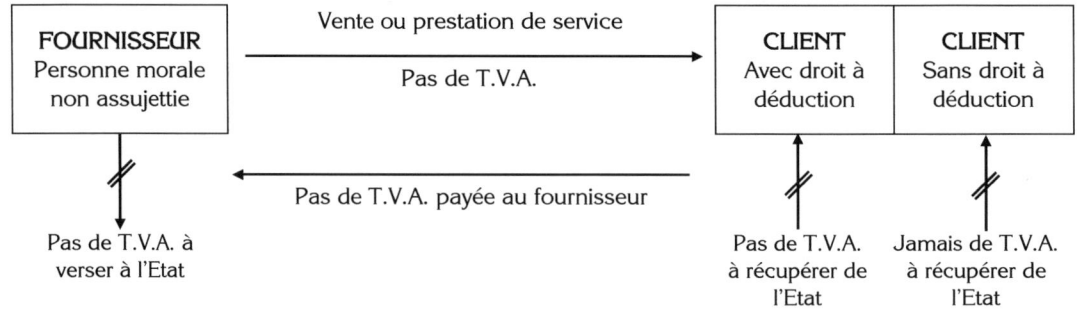

2.2.6. Les assujettis mixtes ou partiels

La personne qui exerce à la fois une activité économique qui lui donne la qualité d'assujetti avec droit à déduction et une autre activité économique sans droit à déduction doit être regardée comme un **assujetti mixte**. Dans cette situation particulière (mais fréquente), seules les livraisons de biens et les prestations de services effectuées dans le cadre de l'activité donnant la qualité d'assujetti avec droit à déduction sont soumises à la T.V.A. Les autres y échappent.

Exemples

- un promoteur immobilier construit des immeubles (T.V.A.) et vend également des terrains non bâtis (pas de T.V.A.);
- une banque octroie des crédits (pas de T.V.A.) et loue des coffres-forts (T.V.A.);
- un conseiller en gestion indépendant (T.V.A.) est en même temps courtier en assurances (pas de T.V.A.);
- une ASBL sportive (pas de T.V.A.) gère une cafétéria (T.V.A.);
- etc.

La notion d'**assujetti partiel** est réservée à la personne physique ou morale qui conjugue des opérations soumises à la T.V.A. et des activités pour lesquelles elle est non assujettie.

Exemple

Une commune (non assujettie) qui exploite parallèlement un camping (assujettie).

Ces situations ne présentent guère de problèmes pour la détermination des opérations à soumettre ou non à la T.V.A. mais peut, nous le verrons, entraîner quelques difficultés au niveau de la déduction de la T.V.A. (12.5.)

2.2.7. Les assujettis étrangers

Les personnes établies à l'étranger, sans siège en Belgique, et qui réalisent dans notre pays des opérations soumises à la T.V.A. belge sont des **assujettis étrangers**.

Exemple

Un entrepreneur allemand construisant un immeuble en Belgique.

Ces personnes peuvent bien entendu s'installer dans notre pays, y créer un **établissement stable** et s'identifier comme assujetti à la T.V.A. belge. Dans la négative, il faut distinguer si l'assujetti étranger est déjà identifié dans un État membre de l'U.E. ou s'il n'appartient pas à l'U.E.

- Si l'assujetti étranger n'appartient pas à l'U.E., **il doit** faire agréer un représentant fiscal en Belgique qui ait la capacité de contracter, qui soit établi dans le pays, qui présente une solvabilité suffisante et qui accepte de représenter l'assujetti étranger.
Il existe à cet effet un «Bureau central pour assujettis étrangers» qui a pour mission de gérer ces assujettissements particuliers.

- Si l'assujetti étranger dispose déjà d'un numéro d'identification à la T.V.A. attribué par un Etat membre de l'U.E., **il peut** faire agréer un représentant fiscal en Belgique. Celui-ci ne sera titulaire d'un numéro d'identification que lorsqu'il sera redevable de la T.V.A. en Belgique car chaque fois que le client de l'assujetti étranger est un assujetti qui dépose des déclarations périodiques à la T.V.A., c'est ce client qui paye lui-même la T.V.A. belge.

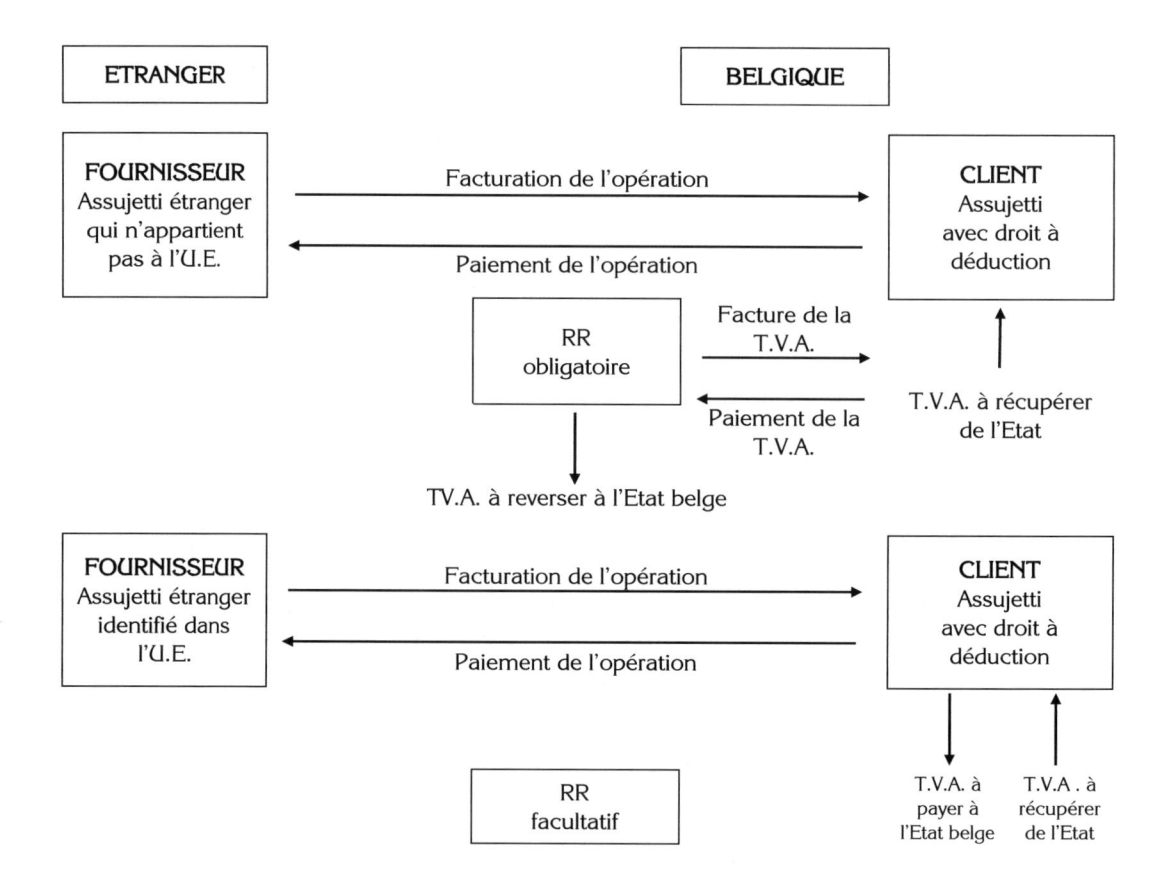

```
┌─────────────────┐                                              ┌─────────────────┐
│    ETRANGER    │                                              │    BELGIQUE    │
└─────────────────┘                                              └─────────────────┘

┌──────────────┐                                                 ┌──────────────┐
│ FOURNISSEUR  │      Facturation de l'opération                 │    CLIENT    │
│ Assujetti    │ ──────────────────────────────────────────►    │  Assujetti   │
│ étranger     │                                                 │ avec droit à │
│ qui n'appart.│ ◄──────────────────────────────────────────    │  déduction   │
│ pas à l'U.E. │      Paiement de l'opération                    │              │
└──────────────┘                                                 └──────────────┘
                           ┌──────────────┐   Facture de la          ▲
                           │      RR      │      T.V.A.              │
                           │  obligatoire │ ───────────────────►    │
                           │              │ ◄───────────────────    │  T.V.A. à récupérer
                           └──────────────┘   Paiement de la           de l'Etat
                                  │              T.V.A.
                                  ▼
                       T.V.A. à reverser à l'Etat belge

┌──────────────┐                                                 ┌──────────────┐
│ FOURNISSEUR  │      Facturation de l'opération                 │    CLIENT    │
│ Assujetti    │ ──────────────────────────────────────────►    │  Assujetti   │
│ étranger     │                                                 │ avec droit à │
│ identifié    │ ◄──────────────────────────────────────────    │  déduction   │
│ dans l'U.E.  │      Paiement de l'opération                    │              │
└──────────────┘                                                 └──────────────┘
                                                                    │         ▲
                           ┌──────────────┐                         │         │
                           │      RR      │                         ▼         │
                           │  facultatif  │                      T.V.A. à   T.V.A. à
                           └──────────────┘                      payer à    récupérer
                                                                 l'Etat     de l'Etat
                                                                 belge
```

2.2.8. Les assujettis occasionnels sur option

La personne (un assujetti ou un particulier) qui, **autrement que dans l'exercice d'une activité habituelle**, construit, fait construire ou acquiert avec T.V.A. un bâtiment qu'elle vend alors qu'il est toujours considéré comme bâtiment neuf pour l'application de la T.V.A., peut opter pour la qualité d'**assujetti occasionnel** et céder ce bâtiment avec application de la T.V.A.

Il en va de même pour la constitution, la cession ou la rétrocession d'un droit réel sur un bâtiment «neuf» au sens du Code T.V.A.

> Les droits réels visés sont notamment l'usufruit, la servitude, le droit de superficie, le droit d'emphytéose, ... lesquels donnent à leur titulaire un pouvoir d'utilisation économique du bâtiment neuf sur lequel ils portent.

Cette notion d'assujetti occasionnel ne concerne manifestement pas les promoteurs immobiliers dont l'activité est habituelle et consiste à vendre des bâtiments neufs ou à constituer, céder ou rétrocéder des droits réels sur des bâtiments neufs. Ils sont d'office - et donc sans option - des assujettis avec droit à déduction [2.2.1.].

La notion d'assujetti occasionnel ne concerne dès lors que les particuliers ou les assujettis qui n'ont pas pour activité économique habituelle de vendre des immeubles.
Le bâtiment vendu doit être neuf au sens du Code T.V.A. (8.2.1.).

L'assujettissement occasionnel sur option ouvre les mêmes droits et obligations que les assujettis avec droit à déduction c'est-à-dire l'obligation de verser à l'Etat la T.V.A. sur la vente et le droit de déduire au préalable la T.V.A. qui a grevé l'acquisition de l'immeuble.

Les assujettis occasionnels qui sont des assujettis avec droit à déduction doivent remplir la déclaration spécifique.

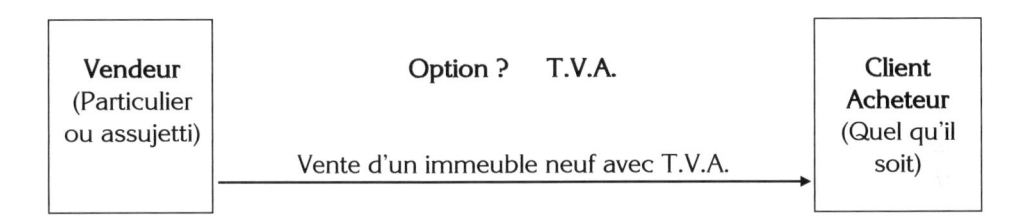

```
┌──────────────┐                                         ┌──────────────┐
│   Vendeur    │         Option ?   T.V.A.               │    Client    │
│ (Particulier │                                         │   Acheteur   │
│ ou assujetti)│ ──────────────────────────────────────► │  (Quel qu'il │
│              │   Vente d'un immeuble neuf avec T.V.A.  │     soit)    │
└──────────────┘                                         └──────────────┘

              Pas d'option ?   Droits d'enregistrement
```

2.2.9. Les assujettis occasionnels d'office

La personne qui réalise occasionnellement une vente dans l'U.E. d'un moyen de transport neuf (9.2.2.) est obligatoirement (sans possibilité d'option) un assujetti avec droit à déduction pour cette opération occasionnelle.

Ce cas est relativement rare puisqu'il exige la conjugaison de trois éléments :

- ➢ le caractère occasionnel (il ne s'agit donc pas d'un vendeur professionnel);
- ➢ la vente d'un moyen de transport neuf (rare pour un non professionnel);
- ➢ un client établi dans un autre pays de l'U.E. que la Belgique.

Lorsqu'elle a lieu cette opération se décompose en une livraison exemptée de la T.V.A. belge (dans le chef du vendeur établi en Belgique qui peut néanmoins récupérer la T.V.A. payée lors de son achat) et une acquisition taxable (dans le chef de l'acheteur établi dans l'U.E.).

2.2.10. Résumons-nous

Catégories d'assujettis (Opérations localisées en Belgique)	Application de la T.V.A.	Déduction de la T.V.A.	Déclaration périodique à la T.V.A.	Remarques
Assujetti avec droit à déduction (2.2.1.)	oui	oui	oui	La majorité des assujettis
Assujetti franchisé (2.2.2.)	non	non	non	On appelle aussi ces quatre assujettis au même statut «La bande des 4»
Assujetti exonéré (2.2.3.)	non	non	non	
Assujetti exploitant agricole (2.2.4.)	non	non	non	
Personnes morale non assujettie (2.2.5.)	non	non	non	

- ➢ celui qui applique la T.V.A. peut la déduire et celui qui n'applique pas la T.V.A. n'en déduit pas;
- ➢ seuls les assujettis avec droit à déduction appliquent la T.V.A., la déduisent et déposent des déclarations périodiques à la T.V.A;

Assujetti mixte ou partiel (2.2.6.)	oui / non	oui / non	oui / non	

- ➢ Ce sont des assujettis qui fonctionnent comme des assujettis avec droit à déduction mais dont la déduction de la T.V.A. est limitée;

Assujetti étranger (2.2.7.)	oui / non	oui / non	oui / non	

- ➢ lorsqu'ils disposent d'un numéro d'identification dans notre pays, ils déposent les mêmes déclarations périodiques à la T.V.A. que les assujettis avec droit à déduction.

Assujetti occasionnel (2.2.8. & 2.2.9.)	oui	oui	non	Déclaration spécifique

- ➢ les déclarations de paiement et de déduction sont rentrées sur des documents spécifiques distincts des déclarations périodiques à la T.V.A.

2.2.11. Cas particuliers

Les architectes, géomètres et ingénieurs

Ce sont des assujettis avec droit à déduction qui bénéficient - lorsqu'il s'agit de personnes physiques - d'un régime particulier en ce qui concerne le paiement de la T.V.A. à l'Etat. Etant donné que ces assujettis fournissent habituellement des services à des non-assujettis, l'administration fiscale admet que la T.V.A. ne soit due qu'au fur et à mesure de l'encaissement des honoraires.

Cette **règle de l'encaissement** vaut tant pour les prestations fournies à des assujettis que pour celles fournies à des non-assujettis mais ne s'applique pas aux sociétés.

Lorsque le client ne paie qu'une partie de la somme, sans fournir de précisions, il faut supposer que le montant payé comprend la T.V.A.

Exemple

Un architecte demande le paiement d'un montant de 10.000,00 € à titre d'honoraires, augmenté de 21% (2.100,00 €) à titre de T.V.A. Le paiement par le client d'un montant de 12.100,00 € rend l'architecte redevable envers le Trésor d'une somme de 2.100,00 € à titre de T.V.A.

Si le client n'avait payé que 5.700,00 €, il aurait payé en réalité :
- à titre d'honoraires : 5.700,00 x 100/121 = 4.710,74 €, arrondis à 4.711,00 €.
- à titre de T.V.A. :   5.700,00 x 21/121   =   989,26 €, arrondis à   989,00 €.

La T.V.A. à verser à l'Etat par l'architecte s'élève dans cette hypothèse à 989,00 €.

Les intermédiaires commerciaux

Est un **commissionnaire**, non seulement celui qui agit en son propre nom ou sous un nom social pour le compte d'un commettant, mais aussi l'intermédiaire à l'achat ou la vente qui, respectivement, reçoit du vendeur ou délivre à l'acheteur, à titre quelconque, une facture, une note de débit ou tout autre écrit équivalent.

Pour l'application de la T.V.A., le **commissionnaire à l'achat** est réputé acheteur et, à l'égard de son commettant, vendeur du bien acheté par son intermédiaire. Le **commissionnaire à la vente** est réputé vendeur et, à l'égard de son commettant, acheteur du bien vendu par son intermédiaire.

L'assimilation d'un commissionnaire à un acheteur et à un vendeur facilite le mécanisme de la déduction. Un commissionnaire qui s'entremet dans des prestations de services est réputé avoir reçu personnellement ces services et les avoir fournis personnellement.

Commissionnaire à la vente

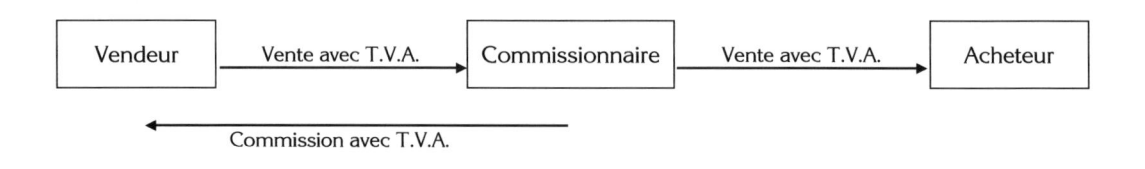

```
[Vendeur] --Vente avec T.V.A.--> [Commissionnaire] --Vente avec T.V.A.--> [Acheteur]
          <--Commission avec T.V.A.--
```

Commissionnaire à l'achat

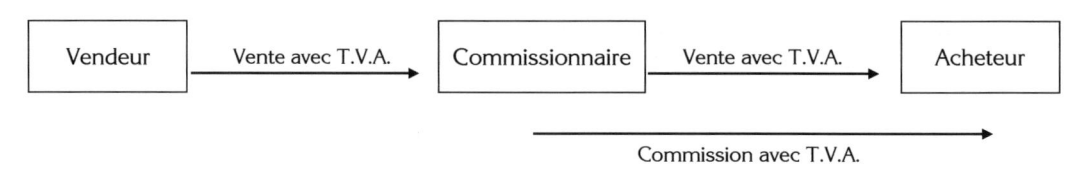

```
[Vendeur] --Vente avec T.V.A.--> [Commissionnaire] --Vente avec T.V.A.--> [Acheteur]
                                 --Commission avec T.V.A.-->
```

Est un **courtier**, celui qui agit comme mandataire vis-à-vis de son cocontractant. Il contracte pour le compte de son commettant mais ne délivre ou ne reçoit pas de facture à son nom. La livraison s'effectue directement du vendeur à l'acheteur.

Courtier à la vente

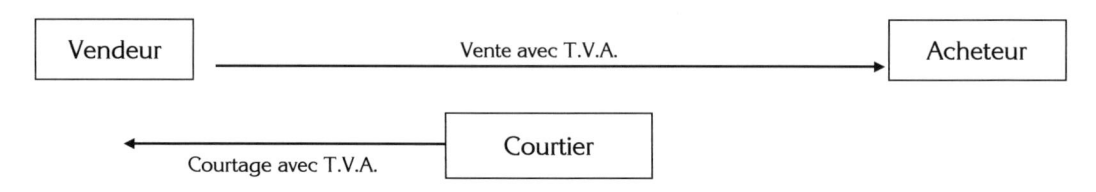

```
[Vendeur] --------Vente avec T.V.A.--------> [Acheteur]
              [Courtier]
     <--Courtage avec T.V.A.--
```

Courtier à l'achat

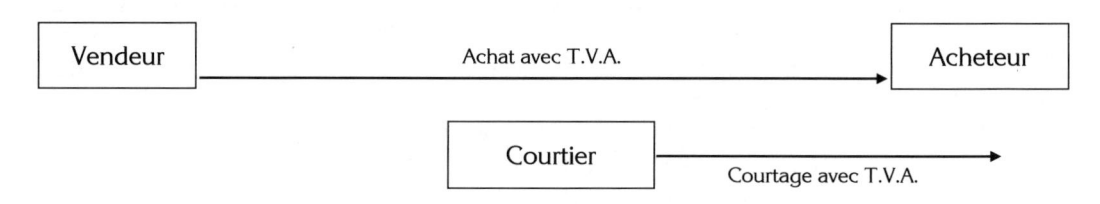

```
[Vendeur] --------Achat avec T.V.A.--------> [Acheteur]
              [Courtier] --Courtage avec T.V.A.-->
```

2.2.12. L'unité T.V.A.

Beaucoup d'entreprises sont obligées de rationaliser les coûts de leur gestion par l'externalisation et la centralisation de leurs services administratifs, informatiques, comptables, back office, call centers, etc.

Le système de l'unité T.V.A. permet de considérer que des personnes indépendantes du point de vue juridique mais étroitement liées sur les plans financier, économique et de l'organisation ne forment qu'un seul assujetti pour l'application de la T.V.A. Il implique que les opérations effectuées entre les personnes membres ne soient pas soumises à la T.V.A.

Le système permet donc la création de centres d'excellence ou de centres de services sans risquer de créer de charge de T.V.A. non déductible supplémentaire.
Il permet également de simplifier et rationaliser considérablement les obligations administratives des entreprises en ce sens que l'unité T.V.A. étant un assujetti unique, elle assume en tant que telle, tous les droits et toutes les obligations de ses membres.

Dans le shéma ci-dessous, l'unité T.V.A. (A B C D) est un assujetti mixte[(2.2.6)] car elle combine vis-à-vis de l'extérieur de son unité des opérations taxables et des opérations exonérées.

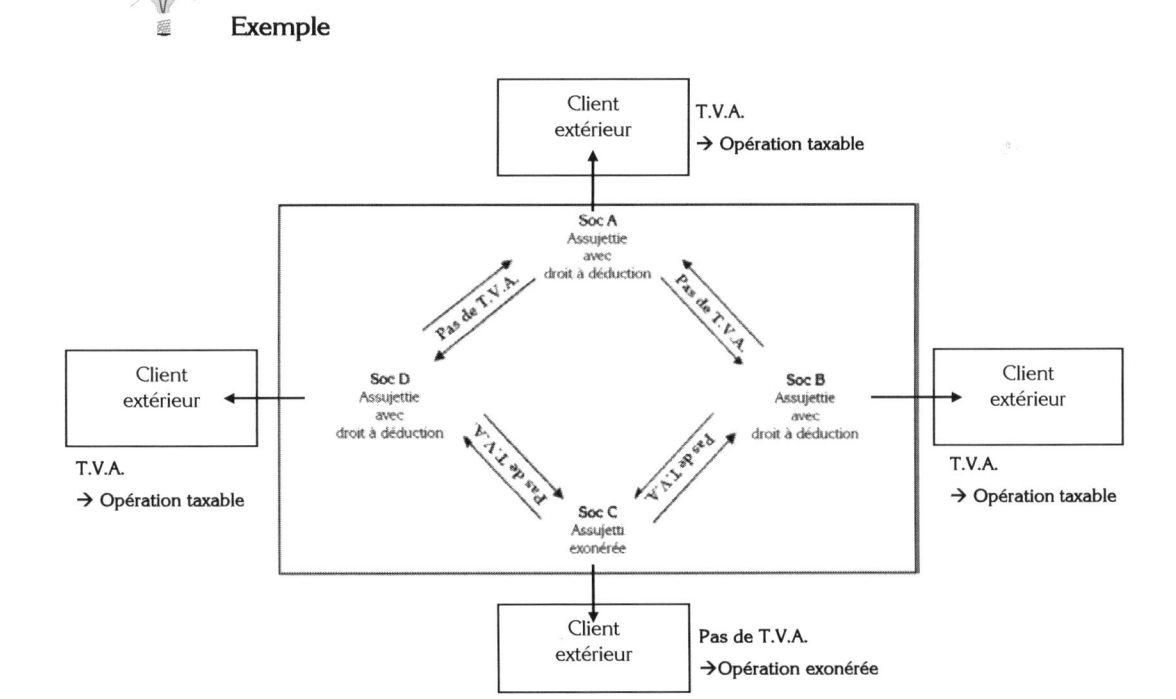

Exemple

Soc A — Assujettie avec droit à déduction
Soc B — Assujettie avec droit à déduction
Soc C — Assujetti exonérée
Soc D — Assujettie avec droit à déduction

Client extérieur (haut) — T.V.A. → Opération taxable
Client extérieur (droite) — T.V.A. → Opération taxable
Client extérieur (gauche) — T.V.A. → Opération taxable
Client extérieur (bas) — Pas de T.V.A. → Opération exonérée

Entre les sociétés membres : Pas de T.V.A.

2.3. Tableau synthétique des catégories d'assujettis à la T.V.A.

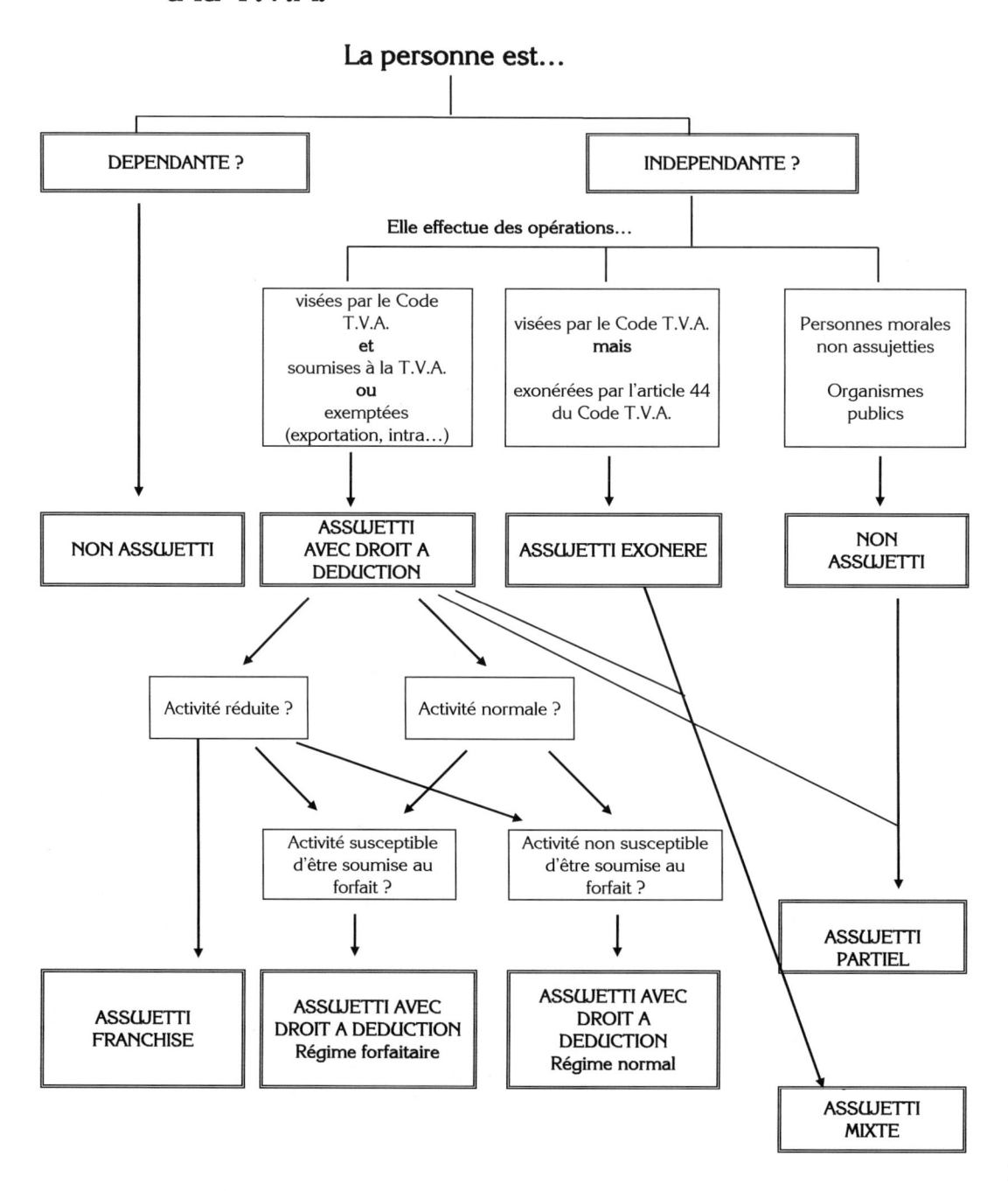

La personne est...

- DEPENDANTE ?
- INDEPENDANTE ?

Elle effectue des opérations...

- visées par le Code T.V.A. **et** soumises à la T.V.A. **ou** exemptées (exportation, intra…)
- visées par le Code T.V.A. **mais** exonérées par l'article 44 du Code T.V.A.
- Personnes morales non assujetties / Organismes publics

Résultats :

- NON ASSUJETTI (si dépendante)
- ASSUJETTI AVEC DROIT A DEDUCTION
- ASSUJETTI EXONERE
- NON ASSUJETTI

À partir d'ASSUJETTI AVEC DROIT A DEDUCTION :

- Activité réduite ? → ASSUJETTI FRANCHISE
- Activité normale ?
  - Activité susceptible d'être soumise au forfait ? → ASSUJETTI AVEC DROIT A DEDUCTION – Régime forfaitaire
  - Activité non susceptible d'être soumise au forfait ? → ASSUJETTI AVEC DROIT A DEDUCTION – Régime normal

- ASSUJETTI PARTIEL
- ASSUJETTI MIXTE

03. Les opérations réalisées en Belgique

Les transactions économiques sont divisées en deux grandes catégories d'opérations : les livraisons de biens et les prestations de services. Selon que l'on se situe du côté du fournisseur ou du client, on parlera de vente ou d'achat.

3.1. Les livraisons de biens en Belgique

3.1.1. Référence légale

Code T.V.A. : Art. 2, 8 à 13, 15 à 17, 25 à 33, 35 à 38.

3.1.2. Notion de livraison de biens

Par «**livraison**» d'un bien, on entend le transfert du pouvoir de disposer d'un bien (meuble ou immeuble) comme un propriétaire. Il s'agit notamment de la mise d'un bien à la disposition de l'acquéreur ou du cessionnaire en exécution d'un contrat translatif ou déclaratif. C'est la vente.

La livraison devient le pouvoir de disposer d'un bien corporel, comme un propriétaire, même s'il n'y a pas de transfert de la propriété juridique du bien. Elle s'identifie aussi au pouvoir de disposer économiquement d'un bien, de telle sorte que l'acquéreur puisse l'affecter à sa propre consommation ou le revendre pour son propre compte.

Par «**bien**», il faut entendre *les biens corporels (meubles ou immeubles)*. Sont également considérés comme des biens corporels, l'électricité, le gaz, la chaleur, le froid ainsi que les droits réels autres que le droit de propriété (l'usufruit, la servitude, la superficie, l'emphytéose).

> D'autres opérations que la vente peuvent encore être considérées par le Code T.V.A. comme des livraisons de biens et notamment : le prélèvement privé d'un bien de l'entreprise, l'utilisation comme investissement d'un bien en stock, le transfert d'un bien d'un Etat membre vers un autre, etc. Nous reviendrons sur ces opérations.

3.1.3. Taxation de la livraison de bien

Les livraisons de biens effectuées à titre onéreux par un assujetti agissant en tant que tel sont soumises à la T.V.A. lorsqu'elles ont lieu en Belgique [6]. Il faut donc la réunion des conditions suivantes :

- ➤ l'opération doit être une livraison de bien visée par le Code T.V.A.;
- ➤ cette livraison doit avoir un prix; chacune des parties doit être astreinte à donner ou faire quelque chose, à une contrepartie, soit le paiement d'une somme d'argent dans le cas de la vente soit la cession d'un autre bien dans le cas de l'échange.

---

[6] Article 2 du Code T.V.A.

Mais pour qu'une livraison de biens soumise à la T.V.A. soit effectivement taxée, il faut aussi qu'elle ne soit pas exemptée pour d'autres motifs : l'exportation, la livraison intracommunautaire, une cession de fonds de commerce, etc.

Il y a ici une nuance importante à bien saisir. Nous l'avons déjà rencontrée dans le tableau des catégories d'assujettis [2.3.]. En effet, la même livraison peut aussi bien :
- être taxée parce que réalisée en Belgique par un assujetti avec droit à déduction;
- être exemptée parce que réalisée dans l'U.E. [7.2.] par un assujetti avec droit à déduction;
- être exemptée parce que réalisée dans un pays non membre de l'U.E. [5.2.] par un assujetti avec droit à déduction;
- être exemptée parce que réalisée dans la cadre d'une cession de fonds de commerce [3.3.];
- être exemptée parce que réalisée en Belgique par un non assujetti;
- être exemptée parce que réalisée en Belgique par un assujetti franchisé [2.2.2.].

Exemple (concernant les trois premiers cas)

Un grossiste en matériel informatique bruxellois a acquis un stock important d'écrans plats pour ordinateurs et les revend à divers négociants au prix de 375,00 € l'unité. Il en fournit 200 à un client anversois, 85 à un client namurois, 150 à un client luxembourgeois et 50 à un client zurichois.

La facturation sera la suivante :
- client anversois :   200 x 375,00 = 75.000,00 € : T.V.A. 21% : 15.750,00 €
- client namurois :   85 x 375,00 = 31.875,00 € : T.V.A. 21% : 6.693,75 €
- client luxembourgeois : 150 x 375,00 = 56.250,00 € : Pas de T.V.A. (livraison intracommunautaire)
- client zurichois :   50 x 375,00 = 18.750,00 € : Pas de T.V.A. (exportation)

Une même vente réalisée par une même personne peut donc être traitée différemment !

3.1.4. Opérations assimilées à des livraisons de biens

Le Code T.V.A. assimile à des livraisons de biens, certaines opérations réalisées en dehors d'un contrat à titre onéreux. Par exemple, des utilisations privées de biens pour lesquels l'assujetti a exercé un droit à déduction. Nous y reviendrons [3.5.3.].

3.1.5. Lieu de la livraison de bien

En principe, une livraison de bien est soumise à la T.V.A. belge lorsqu'elle a lieu en Belgique c'est-à-dire lorsque le lieu où elle est réputée se situer, se trouve dans le pays. Le **lieu** d'une livraison est l'endroit où le bien se trouve lors de la mise à la disposition de l'acquéreur.

Donc, connaître le lieu de la livraison est important pour pouvoir déterminer si l'opération est taxable en Belgique.

En cas de transport, c'est l'endroit où commence le transport qui détermine le lieu de la livraison, peu importe qui transporte, le vendeur ou l'acheteur.

3.1.6. Moment de la livraison de bien

Une livraison de bien s'opère au **moment** où le bien est mis à la disposition de l'acquéreur ou du cessionnaire.

Le moment de la livraison doit être connu pour savoir dans quelle déclaration périodique à la T.V.A. l'opération doit être déclarée.

3.1.7. Exigibilité de la T.V.A.

Le fait générateur d'une livraison de biens intervient au moment de la facturation qui peut avoir lieu avant la livraison, au moment de la livraison ou après celle-ci.

La T.V.A. ne peut pas être appliquée avant la survenance du fait générateur, ce qui veut dire :

- Que le fournisseur qui a établi une facture avec T.V.A. alors qu'aucune cause d'exigibilité ne s'est produite reste redevable de cette T.V.A.[7] ce qui ne le dispense pourtant pas d'établir, avec T.V.A., les factures qui constateront plus tard la survenance d'une cause d'exigibilité ou du fait générateur !
- Que le client en possession d'une facture avec T.V.A. qui ne constate pas l'encaissement du prix ou le fait générateur de la T.V.A. ne peut déduire la T.V.A.

Pour les livraisons faites par des assujettis, qui, habituellement, livrent des biens à des particuliers (sans obligation de facturer), la taxe est exigible au fur et à mesure de l'encaissement du prix, dans la mesure où il n'y a pas facturation.

Des délais de facturation sont accordés [18.5.]

Exemple

Le 10 août, un couple de jeunes mariés passe commande d'une machine à lessiver pour le prix de 600,00 € T.V.A. comprise. Un acompte de 100,00 € est facturé le même jour par le vendeur.
Le 6 septembre, le couple verse l'acompte de 100,00 €.
La machine est livrée le 15 otobre.
Il est prévu que le solde des 500,00 € soit acquitté le 20 novembre. Ce qui est fait.

---

[7] Sur base de l'art. 51 § 1er, 3° du Code T.V.A.

```
         10/8        6/9       15/10      20/11
----o-----X-------o---X-----------o-------X----o---------X---o-------------
         ↓          ↓           ↓          ↓
```

| Commande et facturation d'un acompte | Versement de l'acompte de 100,00 € | Livraison et facturation du solde | Versement du solde de 500,00 € |

↓ ↓ ↓

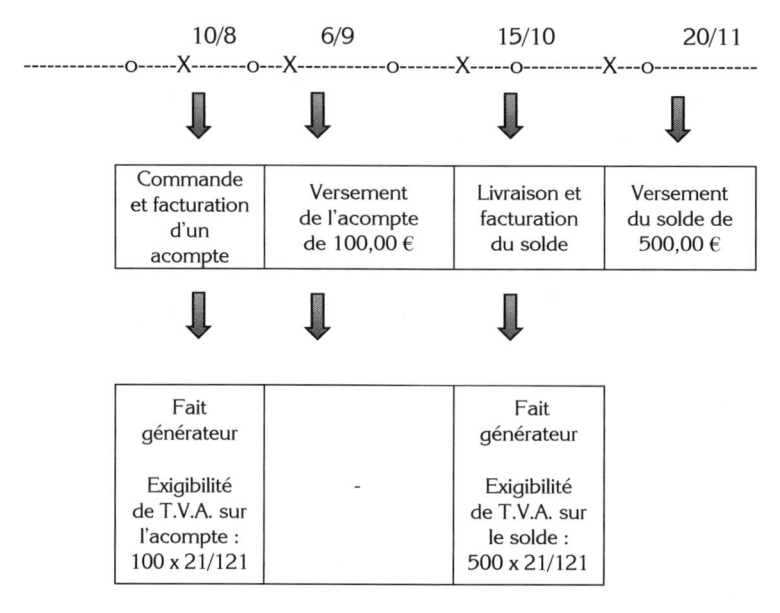

| Fait générateur Exigibilité de T.V.A. sur l'acompte : 100 x 21/121 | - | Fait générateur Exigibilité de T.V.A. sur le solde : 500 x 21/121 |

Exigibilité de la T.V.A. :
- le 10/8 (facturation de l'acompte) : 100,00 € x 21/121 = 17,36 €
- le 15/10 (mise à disposition du bien – opération effectuée) : 500,00 € x 21/121 = 86,78 €

Bien que le paiement du solde n'ait lieu que le 20/11, la T.V.A. est <u>exigible</u> le 15/10, au moment où la livraison est <u>effectuée</u> (déclaration du mois d'octobre ou 4ème trimestre). moment du fait générateur !

3.1.8. Déclaration périodique à la T.V.A.

Inscription d'une livraison de bien dans la déclaration périodique à la T.V.A. du vendeur :

Base imposable	Grille 00	Grille 01	Grille 02	Grille 03
T.V.A. à payer	Grille 54			

3.1.9. Base imposable d'une livraison de bien

V. 10.2.

3.2. Les livraisons de biens incorporels

Les livraisons de biens meubles incorporels tels que les actions et obligations, les coupons de titres, les effets de commerce, les monnaies non démonétisées et les timbres-poste non oblitérés ayant cours légal ne sont jamais soumises à la T.V.A.

3.3. Les ventes de fonds de commerce

Les cessions d'entreprises ou de fonds de commerce sont en réalité des livraisons de biens et des prestations de services portant sur des marchandises, du matériel, du mobilier, de la clientèle, etc.; autrement dit, l'ensemble des éléments nécessaires au bon fonctionnement d'une entreprise (les éléments de l'actif de son bilan).

3.3.1. Référence légale

Code T.V.A. : Art. 11. et Art. 18, § 3.

3.3.2. Exemption de la T.V.A.

Ces cessions **d'universalités de biens** sont exemptées de la T.V.A. Bien que ces cessions comprennent des livraisons de biens (matériel, stock de marchandises, immeubles...) ainsi que des prestations de services (clientèle, marque de fabrique...) et bien qu'elles aient lieu en Belgique, elles ne sont pas considérées comme des livraisons de biens ou des prestations de services et ne sont dès lors pas soumises à la T.V.A.

> Il s'agit en réalité d'une mesure en faveur des assujettis qui investissent. Si la T.V.A. sur la cession était à payer par l'acheteur, il la récupérerait puisqu'il s'agit – par hypothèse – d'un achat de nature économique. Cette exemption évite au cessionnaire (l'acheteur qui est en définitive celui qui investit) de préfinancer une T.V.A. de toute manière déductible.

Ces cessions qui ne doivent pas être inscrites dans la déclaration à la T.V.A. doivent être constatées par un document rédigé en deux exemplaires originaux signés par chacune des parties.

On entend par « **Universalité de biens** », *tout transfert d'un fonds de commerce, ou d'une partie autonome d'une entreprise, comprenant des éléments corporels et éventuellement incorporels qui, ensemble, constituent une entreprise ou une partie d'entreprise susceptible de poursuivre une activité économique autonome.*

Le bénéficiaire du transfert doit avoir l'intention d'exploiter le fonds de commerce cédé.

Tous les éléments de l'entreprise ou de la division de l'entreprise ne doivent plus nécessairement être cédés; il suffit qu'un ensemble d'éléments ou une combinaison d'éléments permettant la poursuite d'une activité autonome soit cédé pour pouvoir appliquer l'exemption.

Cette notion d'universalité totale ou partielle de biens doit s'apprécier dans le chef du **cessionnaire** (l'acheteur).

La qualité du cédant (personne physique ou personne morale) n'a pas d'influence sur l'application de l'exemption.

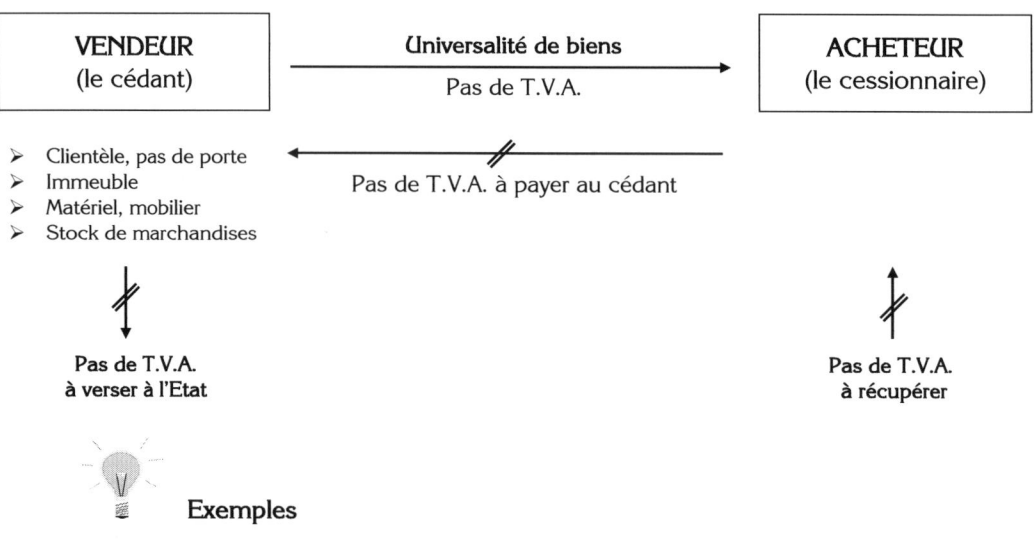

```
         ┌─────────────────┐      Universalité de biens       ┌─────────────────┐
         │    VENDEUR      │ ──────────────────────────────→  │    ACHETEUR     │
         │   (le cédant)   │           Pas de T.V.A.          │ (le cessionnaire)│
         └─────────────────┘                                  └─────────────────┘
```

- Clientèle, pas de porte
- Immeuble   ⟵ Pas de T.V.A. à payer au cédant
- Matériel, mobilier
- Stock de marchandises

Pas de T.V.A.   Pas de T.V.A.
à verser à l'Etat   à récupérer

Exemples

- L'entreprise A absorbe l'entreprise B.
- L'entreprise C et l'entreprise D fusionnent en une entreprise E.
- L'entreprise F se scinde en entreprise G et entreprise H.
- Monsieur J cesse ses activités en personne physique et apporte son entreprise dans une nouvelle S.P.R.L. J & fils.

Dans ces situations, B, C, D, F et J cèdent une universalité de biens.

3.4. Les prestations de services en Belgique

3.4.1. Référence légale

Code T.V.A. : principalement les art. 18 à 22.

3.4.2. Principe

Par prestation de services, on entend toute opération qui ne constitue pas une livraison d'un bien au sens du Code T.V.A. Elles sont énumérées à l'art. 18 du Code T.V.A. Est notamment considérée comme une prestation de services, l'exécution d'un contrat qui a pour objet :

- un travail, matériel ou intellectuel;
- la mise à disposition de personnel;
- le mandat;
- la jouissance d'un bien (autre que l'électricité, le gaz, la chaleur, le froid et les droits réels portant sur des bâtiments neufs);
- la cession ou la concession d'une clientèle;
- l'engagement de ne pas exercer une activité économique;
- la cession ou la concession d'un monopole de vente ou d'achat;
- la cession ou la concession du droit d'exercer une activité économique;

- la cession ou la concession d'un brevet, d'une marque de fabrique ou de commerce, d'un droit d'auteur, d'un dessin ou modèle industriel, ou d'autres droits similaires;
- la location d'emplacements pour véhicules;
- la location d'entrepôts (parkings, garages…);
- la fourniture de logements meublés accompagnés de services;
- la location d'emplacements de camping;
- les fournitures dans les restaurants, hôtels et cafés;
- l'accès et l'utilisation d'installations culturelles, sportives ou de divertissement;
- certaines prestations bancaires et financières;
- les prestations des entreprises de radio distribution, télédistribution et télécommunication;
- l'accès et l'utilisation de voies de communication, d'ouvrages d'art;
- etc.

Lorsqu'une opération est composée à la fois de livraisons de biens, de prestations de services, l'Administration fiscale considère que lorsque la valeur des biens fournis et placés à l'occasion de l'opération est **inférieure à 50% du prix total**, l'opération doit être considérée pour le tout comme une prestation de services (et répond dès lors aux règles des prestations de services). Dans les autres cas, l'opération s'analyse pour le tout le comme une livraison de biens.

Exemples

Le placement dans un véhicule de pneus, d'un GPS, d'un nouveau moteur, d'un système d'alarme, d'une installation au gaz, etc.

S'il est exact de dire que ces prestations de services sont visées par le Code T.V.A., il ne faut pas d'office en conclure que ces opérations sont toujours taxables. En effet, nous avons déjà vu que le Code T.V.A. exonère les opérations réalisées par des assujettis exonérés (par exemple un assureur qui preste un travail intellectuel), par des assujettis franchisés ou par des non assujettis.

Certaines prestations de services avec des clients étrangers peuvent également ne pas être taxables en Belgique mais dans le pays du client.

3.4.3. Opérations assimilées à des prestations de services

Comme pour les livraisons de biens, le Code T.V.A. assimile à des prestations de services, certaines opérations réalisées en dehors d'un contrat à titre onéreux. Par exemple, des utilisations privées de biens pour lesquels l'assujetti a exercé un droit à déduction ou des travaux immobiliers réalisés par l'assujetti lui-même pour ses besoins économiques ou privés. Nous y reviendrons [3.5.4.].

3.4.4. Exigibilité de la T.V.A.

Pour les prestations de services, le fait générateur de la T.V.A. intervient, comme pour les livraisons de biens[3.1.7], au moment de la facturation qui peut avoir lieu avant la prestation, au moment de la prestation ou après celle-ci.

Lorsqu'une prestation de services effectuée en Belgique à caractère continu (par exemple, la fourniture d'électricité) donne lieu à des décomptes ou à des paiements successifs, la prestation de services est considérée comme effectuée à l'expiration de chaque période à laquelle se rapporte un décompte ou un paiement.

Enfin, il est prévu que, pour les prestations de services effectuées par des assujettis qui fournissent habituellement des services à des particuliers (et qui ne sont pas tenus de facturer ces opérations), la T.V.A. soit exigible au fur et à mesure de l'encaissement du prix.

3.4.5. Déclaration périodique à la T.V.A.

Inscription dans la déclaration périodique à la T.V.A. du vendeur :

Base imposable	Grille 00	Grille 01	Grille 02	Grille 03
T.V.A. à payer	Grille 54			

3.4.6. Base imposable d'une prestation de services en Belgique

V. 10.2.

3.5. Les prélèvements

3.5.1. Référence légale

Code T.V.A. : Art. 12 et 19.

3.5.2. Principe

Le prélèvement a la particularité d'être une opération dans laquelle un seul contractant (une seule volonté) intervient, contrairement au contrat de vente qui nécessite deux volontés.
Il n'y a donc pas d'intervention extérieure comme pour un achat ou une vente. D'où la nécessité de repérer ces opérations internes et gérer ces situations de manière adéquate.

En matière de T.V.A., les prélèvements sont assimilés soit à des livraisons de biens, soit à des prestations de services, c'est-à-dire qu'ils se traitent de la même manière.

N.B. : Ne pas confondre « prélèvement » et « révision » (v. tableau p. 122).

Exemples

- un brasseur prélève sur son stock un casier de bières destinées à sa consommation privée;
- un libraire prélève de son stock un ouvrage littéraire pour l'offrir en cadeau à un ami;
- un entrepreneur prélève des matériaux de construction pour effectuer des transformations à son habitation privée;
- une coiffeuse utilise les produits de son salon pour effectuer des prestations de coiffure gratuites pour sa famille.

3.5.3. Prélèvements de biens

Le Code T.V.A. assimile notamment à une livraison de biens le prélèvement par un assujetti d'un bien de son entreprise pour ses **besoins privés** ou pour les **besoins privés de son personnel** et plus généralement à des fins étrangères à son entreprise ou pour le **transmettre à titre gratuit**, à moins qu'il ne s'agisse, soit d'un échantillon commercial, soit d'un cadeau commercial de faible valeur.

Par «**bien meuble de son entreprise**», il faut entendre les biens meubles corporels, y compris les immeubles par destination (machines, matériels affectés au service et à l'exploitation d'un immeuble par nature). Les biens immeubles par nature, soit les terrains et les constructions, sont habituellement exclus. Il n'y a pas lieu de faire la distinction entre les biens qui ont été acquis et qui ont été produits par l'entreprise, ni entre les biens qui se trouvent en stock en vue de la vente et les biens d'investissements.

Il est toutefois impératif que les biens, ou les éléments qui le composent, aient ouvert droit à déduction complète ou partielle de la T.V.A. Ce qui veut dire que s'il n'y a pas eu de déduction, il n'y aura pas de prélèvement.

Puisque la loi assimile ces prélèvements à des livraisons ordinaires, la T.V.A. est donc due et calculée sur le prix d'achat (ou prix de revient) des biens. Le taux applicable est celui en vigueur au moment du prélèvement.

En réalité, bien des destinations peuvent être données à un bien prélevé dans le stock.

Prenons l'exemple d'un bureau prélevé par un négociant en meubles (sans perdre de vue que la T.V.A. a été récupérée lors de l'acquisition du bureau).

STOCK (détaxé)	Bureau	Pour le vendre	T.V.A. due
		Pour l'investir	T.V.A. due et déductible
		Pour l'offrir en cadeau commercial [8]	T.V.A. due mais non déductible (à comptabiliser en charge)
		Pour l'offrir en cadeau privé	T.V.A. due (consommation privée)
		Pour l'utiliser temporairement	T.V.A. due
		Pour l'usage privé	T.V.A. due (consommation privée)

---

[8] Dont le montant est > 50,00 € H.T.V.A.

3.5.4. Prélèvements de services

Travaux immobiliers exécutés par l'assujetti pour ses besoins économiques

Les assujettis avec droit à déduction totale de la T.V.A. ne doivent pas taxer les productions immobilisées (ce qui ne change rien pour eux puisque, par hypothèse, la T.V.A. aurait été totalement déductible).
Les productions immobilisées ne sont taxables que si l'assujetti (franchisé, exonéré ou mixte) n'a pas droit à la déduction partielle ou totale de la T.V.A. (Etablissements bancaires, sociétés d'assurances, établissements scolaires, hôpitaux, maisons de repos, A.S.B.L. sportive, etc.).

Cette tolérance ne concerne pas l'assujetti qui réalise des travaux de <u>transformation</u> pour ses besoins privés (voir ci-dessous).

Travaux immobiliers exécutés par l'assujetti pour des besoins privés ou étrangers à son entreprise

Dans une telle situation, l'assujetti, personne physique, doit taxer sur le montant des dépenses engagées la prestation de services immobiliers dans la mesure où ces travaux relèvent de l'activité habituelle qui lui confère la qualité d'assujetti.

Lorsqu'il affecte un ou des membres de son personnel à l'exécution de ces travaux, ceux-ci sont toujours considérés comme effectués dans le cadre de l'activité d'assujetti et ils sont par conséquent taxables à concurrence des dépenses engagées.

Lorsque l'assujetti est une personne morale, les travaux sont également taxables sur les dépenses engagées.

STOCK	Travaux	Pour des besoins économiques	T.V.A. due et déductible
		Pour des besoins privés	T.V.A. due [1] mais non déductible
		Pour les besoins économiques et privés	T.V.A. due et déductible partiellement

(1) Uniquement si les travaux relèvent de l'activité de l'assujetti et limités aux dépenses engagées.

3.5.5. Déclaration périodique à la T.V.A.

Inscription dans la déclaration périodique à la T.V.A. du prestataire :

Base imposable	Grille 03
T.V.A. à payer	Grille 54
T.V.A. déductible	Grille 59

3.6. Les avantages de toute nature (ATN)

3.6.1. Référence légale

Circulaire administrative n° 4 du 09 mai 1996 (partiellement abrogée).

Remarque préalable

L'article 45 § 1er quinquies limite la déduction de la T.V.A.(12.6bis) **dès l'achat des biens d'investissement** à la partie économique. Cette « retenue à la source » de la T.V.A. non déductible sur la partie non économique supprime la taxation (en T.V.A.) de l'avantage de toute nature antérieurement pratiquée sur les utilisations non économiques de biens investissements.

La taxation de l'ATN est cependant maintenue pour les investissements acquis avant l'entrée en vigueur de l'art 45, § 1er quinquies (le 1/1/2011 pour les immeubles et le 1/1/2012 pour les biens meubles) ou pour les investissements qui, après cette entrée en vigueur, ont fait l'objet d'une déduction totale (parce que 100% économiques au moment de l'achat) et dont l'affectation a été modifiée par la suite (par exemple, affectation d'un véhicule à une utilisation privée après son achat).

3.6.2. Principe

Dans les situations évoquées ci-dessus, l'utilisation pour les besoins privés de l'assujetti (ou de son personnel) d'un bien affecté à une entreprise est assimilée à une prestation de service soumise à la T.V.A.

Autrement dit, lorsqu'une société permet à un de ses administrateurs, gérant ou membre de son personnel, d'utiliser à des fins privées un bien lui appartenant (et dont elle a déduit tout ou partie de la T.V.A.), il faut considérer que cette entreprise effectue une prestation de service taxable qui consiste en une mise à disposition de ce bien.
Cette disposition vise notamment :
- les utilisations de véhicules automobiles;
- les consommations de chauffage, d'eau, de gaz, d'électricité;
- les utilisations de téléphone, smartphones, pc, tablettes, imprimantes, fax, gsm, etc.

Le but de cette disposition est d'éviter que des biens pris en charge et pour lesquels la T.V.A. a été déduite initialement, ne soient utilisés par la suite à des fins privées sans subir la T.V.A. qui doit affecter toute consommation privée.
La base imposable pour de telles utilisations est constituée par le montant des dépenses engagées auquel le taux du bien est applicable (par ex : 6% sur l'eau et 21% sur les frais de téléphone et de véhicules).

Cet avantage peut faire l'objet d'une taxation à l'I.P.P. dans le chef du bénéficiaire.

3.6.3. Mise à disposition d'une voiture automobile

En cas de taxation de l'utilisation (Art. 19 § 1er du Code T.V.A.), la base d'imposition doit être déterminée sur la base des dépenses engagées.

Compte tenu des principes de neutralité fiscale, et s'agissant d'un véhicule soumis à la règle des 50% qui n'a pas subi la limitation de déduction prévue par l'article 45 § 1er quinquies (acheté avant 2012 ou usage 100% économique), la taxation éventuelle de l'article 19 § 1er ne peut s'appliquer que lorsque l'utilisation « privée » dépasse 50% et seulement à concurrence de ce dépassement [9].

3.6.4. En résumé

Nature de l'avantage	Base imposable	T.V.A. due
Chauffage, gaz	Montant T.V.A. COMPRISE des dépenses engagées	x 21/121
Electricité		x 21/121
Eau		x 6/106
Téléphone, fax, gsm		x 21/121
Immeuble		-
Voitures automobiles dont la déduction a été limitée à 50%	Taxation sur les dépenses engagées, mais uniquement sur la partie privée dépassant 50%.	

3.6.5. Déclaration périodique à la T.V.A.

Inscription de la T.V.A. due dans la déclaration périodique à la T.V.A. de la société :

T.V.A. à payer	Grille 61

ou

Base imposable	Grille 01	Grille 03
T.V.A. à payer	Grille 54	

---

[9] Décision T.V.A. n° E.T. 119.650/3 du 11/12/2012 (addendum à la décision n° E.T. 119.650 du 20/10/2011).

04. Les importations

On désigne par le terme «importation» les acquisitions de biens faites dans un pays situé hors de l'U.E. [10]

4.1. Référence légale

Code T.V.A. : Art. 23 & 24.
A.R. n° 7.

4.2. Principe

L'**importation**, c'est l'entrée à l'intérieur de l'U.E. d'un bien en provenance d'un territoire tiers. Ce bien provient d'un pays qui ne fait pas partie de l'U.E., il n'est donc pas en libre pratique dans l'U.E.

> On dira qu'un Belge importe de Russie, un Espagnol importe des Etats-Unis, un Grec importe du Japon, etc., mais un Belge effectue une acquisition intracommunautaire en provenance d'Italie tout comme un Allemand de Finlande ou un Danois de Pologne.

L'importation d'un bien est effectuée dans l'Etat membre sur le territoire duquel le bien se trouve au moment où il entre à l'intérieur de la Communauté mais la T.V.A. est due dans le pays où les biens sont mis en consommation.

> On notera que l'importation ne se situe pas au regard du territoire belge, mais de celui de l'U.E. Si un acheteur belge dédouane des marchandises à Marseille, l'importation du Belge a lieu en France et non en Belgique.

4.2.1. Importation par un assujetti avec droit à déduction

L'importateur belge est confronté à un double choix :

➢ ou il dédouane en exemption de T.V.A. les biens dans le pays d'entrée dans l'U.E., (pays dans lequel il doit être identifié à la T.V.A.) et pratique ensuite un transfert (7.6.) vers son propre pays avec autoliquidation de la T.V.A. due sur son acquisition intracommunautaire dans sa déclaration périodique à la T.V.A. (6.3.1.);

➢ ou il dédouane en Belgique en acquittant la T.V.A. belge due sur l'importation auprès des douanes belges, ou par report dans sa déclaration périodique à la T.V.A. (4.5.1.)

---

[10] Les acquisitions effectuées dans un pays de l'U.E. sont appelées «acquisitions intracommunautaires».

Exemple

Un industriel bruxellois achète une machine à emballer à un fournisseur canadien. La marchandise arrive par bateau au port de Hambourg en Allemagne et sera acheminée par transport routier vers son usine. Il déclare la machine en consommation en Allemagne où il bénéficie de l'exemption de T.V.A. à l'importation car la machine sera transférée en Belgique où la T.V.A. belge sera payée (et déduite) à titre de transfert.

Il aurait pu choisir de faire transporter les marchandises vers son usine sous couvert du régime du transit communautaire et payer la T.V.A. belge à la Douane belge ou reporter, avec autorisation, la perception de la T.V.A. dans sa déclaration périodique à la T.V.A.

Le paiement de la T.V.A. est constaté sur un document rédigé par la Douane (D.A.U. – Document administratif unique) qui constitue en quelque sorte la facture de la T.V.A. qui permet ultérieurement la déduction.
Ce D.A.U. peut être rédigé de manière électronique.

4.2.2. Importation par un assujetti sans droit à déduction ou par un particulier

Les règles d'importation pour les assujettis sans droit à déduction (exonérés, franchisés, exploitants agricoles, organismes publics) et les particuliers non assujettis diffèrent légèrement dans la mesure où ceux-ci ne déposent pas de déclaration périodique à la T.V.A. Ils conservent cependant le choix de taxer leur importation dans le pays européen d'entrée ou en Belgique (par un bureau de douane).

> Il est intéressant de constater que ce système laisse aux importateurs qui ne peuvent pas récupérer la T.V.A., le choix de dédouaner dans le pays où le taux de T.V.A. est le moins élevé, l'Etat membre d'introduction ou de destination des biens.

4.3. Fait générateur de la T.V.A.

Le fait générateur de la T.V.A. a lieu et la taxe devient exigible au moment où l'importation du bien est effectuée. Lorsqu'un bien en provenance d'un état tiers est placé depuis son entrée à l'intérieur de la Communauté sous la procédure du transit communautaire, le fait générateur et l'exigibilité de la T.V.A. n'interviennent qu'au moment où les biens sortent de ce régime.

4.4. Déclaration périodique à la T.V.A.

Inscription dans la déclaration périodique à la T.V.A. de l'importateur si la T.V.A. belge due sur l'importation est payée aux Douanes belges :

Base imposable	Grille 81 ou 82 ou 83
T.V.A. déductible	Grille 59

Inscription dans la déclaration périodique à la T.V.A. de l'importateur si la T.V.A. belge est due suite à un transfert :

Base imposable	Grille 81 ou 82 ou 83	Grille 86
T.V.A. due	Grille 55	
T.V.A. déductible	Grille 59	

4.5. Importation avec report de paiement

4.5.1. Principe

Certaines entreprises qui importent régulièrement peuvent bénéficier d'un régime de faveur. Moyennant certaines conditions elles peuvent obtenir de l'administration fiscale l'autorisation d'effectuer directement dans leur déclaration périodique à la T.V.A., et non à la douane de leur choix, le paiement de la T.V.A. sur leurs importations [11].

C'est ce qu'on appelle le «**report de paiement**» ou «**report de perception**» ou «**autoliquidation**». L'inscription simultanée dans la même déclaration périodique à la T.V.A. des taxes à payer et des taxes à récupérer évite à ces entreprises le préfinancement de la T.V.A., autrement dit la charge financière résultant de l'avance de la T.V.A. durant la période qui se serait écoulée entre son paiement en douane et la restitution effective dans sa trésorerie.

Il n'y a plus de contrainte financière. La caution par anticipation qui était précédemment exigée a été supprimée le 1/1/2013 et son remboursement a pu être demandé (grille 62).

4.5.2. Déclaration périodique à la T.V.A.

Inscription dans la déclaration périodique à la T.V.A. de l'importateur :

Base imposable	Grille 81 ou 82 ou 83	Grille 87
T.V.A. à payer	Grille 57	
T.V.A. déductible	Grille 59	

Remboursement de tout ou partie de la caution	Grille 62

---

[11] Circ. n° 3 du 11 janvier 1973, mise à jour par la circulaire AFER n° 1/2008 du 2 janvier 2008.

05. Les exportations

On désigne par le terme «exportation» les livraisons de biens faites dans un pays situé hors de l'U.E. [12]

5.1. Référence légale

Code T.V.A. : Art. 39 à 42.
Circulaire administrative n° E.T. 97.794 du 1er mars 2001.

5.2. Principe de l'exportation

L'**exportation** est le fait matériel d'envoyer, d'expédier, de transporter un bien meuble par nature de Belgique vers un pays tiers. Il faut donc la réalisation matérielle d'un transport, au-delà d'une frontière de l'U.E., d'un bien se trouvant physiquement en Belgique.

L'exportation est constatée par une **déclaration d'exportation** (D.A.U.) [13] remplie à la douane de sortie de l'U.E. Cette douane peut être belge (exportation par le port de ZEEBRUGES, par l'aéroport de LIEGE, etc.) ou située dans un autre pays de l'U.E. (exportation par le port de ROTTERDAM, par l'aéroport de PARIS, etc.)

Toutes les exportations sont exemptées de T.V.A.

5.3. Preuve de l'exportation

Il ne suffit pas au vendeur d'invoquer l'exportation pour appliquer l'exemption de T.V.A. sur sa facture. Que la livraison soit faite à un client particulier ou assujetti, la **preuve de l'exportation** doit être apportée par le vendeur exportateur.

Comment démontrer à l'administration fiscale que l'exportation est bien réelle et que l'exemption a été appliquée à bon escient ?

Tous les documents de nature à établir la réalité de l'exportation peuvent être produits : déclaration d'exportation (DAU), documents de transport, accusés de réception, bons de commande, paiements internationaux, etc. Le document spécifique d'exportation (EX 61) est indispensable mais pas nécessairement suffisant.
Le nom de l'exportateur doit toujours figurer dans la déclaration d'exportation.

A défaut de production de la preuve de l'exportation, la T.V.A. est bien entendu exigible chez le vendeur, à charge pour lui de se retourner éventuellement vers son client.

---

[12] Les ventes effectuées dans un pays de l'U.E. sont appelées «livraisons intracommunautaires».
[13] D.A.U. : Document administratif unique servant aux opérations en douane.

La vigilance est particulièrement recommandée lorsqu'il s'agit de vendre à des particuliers qui affirment destiner les biens à l'exportation. Rien n'empêche le vendeur d'appliquer, dans un premier temps, la T.V.A. et de la créditer lorsqu'il reçoit les preuves de l'exportation.

5.4. Déclaration périodique à la T.V.A.

Inscription dans la déclaration périodique à la T.V.A. de l'exportateur :

| Base imposable (mais exonérée) | Grille 47 |

5.5. Entreprises exportatrices

Ce n'est un secret pour personne, l'essentiel du commerce belge est tourné vers l'exportation. Ces opérations sont très normalement encouragées par le législateur qui, outre l'exemption inscrite au Code T.V.A., a pris des mesures complémentaires en faveur des entreprises exportatrices [14].

La plus spectaculaire est nettement orientée en faveur des trésoreries de ces entreprises. En effet, par dérogation aux règles habituelles de remboursement **trimestriel** de crédits d'impôt T.V.A. (13.2.2.), les entreprises exportatrices peuvent obtenir, à certaines conditions, la **restitution mensuelle** de leurs crédits d'impôt (13.2.3.).

5.6. Autre cas d'opérations exemptées

Sont également exemptées de la T.V.A., par l'intermédiaire d'un E-Certificat, les livraisons de biens et les prestations de services effectuées dans le cadre des relations diplomatiques et consulaires (ambassades, consulat…), celles destinées aux organismes internationaux (OTAN, Union européenne, etc.) ainsi que les livraisons à des organismes agréés qui les exportent dans le cadre de leurs activités humanitaires, charitables ou éducatives.

---

[14] Circulaire AFER n° 29 du 6/11/2003.

06. Les achats de biens dans l'Union européenne

On désigne par le terme «acquisitions intracommunautaires» les acquisitions de biens faites dans un pays situé dans l'U.E. [15]

6.1. Référence légale

Code T.V.A. : Art. 25 bis à 25 septies.

6.1.1. L'Union européenne

Les règles intracommunautaires sont applicables à tous les pays membres de l'U.E. Elles sont réversibles c'est-à-dire que ce qui est dit pour un vendeur italien et un client belge est valable pour un vendeur belge et un client italien ou un vendeur allemand et un acheteur tchèque ou encore pour un vendeur irlandais et un acheteur maltais etc.

Les Etats membres de l'U.E. sont à ce jour [16] :

Allemagne	DE
Autriche	AT
Belgique	BE
Bulgarie	BG
Chypre	CY
Croatie	HR
Danemark	DK
Espagne	ES
Estonie	EE
Finlande	FI
France	FR
Grèce	EL
Hongrie	HU
Irlande	IE
Italie	IT
Lettonie	LV
Lituanie	LT
Luxembourg	LU

---

[15] Pour rappel, les acquisitions de biens dans un pays situé hors de l'U.E. sont appelées «importations».
[16] Au 1er mars 2013.

Malte	MT
Pays-Bas	NL
Pologne	PL
Portugal	PT
Roumanie	RO
(Royaume-Uni)	GB
Slovaquie	SK
Slovénie	SI
Suède	SE
Tchéquie	CZ

Comme nous étudions les acquisitions intracommunautaires, nous nous positionnons comme acheteur belge.

6.2. Notion d'acquisition intracommunautaire

Par **acquisition intracommunautaire** d'un bien, on entend l'obtention à titre onéreux du pouvoir de disposer comme un propriétaire, d'un bien meuble corporel, expédié ou transporté à destination de l'acquéreur, par le vendeur ou par l'acquéreur pour leur compte, vers un Etat membre autre que celui du départ de l'expédition ou du transport. Il faut donc la réunion des conditions suivantes :

- ➤ un contrat à titre onéreux (il faut un prix au contrat) [17];
- ➤ un bien meuble corporel (les prestations de services sont exclues);
- ➤ un bien transporté (il y a toujours un transport);
- ➤ d'un Etat membre vers un autre Etat membre (il faut un transfert physique d'un Etat membre à un autre).

6.3. Principe

Le problème est de connaître le **redevable de la T.V.A.** Est-ce le vendeur qui doit appliquer la T.V.A. de son pays et la reverser dans son pays ou l'acheteur doit-il acquitter la T.V.A. dans le sien ? Autant le dire de suite, les deux cas peuvent se présenter et le choix entre l'un ou de l'autre dépend du statut de l'acheteur.

L'acheteur est-il un assujetti avec droit à déduction (2.2.1.) (entreprise industrielle, notaire, architecte, pharmacien, entrepreneur…), un assujetti exonéré (2.2.3.) (hôpital, école, compagnie d'assurances, banque, médecin…), une personne morale non assujettie (2.2.5.) (Etat, province, région, commune…), un assujetti franchisé (2.2.2.), un agriculteur au régime du forfait agricole (2.2.4.) ou encore un particulier ?

---

[17] Il arrive parfois que de simples mouvements soient taxables. V. «Transferts» (7.6.).

6.3.1. Acquisition intracommunautaire par un assujetti avec droit à déduction

Les acquisitions de biens effectuées à titre onéreux par un assujetti avec droit à déduction agissant en tant que tel sont soumises à la T.V.A. belge lorsque le vendeur est lui-même un assujetti avec droit à déduction agissant en tant que tel.

Exemples

- une entreprise de construction belge achète des carrelages chez un fabricant en Slovénie;
- un géomètre achète du matériel de mesure à un grossiste établi en Allemagne;
- un fleuriste achète des marchandises à un horticulteur hollandais.

Comme l'acheteur dépose des déclarations périodiques à la T.V.A. il lui est possible d'acquitter la T.V.A. due dans sa déclaration (il n'y a plus de douanes !) et d'opérer éventuellement sa déduction. C'est ce qu'on appelle l'«**autoliquidation**».

Inscription dans la déclaration périodique à la T.V.A. de l'acheteur :

Base imposable de l'acquisition	Grille 81 ou 82 ou 83	Grille 86
Note de crédit	Grille 84	
T.V.A. à payer (autoliquidation)	Grille 55	
T.V.A. déductible	Grille 59	

Trois exceptions à cette règle :

- ➢ les acquisitions de moyens de transport neufs (6.3.4.) toujours taxées dans le pays de l'acheteur;
- ➢ les ventes à distance taxables dans le pays du client (7.4.);
- ➢ les installations et montages réalisés par le fournisseur (7.5.) toujours taxé dans le pays de l'installation ou du montage.

6.3.2. Acquisition intracommunautaire par un assujetti sans droit à déduction ou une personne morale non assujettie

Sont soumises à la T.V.A. dans le pays de destination, les acquisitions intracommunautaires de biens effectuées par un assujetti franchisé (2.2.2.), un assujetti exonéré (2.2.3.), un assujetti soumis au régime particulier des exploitants agricoles (2.2.4) et une personne morale non assujettie (2.2.5.). C'est donc la T.V.A. belge qui est due.

Comme ces assujettis ne déposent pas de déclaration périodique à la T.V.A., ils sont tenus de déposer une **déclaration spéciale à la T.V.A.** (17.) dans laquelle ils indiquent le montant de la T.V.A. dont ils sont redevables en Belgique.

Exemples

- un collège achète du mobilier en France;
- un kinésithérapeuthe achète du matériel informatique en Hollande;
- un médecin achète un appareil de radiologie en Suède;
- un agriculteur soumis au régime des exploitants agricoles achète un tracteur en Slovaquie;
- une commune achète une camionnette au Luxembourg.

Mais cette règle comporte une importante restriction. Le législateur a permis, dans certaines limites, à ces personnes sans droit à déduction de choisir le pays de taxation.

En effet, jusqu'à concurrence d'un montant global annuel, hors T.V.A. de 11.200,00 €, appelé le **seuil des achats** de l'année en cours, ces assujettis sans droit à déduction peuvent soumettre leurs acquisitions intracommunautaires à la T.V.A. du pays de leur vendeur.

Mais ils conservent toujours le droit (option qui couvre une période d'au moins deux années civiles) de taxer en Belgique leurs acquisitions intracommunautaires de biens. Ils sont présumés avoir exercé l'option dès qu'elles communiquent à un fournisseur leur numéro d'identification à la T.V.A.

Certains d'entre eux possèdent déjà un numéro d'identification à la T.V.A. (les assujettis franchisés et les exploitants agricoles soumis au forfait agricole), les autres devront s'en procurer.

> Choisir le pays de taxation c'est aussi choisir le taux de T.V.A. qui sera appliqué. Choix important puisque ici, l'acheteur ne peut pas récupérer la T.V.A. Un même bien peut, par exemple, être taxé au taux de 17% au Luxembourg, 27% en Hongrie et 21% en Belgique.

6.3.3. Acquisition intracommunautaire par un particulier

Excepté les acquisitions de moyens de transport neufs [6.3.4.], les acquisitions intracommunautaires effectuées par des particuliers sont toujours taxables dans le pays du vendeur.

Exemples

- un vacancier belge achète du parfum en Principauté de Monaco;
- un jeune ménage belge achète sa salle à manger en Allemagne;
- un amateur de vin belge achète du vin en Italie.

6.3.4. Acquisition intracommunautaire de moyens de transport neufs

Quel que soit l'acheteur (assujetti avec ou sans droit à déduction, non assujetti, particulier), les acquisitions intracommunautaires de moyens de transport neufs sont toujours soumises à la T.V.A. belge, lorsqu'elles ont lieu en Belgique. Le véhicule doit être dédouané en Belgique.

6.3.5. Acquisition intracommunautaire de produits soumis à accises

Pour les produits soumis à accises (les huiles minérales [18], les alcools, les boissons alcooliques [19] et les tabacs manufacturés), l'acquisition intracommunautaire est toujours soumise à la T.V.A. belge sauf lorsque l'acquéreur est un particulier.

La règle du seuil des achats de 11.200,00 € ne joue pas pour les produits soumis à accise. Pour les assujettis non déposants, la T.V.A. s'acquitte également par la déclaration spéciale [(17.)].

6.4. Résumons-nous

Acquisitions intracommunautaires selon le statut de l'acheteur :

Etat membre du vendeur (vendeur dans l'U.E.)	L'acheteur est un…	Etat membre du client (acheteur belge)
Exemption	**assujetti avec droit à déduction**	Taxation en Belgique Paiement et déduction dans la déclaration périodique à la T.V.A.
Exemption	**assujetti sans droit à déduction** qui dépasse le seuil de 11.200,00 € /an	Taxation en Belgique Paiement dans une déclaration spéciale Pas de déduction !
Taxation dans le pays du vendeur au taux du pays du vendeur	**assujetti sans droit à déduction** qui ne dépasse pas le seuil de 11.200,00 € /an et qui n'opte pas pour la taxation dès le premier €	Pas de taxation en Belgique
Exemption	**assujetti sans droit à déduction** qui ne dépasse pas le seuil de 11.200,00 € /an mais qui opte pour la taxation dès le premier €	Taxation en Belgique Paiement dans une déclaration spéciale Pas de déduction !
Exemption	**assujetti sans droit à déduction** qui achète des produits soumis à accises ou un véhicule neuf	Taxation en Belgique Paiement dans une déclaration spéciale Pas de déduction !
Taxation au taux du pays du vendeur	**particulier**	Pas de taxation en Belgique

---

[18] Essence et pétrole.
[19] Terme utilisé dans la législation européenne.

Acquisitions intracommunautaires selon la nature des acquisitions :

Etat membre du vendeur (vendeur dans l'U.E.)	L'opération consiste en...	Etat membre du client (acheteur belge)
(Voir tableau ci-dessus)	une acquisition de biens autres que ceux ci-dessous	(Voir tableau ci-dessus)
Exemption	une acquisition d'un moyen de transport neuf	Taxation
Exemption	une acquisition de produits soumis à accises	Taxation (sauf les particuliers)
Exemption	la réception d'un transfert [7.6]	Taxation

6.5. Lieu et moment d'une acquisition intracommunautaire

Le lieu d'une acquisition intracommunautaire de biens est réputé se situer à l'endroit où les biens se trouvent au moment de l'arrivée du transport à destination de l'acquéreur. L'acquisition intracommunautaire d'un bien est censée s'opérer au moment où s'opérerait la livraison d'un tel bien à l'intérieur du pays, c'est-à-dire au moment où le bien est mis à disposition de l'acquéreur.

Exemple

B, entreprise sidérurgique, achète du minerai en Pologne. Le minerai est transporté en Belgique. Puisque le transport se termine en Belgique, l'acquisition intracommunautaire y est localisée et la T.V.A. est due en Belgique.

6.6. Fait générateur de la T.V.A.

Le fait générateur de la T.V.A. intervient au moment où s'opère l'acquisition intracommunautaire de biens. La T.V.A. devient exigible le **15 du mois suivant** celui au cours duquel est intervenu le fait générateur. Toutefois, la T.V.A. devient exigible lors de la délivrance de la facture totale lorsque celle-ci a été délivrée à l'acquéreur avant la date du 15 du mois suivant celui au cours duquel est intervenu le fait générateur.

6.7. Base imposable

La T.V.A. est calculée sur tout ce qui constitue la contrepartie obtenue ou à obtenir par le fournisseur du bien de la part de celui à qui le bien est fourni, ou d'un tiers [10.4.].

6.8. Taux

Lorsque la T.V.A. est due en Belgique, le taux applicable est le taux des biens en vigueur en Belgique.

07. Les ventes de biens dans l'Union européenne

> On désigne par le terme «livraison intracommunautaire» les livraisons de biens faites dans un pays situé dans l'U.E. [20]

7.1. Référence légale

Code T.V.A. : Art. 39 bis.

7.1.1. L'Union européenne

Les règles intracommunautaires sont applicables à tous les pays membres de l'U.E. [6.1.1.] Elles sont réversibles c'est-à-dire que ce qui est dit pour un vendeur italien et un client belge est valable pour un vendeur belge et un client italien ou un vendeur allemand et un acheteur portugais ou encore pour un vendeur irlandais et un acheteur finlandais, etc.

Comme nous étudions les livraisons intracommunautaires, nous nous positionnons comme vendeur belge.

7.2. Notion de livraison intracommunautaire

Par **livraison intracommunautaire** d'un bien, on entend la cession à titre onéreux du pouvoir de disposer comme un propriétaire, d'un bien meuble corporel, expédié ou transporté à destination de l'acquéreur, par le vendeur ou par l'acquéreur pour leur compte, vers un Etat membre autre que celui du départ de l'expédition ou du transport.

Il faut donc la réunion des conditions suivantes :

- un contrat à titre onéreux : il faut un prix au contrat (sauf pour les transferts [7.6.]);
- un bien meuble corporel (les prestations de services sont exclues);
- transporté (il y a toujours un transport);
- d'un Etat membre vers un autre Etat membre (il faut un transfert physique d'un Etat membre à un autre).

Il s'agit en fait de l'obtention, pour l'acquéreur, du pouvoir de disposer économiquement d'un bien de telle sorte que cet acquéreur puisse, soit l'affecter à sa propre consommation, soit le revendre pour son propre compte.

---

[20] Les livraisons effectuées dans un pays situé hors de l'U.E. sont appelées «exportations».

7.3. Principe

Les livraisons intracommunautaires sont exemptées de la T.V.A. à la double condition que les biens quittent physiquement l'Etat membre du vendeur et que l'acheteur produise un numéro d'identification valablement attribué dans un autre Etat membre.

7.4. Les ventes à distance

Lorsqu'un fournisseur belge fournit un client particulier situé dans l'U.E. (qui ne doit donc pas appliquer la taxation au titre d'acquisition intracommunautaire) et dans la mesure où le vendeur achemine les biens dans l'Etat membre du particulier, il est censé réaliser une livraison de biens dans le pays de son client, ce qui implique que le fournisseur belge doit, en règle, s'identifier à la T.V.A. dans ce pays et porter en compte à son client la T.V.A. de son pays.

La manière dont les marchandises sont transportées est sans importance (terre, air, mer, voie postale…).

Exemples

- ventes par correspondance;
- ventes de mobilier avec livraison.

Toutefois, excepté pour les produits soumis à accises, ce fournisseur belge peut être dispensé de s'identifier dans ce pays s'il se limite dans ses livraisons. C'est alors la T.V.A. belge qui s'applique. C'est ce qu'on appelle la **vente à distance**.

Cette limite varie selon les pays de l'U.E.; elle est par exemple de 100.000,00 € en France, en Allemagne et aux Pays-Bas. Elle est de 35.000,00 € pour les fournisseurs étrangers qui livrent en Belgique.

Les vendeurs à distance peuvent toutefois opter pour soumettre les opérations à la T.V.A. de l'Etat membre du client bien que le seuil ne soit pas atteint.

7.5. Les livraisons avec installation et montage

Lorsque le fournisseur d'une livraison intracommunautaire effectue lui-même l'installation ou le montage du bien (ou le fait effectuer pour son compte), la livraison a lieu à l'endroit de l'installation ou du montage.

Le fournisseur est redevable de la T.V.A. dans l'Etat membre de l'installation ou du montage, par l'intermédiaire d'un établissement stable ou d'un représentant responsable.

Les installations-montages ici visées sont exclusivement de nature mobilière car les installations-montages de nature immobilière sont des prestations de services [3.4.].

7.6. Les transferts

Les entreprises peuvent être amenées à transporter des biens dans un autre Etat membre sans qu'il y ait contrat de vente à titre onéreux. C'est ce qu'on appelle le **transfert**.

Exemples

- stockage de marchandises;
- envois en succursales

Bien qu'il n'ait pas les caractéristiques d'une vente, le transfert y est assimilé en matière de T.V.A. Les règles de l'acquisition intracommunautaire sont dès lors applicables et le «récepteur du bien» assujetti avec droit à déduction, doit pratiquer l'autoliquidation prévue pour ces achats [6.3.1.].

Exemple

Une fabrique de jeans établie en Belgique transfère une partie de son stock en Hongrie. Dans sa déclaration périodique à la T.V.A. belge, ce transfert est indiqué en grille 46 comme pour une livraison intracommunautaire. La fabrique belge doit posséder un numéro d'identification pour sa filiale hongroise et, par ce biais, taxer le transfert comme une acquisition intracommunautaire et opérer ensuite la déduction de la T.V.A.

7.7. Lieu et moment de la livraison intracommunautaire

Le lieu d'une acquisition intracommunautaire se situe à l'endroit où commence le transport que celui-ci soit réalisé par le vendeur, par l'acheteur ou par un tiers.

Elle s'opère au moment où s'opèrerait la livraison en Belgique, selon les règles en vigueur en Belgique.

7.8. Preuve de la livraison intracommunautaire

Lorsque la livraison intracommunautaire est exemptée de la T.V.A., le vendeur doit être en mesure d'apporter à l'administration fiscale les preuves de l'exemption. Quelles sont ces preuves ?

7.8.1. Preuve par le numéro d'identification à la T.V.A. de l'acheteur

Nous avons vu que pour qu'il y ait exemption dans le pays du vendeur (et taxation dans le pays de l'acheteur) il fallait que l'acheteur soit un assujetti avec droit à déduction ou un assujetti sans droit à déduction ou une personne morale non assujettie qui est tenu ou qui a choisi de taxer l'opération dans son pays [6.3.1. & 6.3.2.].

Ces personnes doivent posséder un numéro d'identification à la T.V.A. précédé des deux lettres désignant leur pays (BE pour la Belgique) [14.1.1.].

L'acheteur communique son numéro d'identification à la T.V.A. à son vendeur belge tenu de vérifier sa validité. Un numéro valide indique que son propriétaire est redevable de la T.V.A. sur l'acquisition intracommunautaire, ce qui constitue un premier élément de preuve de l'existence d'une livraison intracommunautaire.

L'administration fiscale est consciente que cette preuve peut paraître légère (puisque n'importe qui peut communiquer n'importe quel numéro d'identification à la T.V.A.) mais l'identification à la T.V.A. de l'acheteur n'est pas la seule preuve requise.

> Dans une réponse à une question parlementaire [21], le Ministre des finances a précisé que : «Puisque le transport à l'étranger et la qualité d'assujetti de l'acquéreur constituent, des conditions essentielles de l'exonération de la livraison intracommunautaire, cette exonération ne pourra être remise en cause que si l'une ou l'autre de ces conditions fait défaut ou si le vendeur agit de manière frauduleuse. Les opérateurs peuvent vérifier à priori l'existence de ces conditions…».

7.8.2. Preuve par documents

Puisque le passage des biens d'un Etat membre à un autre Etat membre figure parmi les conditions indispensables pour l'exemption de la livraison intracommunautaire [7.2.], il y a nécessairement un transport de ces biens (par route, rail, eau, air, etc.) et des documents qui constatent ces opérations.

Les documents de transport ou «documents de destination»[22] dûment complétés constituent des preuves importantes en matière de livraison intracommunautaire.

> Rappelons tout de même ici que nous traitons d'opérations à l'intérieur de l'U.E., qu'il n'existe pas de douanes entre les Etats membres et qu'il n'est dès lors pas question (comme pour les exportations) de document de douane qui constaterait le passage d'un Etat membre de l'U.E. à l'autre !

D'autres documents peuvent encore appuyer l'existence d'une livraison intracommunautaire : les documents de paiement, la facture, la note d'envoi, le bordereau d'expédition, le bon de commande, un accusé de réception, etc.

Inscription dans la déclaration périodique à la T.V.A. du vendeur :

Base de la livraison intracommunautaire	Grille 46
Ventes à distance	Grille 47
Livraisons avec montage	Grille 47
T.V.A. à payer	-

---

[21] Question n° 2441/92 du 8/10/92 de Mme A. GOEDMAKERS (J.O.C.E., n° C 327/11 du 3/12/1993).
[22] Déc. Du 1/7/2016 n° ET 124.460.

7.9. Résumons-nous

Livraisons intracommunautaires selon le statut de l'acheteur :

Etat membre du vendeur (vendeur belge)	L'acheteur est un…	Etat membre du client (acheteur dans l'U.E.)
Exemption	assujetti avec droit à déduction	Taxation
Exemption	assujetti sans droit à déduction qui peut se prévaloir d'un numéro d'identification à la T.V.A. dans son pays	Taxation
Taxation	acheteur qui ne peut se prévaloir d'un numéro d'identification à la T.V.A. dans son pays	Exemption
Taxation	particulier	Exemption

Livraisons intracommunautaires selon la nature de l'opération :

Etat membre du vendeur (vendeur belge)	L'opération consiste en …	Etat membre du client (acheteur dans l'U.E.)
(voir tableau ci-dessus)	une livraison de **biens autres que ci-dessous**	(voir tableau ci-dessus)
Exemption	une livraison de **moyen de transport neuf**	Taxation
Exemption	une livraison de **produits soumis à accises**	Taxation (sauf les particuliers)
Exemption	un **transfert (envoi)**	Taxation
Taxation	une **vente à distance pour moins de 35.000,00 €/an**(1)	Exemption
Exemption	une **vente à distance pour plus de 35.000,00 €/an**[(2)]	Taxation
Exemption	une **livraison avec installation et montage**	Taxation

(1) Pour la Belgique et à défaut d'option.
(2) Pour la Belgique.

07bis. Les prestations de services dans l'Union européenne

7bis.1. Références légales

Code T.V.A. : Art. 21 & 21 bis

7bis.2. Principe

Les règles de localisation des prestations de services tendent à ce que la T.V.A. soit le plus souvent possible due dans le pays du preneur du service, c'est-à-dire le client (et au taux du pays du preneur). Elles étendent le principe bien connu du report du paiement. Elles sont également valables dans tous les pays de l'Union européenne.

7bis.2.1. Règle générale

Les prestations de service fournies à un assujetti agissant en tant que tel sont localisées **à l'endroit où cet assujetti (le preneur du service)** a établi le siège de son activité économique, un établissement stable ou, à défaut son domicile ou sa résidence habituelle.

Il s'agit ici d'un changement radical de la règle générale qui localisait antérieurement les prestations de services au lieu d'établissement du prestataire du service.

Pour mieux comprendre l'actuel principe de la taxation des prestations de services, nous dirons en raccourci que lorsque le client est assujetti (B = business), il sera très souvent redevable lui-même de la T.V.A. (dans sa déclaration ou dans une déclaration spéciale); par contre si le client n'est pas assujetti (C = consumer), c'est le fournisseur du service qui sera très souvent redevable de la T.V.A., soit dans son pays soit en s'identifiant à la T.V.A. dans le pays de son client non assujetti.

7bis.2.2. Qui peut être assimilé à un preneur du service ?

- Les assujettis avec droit à déduction
- Les assujettis exonérés
- Les assujettis franchisés
- Les assujettis soumis au forfait agricole
- Les assujettis mixtes
- Les assujettis partiels
- Certaines personnes morales assujetties

Les prestations de service fournies à des **non assujettis** (C) (le consommateur final du service) sont localisées à l'endroit où le prestataire a établi le siège de son activité économique, de l'établissement stable si le service est presté à partir de cet endroit ou, à défaut son domicile ou sa résidence habituelle.

En résumé :

Si le PRENEUR de services est…	
… un <u>assujetti</u> (Opération B to B)	Localisation de l'opération à l'endroit où le <u>preneur</u> est établi (U.E. ou pays tiers) = lieu de la consommation
… un <u>non assujetti</u> (Opération B to C)	Localisation de l'opération à l'endroit où le <u>prestataire</u> est établi

7bis.2.3. Nouvelles notions d'assujettis

Ces dispositions ont fait apparaître de nouvelles notions d'assujettis. En effet des non assujettis (par exemple un holding financier, une commune, une province – voir tableau 2.3.) peuvent à présent devenir redevables de T.V.A. belge sur des services (Les personnes morales non assujetties pouvaient d'ailleurs déjà l'être lors de certaines acquisitions intracommunautaires de biens).

Exemples

Une banque japonaise verse des dividendes à un holding mixte belge (B to B). L'opération est localisée en Belgique (preneur) et la T.V.A. belge est due par le holding (déclaration spéciale).

Un prestataire français fournit des logiciels à la Région wallonne, assujettie partielle (B to B). L'opération est localisée en Belgique (preneur) et la Région wallonne est redevable de la T.V.A. belge (déclaration périodique).

Une société de leasing hollandaise donne en location du matériel informatique au service de l'état civil de la ville de Bruxelles (B to B). L'opération est localisée en Belgique (preneur) et la ville de Bruxelles doit acquitter la T.V.A. belge (déclaration spéciale).

7bis.2.4. Exceptions (critères dérogatoires)

Comme souvent en matière de T.V.A., la règle générale souffre de nombreuses exceptions (dénommées « critères dérogatoires ») que nous résumerons dans le tableau suivant :

Nature des services	Qualité du client (B ou C)	Localisation de l'opération
Services rattachés à un bien immeuble	Client assujetti ou non B to B B to C	A l'endroit où est situé l'immeuble
Transport de personnes	Client assujetti ou non B to B B to C	A l'endroit où est effectué le transport en fonction des distances parcourues
Transports de biens autres qu'intracommunautaires	Client non assujetti B to C	A l'endroit où est effectué le transport
Transports de biens intracommunautaires	Client non assujetti B to C	Au lieu de départ du transport
Accès à des manifestations culturelles, artistiques, sportives, scientifiques, éducatives, de divertissement et similaires et services accessoires	Client assujetti ou non B to B B to C	A l'endroit où ces activités ont matériellement lieu
Manifestations culturelles, artistiques, sportives, scientifiques, éducatives, de divertissement et similaires et services accessoires	Client non assujetti B to C	A l'endroit où ces activités ont matériellement lieu

Restauration et catering (sauf à bord de navires, avions ou trains)	Client assujetti ou non B to B B to C	A l'endroit où la prestation est matériellement exécutée
Restauration et catering à bord de navires, avions ou trains	Client assujetti ou non B to B B to C	Au lieu de départ du transport des passagers
Expertises et travaux sur les biens meubles corporels (Travail à façon)	Client non assujetti B to C	A l'endroit où la prestation est matériellement exécutée

7bis.2.5. Moment d'exigibilité de la T.V.A.

Pour les livraisons intracommunautaires et les transferts de biens à destination d'un autre Etat membre (en exonération), la règle de base est que la T.V.A. sur l'opération concernée devient exigible **lors de l'émission de la facture** (pas d'opération effectuée !) si elle est relative à la totalité du prix.

Si aucune facture n'a été émise, la T.V.A. devient d'office exigible **à l'expiration du 15ème jour du mois** suivant le fait générateur.

La date ultime de facturation pour ces opérations devient ainsi la date ultime d'exigibilité de la taxe, ce qui uniformise les échanges d'informations entre Etats membres.

7bis.2.6. Déclaration périodique à la T.V.A.

Inscription dans la déclaration périodique à la T.V.A. du vendeur :

Base imposable	Grille 44	Si l'opération relève de la règle générale
	Grille 47	Si l'opération relève d'un critère dérogatoire
T.V.A. à payer	-	

08. Les opérations immobilières

> Les ventes d'immeubles ne sont soumises à la T.V.A. que lorsqu'elles portent sur des immeubles neufs, sinon, c'est le droit d'enregistrement qui s'applique. Les ventes des terrains attenants aux immeubles vendus avec T.V.A. sont également soumises à la T.V.A.

8.1. Références légales

Code T.V.A. : Art. 4, art. 8, art. 1er, § 9, 2° et art. '', § 3, 1°
Code T.V.A.
A.R. n° 14, 15, 30 et 40.
Circulaire administrative n° 76/1970.

8.2. Les ventes d'immeubles

Certaines conditions portant sur la nature du bien, la qualité du vendeur, la nature du contrat et le moment de la transmission doivent être remplies pour que la cession d'un immeuble soit soumise à la T.V.A.

8.2.1. Notion de bâtiment neuf

Par **bâtiment**, on entend toute construction incorporée au sol (maisons d'habitation, villas, appartements, bâtiments industriels, commerciaux ou agricoles, murs mitoyens, parking, décharge d'égouts, clôture…).

Un **bâtiment** est considéré comme **neuf** - pour l'application de la T.V.A. - **jusqu'au 31 décembre de la deuxième année qui suit celle au cours de laquelle a lieu la première occupation ou utilisation du bâtiment**. Rien à voir dès lors avec la vétusté du bâtiment.

Pour être soumise à la T.V.A., la cession de l'immeuble doit avoir lieu avant l'expiration de ce délai.

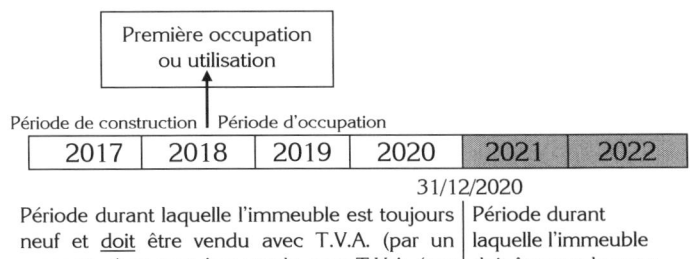

```
                    ┌─────────────────────┐
                    │ Première occupation │
                    │    ou utilisation   │
                    └──────────┬──────────┘
                               │
   Période de construction  ↓  Période d'occupation
   ┌──────┬──────┬──────┬──────┬──────┬──────┐
   │ 2017 │ 2018 │ 2019 │ 2020 │ 2021 │ 2022 │
   └──────┴──────┴──────┴──────┴──────┴──────┘
                           31/12/2020
```

| Période durant laquelle l'immeuble est toujours neuf et <u>doit</u> être vendu avec T.V.A. (par un promoteur) et <u>peut</u> être vendu avec T.V.A. (par une autre personne qu'un promoteur [2.2.8]) | Période durant laquelle l'immeuble <u>doit</u> être vendu avec application des droits d'enregistrement |

8.2.2. Valeur normale de construction

Lorsqu'elle est due, la T.V.A. est calculée sur la **valeur normale** du bâtiment neuf.
La valeur normale - appelée aussi valeur de construction - est le prix pouvant être obtenu à l'intérieur du pays, pour le travail ou pour l'ensemble des travaux, dans des conditions de pleine concurrence entre un fournisseur et un preneur indépendants.

La valeur normale est basée sur les prix moyens généralement pratiqués pour un même type de construction. Elle est souvent fixée par l'administration fiscale peu après l'attribution du **revenu cadastral** du nouvel immeuble et déterminée suivant l'état des travaux à cette période. Les éventuels travaux effectués par la suite ne seront plus soumis à la règle de la valeur normale.

En pratique, la valeur normale est le montant sur lequel la T.V.A. est calculée, même si le coût réel de l'immeuble est inférieur à cette valeur.

Exemple

Un instituteur a fait construire un bungalow et déclare à l'administration fiscale avoir employé les entreprises suivantes :

Fournisseurs	Nature des travaux	Prix H.T.V.A.	T.V.A. 21%
S.A. Construitout	Fondations et gros-œuvre	55.770,00 €	11.711,70 €
S.P.R.L. Peintout	Peintures et plafonnage	5.325,00 €	1.118,25 €
S.C. Couvretout	Menuiserie et carrelage	9.967,00 €	2.093,07 €
M. Plombetout	Plomberie	2.097,00 €	440,37 €
S.P.R.L. Branchetout	Electricité	2.995,00 €	628,95 €
	Divers	4.213,00 €	884,73 €
Totaux		80.367,00 €	16.877,07 €

Il déclare en outre avoir installé le chauffage central lui-même, aidé gratuitement par un proche parent, et avoir reçu à cette fin des factures pour un montant de 2.617,00 €, T.V.A. non comprise.

Exemple d'estimation de la valeur normale par l'administration fiscale :

Estimation de la valeur normale (non compris le chauffage central)	88.700,00 €
Travaux (T.V.A. déjà payée)	- 80.367,00 €
Matériaux mis en œuvre par le propriétaire (T.V.A. déjà payée)	- 2.617,00 €
Insuffisance taxable (montant sur lequel aucune T.V.A. n'a encore été payée)	5.716,00 €
T.V.A. complémentaire due au taux de 21%	1.200,36 €

Aucune valeur normale n'est fixée pour l'installation du chauffage central à condition que l'instituteur prouve qu'il a été installé par lui-même, aidé éventuellement d'un proche parent. Aucune T.V.A. n'est due sur cette main d'œuvre personnelle.

8.2.3. Qualité du vendeur (le cédant)

Il existe deux catégories d'assujettis qui vendent des bâtiments : Les personnes qui construisent ou achètent **habituellement** des bâtiments pour les revendre (les promoteurs immobiliers) et les personnes qui ont acquis ou construit **occasionnellement** un bâtiment et sont amenées à le revendre (les assujettis non promoteurs immobiliers et les particuliers non assujettis).

Personnes qui construisent habituellement des bâtiments pour les revendre

La personne dont l'activité économique consiste à construire ou à faire construire habituellement des bâtiments pour les céder à titre onéreux, en tout ou en partie, avant, pendant ou après leur érection, est un assujetti avec droit à déduction [23].

> Les sociétés d'habitations sociales, les services et régies des provinces et des communes et certains établissements publics peuvent également construire régulièrement des bâtiments en vue de les revendre.

Personnes qui acquièrent ou construisent occasionnellement un bâtiment et le revendent

La personne (physique ou morale) qui, en dehors d'une activité économique, construit occasionnellement un bâtiment pour le vendre, n'a pas, pour cette opération isolée, la qualité d'assujetti. Elle peut cependant opter pour l'assujettissement et placer ainsi la cession sous le régime de la T.V.A.
Le vendeur (qui n'a pu exercer de droit à déduction) peut aussi bénéficier de la déduction de la T.V.A. payée lors de la construction du bâtiment. Ce sont les **assujettis occasionnels sur option** (2.2.8.).

Ici également, le bâtiment doit évidemment être neuf (8.2.1.).

Exemples

- un détaillant en alimentation générale vend son magasin;
- un avocat vend son immeuble de bureau;
- un particulier vend sa maison.

Ces personnes peuvent opter pour soumettre la vente de leur bâtiment <u>neuf</u> à la T.V.A. Si le détaillant n'exerce pas cette option il devra reverser en tout ou en partie, la T.V.A. déduite lors de l'achat ou de la construction de son magasin (12.7.1.).

Le cédant est tenu de déposer à l'office de contrôle dont il relève, une déclaration dans laquelle il manifeste son intention d'effectuer la cession avec application de la T.V.A. Il doit, aussi, informer son acheteur de son intention d'effectuer la cession avec T.V.A. (et non avec droit d'enregistrement) par une mention appropriée à insérer dans le premier acte qui forme, entre eux, titre de la cession.

---

[23] Articles 4 & 8, § 1er du Code T.V.A.

L'option a pour effet de soumettre la vente à une T.V.A. de 21% au lieu d'un droit d'enregistrement de 12,5%.

On pourrait en conclure que la deuxième option permet d'offrir un prix de vente plus attrayant à l'acheteur.

C'est oublier que dans la première option, le statut d'assujetti du vendeur lui permet de récupérer la T.V.A. sur la construction de l'immeuble et donc de prendre en compte cette diminution du coût de revient dans le calcul de son prix de vente.

Il n'y a cependant pas d'«option miracle», chaque situation doit être examinée cas pas cas.

La déclaration de la vente (dans une déclaration spécifique différente de la déclaration périodique à la T.V.A., même pour les vendeurs – non promoteurs – déjà assujettis à la T.V.A.) doit être déposée dans le mois à compter du moment où la taxe est due sur la totalité de la base de perception.

Exemple

Une maison unifamiliale a été érigée pour le prix de 117.094,00 €, T.V.A. comprise et occupée pour la première fois le 2 avril 2018.

Les honoraires de l'architecte se sont élevés à 4.850,00 €, hors T.V.A.

Pour cause de divorce, la maison a été vendue le 21 juin 2019.

Le vendeur a manifesté son intention d'effectuer la vente avec application de la T.V.A. (la maison est toujours considérée comme neuve, le délai (31/12/2021) n'étant pas expiré).

Le prix de 115.000,00 € + T.V.A. 21% est convenu entre les parties.

T.V.A. due sur la vente :	115.000,00 € x 21% =	24.150,00 €
T.V.A. déductible		
- factures de l'entrepreneur :	96.771,90 € x 21% =	20.322,10 €
- factures de l'architecte :	4.850,00 € x 21% =	1.018,50 €
		- 21.340,60 €
A payer à l'Etat :		2.809,40 €

Dans l'hypothèse où la T.V.A. déductible excéderait celle due sur le prix de vente, l'assujetti occasionnel serait remboursé de cet excédant.

8.2.4. Nature du contrat

Pour que la T.V.A. soit exigible sur la cession du bâtiment, il faut que la cession ait lieu en exécution d'un contrat à titre onéreux translatif ou déclaratif de propriété ou d'usufruit. Seules les opérations entre vifs sont soumises à la T.V.A.

Aucune T.V.A. n'est due sur les acquisitions par succession et les transmissions d'un bâtiment neuf à titre gratuit.

8.2.5. Moment de la cession

Passé le délai au-delà duquel le bâtiment n'est plus considéré comme neuf, c'est le droit d'enregistrement qui s'applique.

8.2.6. Déclaration périodique à la T.V.A.

Inscription dans la déclaration périodique à la T.V.A. d'un promoteur immobilier :

Base imposable	Grille 03
T.V.A. à payer	Grille 54

Assujetti occasionnel sur option :

Déclaration spécifique [24]

8.3. Les locations immobilières

8.3.1. Références légales

Code T.V.A. : Art. 18.

8.3.2. Notion

Une **location immobilière** est un contrat par lequel une des parties s'engage à faire jouir l'autre d'un immeuble par nature pendant un certain temps moyennant une rémunération que celle-ci s'oblige à payer. L'objet essentiel de la convention est de procurer au preneur, l'usage et la jouissance de l'immeuble par nature donné en location.

8.3.3. Locations immobilières non soumises à la T.V.A.

Les locations immobilières pures et simples, qui portent uniquement sur des immeubles par nature, ne sont pas soumises à la T.V.A.

Exemples

- les locations de terrains;
- les locations de maisons et d'appartements;
- les locations d'appartements et de villas meublés de villégiature;
- les locations de studios pour étudiants.

Les personnes qui donnent ces immeubles en location dans le cadre d'une activité économique sont des assujettis exonérés [6.3.1.], sans droit à déduction. Celles qui donnent ces immeubles en location dans le cadre de la gestion de leur patrimoine privé sont des non assujettis [2.3.].

L'outillage et les machines incorporées à un immeuble donné en location sont exclus de l'exonération (location immobilière) et sont soumis à la T.V.A. (location mobilière).

---

[24] Il s'agit d'une déclaration spécifique à obtenir auprès de l'office de contrôle de la T.V.A. compétent ou sur le site du SPF FINANCES et à lui remettre complétée.

8.3.4. Locations immobilières soumises à la T.V.A.

Il existe plusieurs opérations qui sont des locations immobilières qui sont pourtant soumises à la T.V.A., soit d'office soit à certaines conditions.

Ce sont notamment :
- les fournitures de logements meublés dans les hôtels, motels, etc.;
- les fournitures d'emplacements pour camping;
- l'octroi du droit d'accéder et d'utiliser des installations;
- la location d'une salle avec mobilier et matériel;
- la location d'une salle d'exposition d'œuvres d'art;
- la location d'emplacements dans les foires et expositions;
- la cession ou la concession du droit d'extraire des produits du sol;
- certaines locations immobilières accompagnées de services (nettoyage, chauffage, etc.);
- la location d'emplacements pour véhicules (y compris les garages et boxes de garages);
- la location d'emplacements pour l'entreposage de biens;
- la location-financement d'immeubles ou leasing immobilier;
- la location de coffres-forts.

Les personnes qui effectuent ces locations dans le cadre d'une activité économique sont des assujettis avec droit à déduction (2.2.1.). Celles qui effectueraient à la fois des locations immobilières soumises à la T.V.A. et des locations immobilières non soumises sont des assujettis mixtes (2.2.6.).

8.3.5. Déclaration périodique à la T.V.A.

Inscription dans la déclaration périodique à la T.V.A. du bailleur :

Base imposable	Grille 03
T.V.A. à payer	Grille 54

8.4. Les ventes de terrains

La livraison d'un terrain attenant à un immeuble vendu avec application de la T.V.A. ainsi que les constitutions, cessions et rétrocessions de droits réels portant sur un sol attenant sont soumises à la T.V.A. [25] :
- il faut que le bâtiment érigé sur le terrain sur lequel il est permis de bâtir (terrain attenant) soit livré avec application de la T.V.A.;
- le bâtiment et le terrain y attenant doivent être cédés par une même personne;
- le bâtiment et le terrain y attenant doivent être cédés en même temps.

Les terrains attenants à un bâtiment ou à une fraction d'un bâtiment cédé en exemption de la T.V.A.[26] (bâtiment ancien ou absence d'option pour soumettre l'opération à la T.V.A.) restent exemptés de la T.V.A.

---

[25] Depuis le 1/1/2011 - Code T.V.A. : Art. 1er, § 9.
[26] Code T.V.A. : Art. 44, § 3, 1°.

09. Les ventes de véhicules

Le secteur automobile étant particulièrement concerné par la fiscalité, les ventes de véhicules n'échappent évidemment pas à la règle. C'est de plus un domaine où les règles communautaires européennes se sont plus particulièrement imposées, notamment en ce qui concerne les ventes de véhicules d'occasion.

9.1. Référence légale

Code T.V.A. : Art. 8 bis et 58, § 4.

9.2. Notions

9.2.1. Notion de «moyen de transport» (uniquement pour les opérations intracommunautaires)

Sont considérés comme des moyens de transport [27] :

> - les **véhicules terrestres** à moteur d'une cylindrée de plus de 48 cc ou d'une puissance de plus de 7,2 kw destinés au transport de personnes ou de marchandises;
> - les **bateaux** d'une longueur de plus de 7,5 mètres à l'exception des navires et bateaux de mer destinés au transport rémunéré de personnes ou de biens, à la pêche ou, plus généralement, à l'exercice d'une activité industrielle ou commerciale et des bateaux de sauvetage et d'assistance en mer;
> - les **aéronefs** dont le poids total au décollage excède 1.550 kg à l'exception des avions, hydravions, hélicoptères et appareils analogues, destinés à être utilisés par les compagnies de navigation aérienne pratiquant essentiellement le transport international rémunéré de personnes et de biens.

> Les véhicules terrestres à moteur suivants sont considérés comme moyens de transport : les voitures, voitures mixtes, minibus, corbillards, ambulances, véhicules automobiles de camping, bus ou cars, trolleybus, camionnettes, camions, tracteurs, dépanneuses, tracteurs agricoles, motocyclettes, véhicules sur rails équipés d'un moteur (par exemple trams, locomotives et rames de métro), véhicules lents et cyclomoteurs pour autant qu'ils soient pourvus d'un moteur d'une cylindrée de plus de 48 cc ou d'une puissance de plus de 7,2 kw.

---

[27] Article 8*bis*, § 2, 1°, du Code T.V.A.

9.2.2. Notion de «moyen de transport neuf» (uniquement pour les opérations intracommunautaires)

Sont considérés comme moyens de transport neufs [28], les moyens de transport visés ci-dessus dont la livraison est effectuée **dans les six mois suivant la première mise en service** ou **qui n'ont pas parcouru plus de 6.000 kilomètres** (véhicules terrestres), n'ont pas **navigué plus de 100 heures** (bateaux) ou **n'ont pas volé plus de 40 heures** (aéronefs).

Dès qu'une de ces deux conditions est remplie, le moyen de transport doit être considéré comme un moyen de transport neuf.

Exemples

- un camion utilisé deux mois, même s'il a parcouru 10.000 km est considéré comme neuf;
- un autobus en service depuis 10 ans, qui n'a parcouru que 3.000 km est considéré comme neuf;
- une voiture qui a été utilisée pour la première fois le 1er août 2012 et a parcouru 5.514 km, fait l'objet d'une livraison intracommunautaire le 1er janvier 2013 : le véhicule est un moyen de transport neuf (9 mois d'utilisation mais moins de 6.000 km parcourus);
- une voiture utilisée pour la première fois le 1er septembre 2012 et a parcouru 9.613 km fait l'objet d'une livraison intracommunautaire le 1er janvier 2013 : le véhicule est un moyen de transport neuf (plus de 6.000 km parcourus mais moins de 6 mois d'utilisation).

Ces notions sont d'application dans toute l'U.E. et ont leur importance au regard du régime de taxation à adopter.

9.2.3. Notion de «voiture» (pour les opérations en Belgique)

Tout véhicule automobile dont l'habitacle est construit et uniquement conçu pour le transport de personnes (huit places maximum non compris le siège du conducteur) est une **voiture**. Ce sont notamment les limousines, les berlines, les «coupés», les cabriolets, les «familiales», les «monovolumes», les voitures de sport, etc.

Une **voiture mixte** est un véhicule conçu et construit pour le transport de personnes et de choses et qui peut comprendre, en transport rémunéré de personnes, huit places au maximum, non compris le siège de conducteur. Ces sont notamment les commerciales, les breaks, les véhicules dits «4x4» et les «stations-wagons» dont la partie de l'habitacle qui se trouve derrière le siège du conducteur, est construite de manière à fixer des sièges.

---

[28] Article 8bis, § 2, 2°, du Code T.V.A.

9.2.4. Notion de «voiture neuve» (pour les opérations en Belgique)

Les **voitures neuves** sont les voitures et voitures mixtes qui, au moment de leur livraison ou de leur importation, n'ont pas encore été utilisées, par un ou plusieurs usagers, que ce soit en Belgique ou à l'étranger.

9.2.5. Notion de «voiture d'occasion» (pour les opérations en Belgique)

Les **voitures d'occasion** sont les voitures et voitures mixtes qui, au moment de leur livraison ou de leur importation, ont déjà été utilisées par un ou plusieurs usagers soit en Belgique soit à l'étranger.

9.3. Ventes de véhicules en Belgique

La question essentielle est de savoir **qui vend le véhicule** car c'est la qualité du vendeur qui déterminera le régime de taxation à adopter. Mais il faut avant tout distinguer les ventes de véhicules neufs et les ventes de véhicules d'occasion.

9.3.1. Ventes de véhicules neufs en Belgique

Les véhicules neufs sont, en principe, vendus par des professionnels mais il peut arriver que d'autres personnes soient amenées à vendre de tels véhicules.

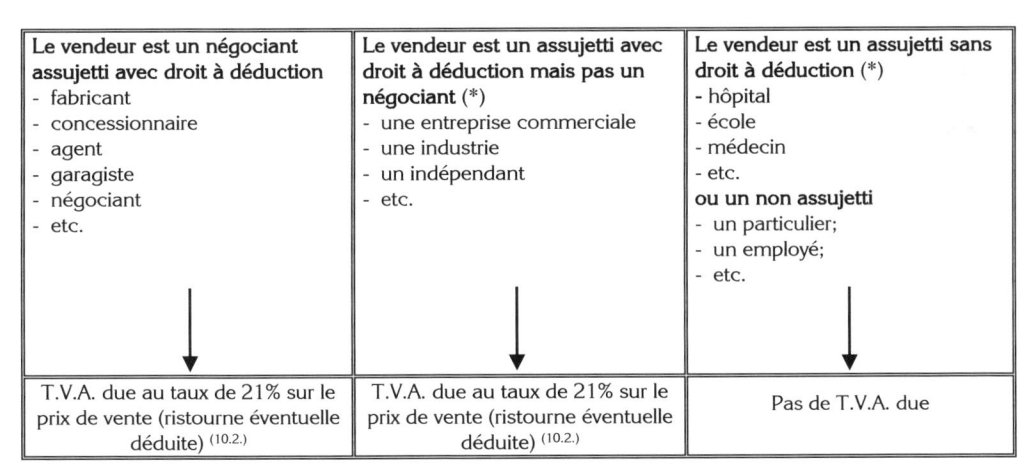

Le vendeur est un négociant assujetti avec droit à déduction - fabricant - concessionnaire - agent - garagiste - négociant - etc.	Le vendeur est un assujetti avec droit à déduction mais pas un négociant (*) - une entreprise commerciale - une industrie - un indépendant - etc.	Le vendeur est un assujetti sans droit à déduction (*) - hôpital - école - médecin - etc. **ou un non assujetti** - un particulier; - un employé; - etc.
↓	↓	↓
T.V.A. due au taux de 21% sur le prix de vente (ristourne éventuelle déduite) (10.2.)	T.V.A. due au taux de 21% sur le prix de vente (ristourne éventuelle déduite) (10.2.)	Pas de T.V.A. due

(*) Il est rare que des véhicules neufs soient vendus par ces personnes

9.3.2. Ventes de véhicules d'occasion en Belgique

Les véhicules d'occasion sont essentiellement vendus par des professionnels mais peuvent être également vendus par des personnes autres que des négociants.

Le vendeur est un négociant assujetti avec droit à déduction - concessionnaire - agent - garagiste - négociant - etc.	Le vendeur est un assujetti avec droit à déduction mais pas un négociant - une entreprise commerciale - une industrie - un indépendant - etc.	Le vendeur est un assujetti sans droit à déduction - hôpital - école - médecin **ou un non assujetti** - un particulier; - un employé;
↓	↓	↓
T.V.A. due au taux de 21% sur le prix de vente (ristourne éventuelle déduite) *ou* T.V.A due au taux de 21% sur la marge bénéficiaire (régime de la marge) [9.3.3.]	T.V.A. due au taux de 21% sur le prix de vente (ristourne éventuelle déduite). La base d'imposition peut être réduite à concurrence du pourcentage de déduction opéré sur le véhicule [*].	Pas de T.V.A. due

[*] **Base d'imposition réduite**

Dans un souci de neutralité fiscale et de proportionnalité, l'administration admet qu'en cas de (re)vente d'un moyen de transport visé par la limitation de 50%, la T.V.A. ne soit calculée, en toute hypothèse, que sur la moitié du montant réclamé, sans distinguer selon que la déduction a initialement été limitée par l'article 45 § 1er quinquies ou 45 § 2 du Code [29].

Ceci s'applique quel que soit le moment où le moyen de transport a été acquis par l'assujetti (avant ou après le 1/1/2012). Mais il faut qu'il y ait eu déduction lors de l'achat.

Ne sont dès lors pas concernés, les véhicules acquis sans T.V.A. et ceux pour lesquels aucun droit à déduction n'a pu être exercé (p. ex. achat à un particulier, achat au régime de la marge, etc.).

La base d'imposition qui, conformément à ce qui précède, a été limitée à 50% du prix d'achat (hors T.V.A.), doit être mentionnée en grille (03) de la déclaration périodique à la T.V.A. La T.V.A. due est reprise en grille (54). La différence de base à 0% est reprise en grille 00.

En conclusion, la T.V.A. n'est due que lorsque le vendeur est un assujetti avec droit à déduction. Rien de plus normal puisque seuls ces assujettis déposent des déclarations périodiques à la T.V.A. et peuvent ainsi reverser la T.V.A. qu'ils portent en compte.

9.3.3. Le régime de la marge

Le «régime particulier d'imposition de la marge bénéficiaire» que nous appellerons plus simplement le **régime de la marge** a été instauré pour les ventes des biens dits d'occasion : les véhicules d'occasion, les antiquités, les objets d'art et de collection, les articles de brocante et de seconde main.

Il s'agit d'un régime **sur option** laissé à l'appréciation de l'acheteur ou du vendeur. Il ne peut jamais être imposé par l'administration.

> Nous verrons que, bien que le régime de la marge soit généralement favorable à l'acheteur, celui-ci peut dans certains cas avoir intérêt à choisir malgré tout le régime normal.

---

[29] Tolérance administrative visée au point 5.3. de la décision n° E.T. 119.650 du 20 octobre 2011.

Les ventes de véhicules d'occasion étant les opérations les plus significatives, nous profitons de ce chapitre pour expliquer ce régime un peu particulier mais très intéressant pour le consommateur.

Principe du régime

Un bien peut être vendu plusieurs fois. Le régime de la marge a pour but de ne pas soumettre une nouvelle fois à la T.V.A. un bien qui a déjà fait l'objet d'une taxation définitive lors de sa mise en consommation à titre de bien neuf. Taxation définitive signifie que l'acheteur du bien neuf a subi définitivement la T.V.A. (il n'a pas pu la récupérer, même partiellement). C'est le cas des particuliers et des assujettis sans droit à déduction.

> Un assujetti avec droit à déduction a pu, lui, récupérer la T.V.A. (même s'il ne l'a récupérée que partiellement en raison de certaines restrictions [12.6.2.]). La taxation du bien n'a alors pas été complète et définitive.

Lors de la (des) vente(s) ultérieure(s) de ces biens «définitivement taxés», la T.V.A. ne sera plus calculée sur le prix de vente comme dans le régime normal de la T.V.A., mais en fonction de la **marge bénéficiaire** réalisée sur l'opération (s'il y a un bénéfice).

En réalité, la base d'imposition pour les livraisons de véhicules d'occasion (comme, rappelons-le, pour les antiquités, les objets d'art et de collection, les articles de brocante et de seconde main) est constituée par la marge bénéficiaire (différence entre le prix de vente et le prix d'achat) réalisée par **l'assujetti revendeur**, considérée **T.V.A. comprise**.

Quelques exemples vont nous éclairer…

Exemples

Un concessionnaire VOLKSWAGEN vend une VW POLO neuve à un instituteur. L'instituteur ne peut récupérer la T.V.A. sur cet achat, c'est un non-assujetti.
Lorsque notre instituteur revendra cette voiture à un négociant en véhicule d'occasion, ce négociant pourra la «rentrer dans le régime de la marge» et la revendre sous ce régime car la POLO a subi définitivement la T.V.A. lors de son achat initial.

Un concessionnaire TOYOYA vend une TOYOTA YARIS neuve à un vétérinaire qui l'utilisera en totalité pour son usage économique. Le vétérinaire peut récupérer (maximum 50%) sur cet achat, c'est un assujetti avec droit à déduction.
Lorsque notre vétérinaire revendra cette voiture à un négociant en véhicule d'occasion, ce négociant ne pourra pas la «rentrer dans le régime de la marge» et ne pourra la revendre sous ce régime car le véhicule n'a pas subi définitivement la T.V.A. puisque le vétérinaire a récupéré (même partiellement) la T.V.A. Le vétérinaire pourra cependant soumettre sa revente à une T.V.A. de 21% sur 50% du prix de vente, T.V.A. que le marchand pourra déduire entièrement.

En quoi ce régime est-il intéressant pour le consommateur ?…

Si le concessionnaire VOLKSWAGEN reprenait la POLO de l'instituteur pour le prix de 2.500,00 € et la revendait à un tiers 3.000,00 €, la T.V.A. due sur cette vente serait de (3.000 − 2.500) x 21/121 = 86,78 € (T.V.A. sur la marge bénéficiaire mais calculée « en dedans »).

Si le concessionnaire TOYOTA reprenait la voiture du vétérinaire pour le prix de 2.500,00 € et la revendait à un tiers 3.000,00 €, la T.V.A. due sur cette vente serait de 3.000,00 x 21% = 630,00 € (T.V.A.sur le prix de vente).

A prix du marché constant, la première voiture coûte moins cher au consommateur.

Véhicules visés par le régime de la marge et véhicules exclus

Lorsque les conditions sont réunies, seuls les véhicules suivants peuvent être soumis au régime de la marge : les voitures automobiles, motocyclettes, vélomoteurs, mobilhome, camionnettes, remorques, yachts, bateaux et canots de plaisance, avions, hydravions, hélicoptères, planeurs et autres appareils analogues.
Ne peuvent jamais entrer dans le régime de la marge : les véhicules neufs, les véhicules radicalement transformés, les carcasses de véhicules et les mitrailles.

Négociants visés par le régime de la marge

Le régime de la marge **est réservé aux professionnels** dont l'activité consiste dans l'achat et la vente de véhicules d'occasion; on les appelle les «**assujettis revendeurs**». Une autre entreprise commerciale ou industrielle qui revend un véhicule d'occasion ne peut donc jamais se prévaloir de ce régime, à fortiori un assujetti exonéré ou un non assujetti.

> Les compagnies d'assurances (assujettis exonérés, rappelons-le) dont l'activité essentielle n'est pas le négoce en véhicules, ont été malgré tout assimilées aux assujettis-revendeurs pour les véhicules indemnisés dont elles sont devenues propriétaires et qu'elles sont amenées à revendre.

Précédents utilisateurs

Nous avons vu que c'était la qualité de la personne **à qui** l'assujetti revendeur achète le véhicule d'occasion qui détermine si la ou les vente(s) suivante(s) peu(ven)t bénéficier du régime de la marge. Il s'agit pour l'assujetti revendeur de savoir si la personne qui lui vend le véhicule a ou non exercé le moindre droit à déduction ou bénéficié de la moindre exonération ou restitution de la T.V.A. lors de son achat.

Les personnes qui ont eu la possibilité de récupérer tout ou partie de la T.V.A. ou d'acheter en exemption de T.V.A. sont :

➢ les assujettis avec droit à déduction (2.2.1.) s'ils ont exercé leur droit;
➢ les assujettis mixtes (2.2.6.) s'ils ont exercé leur droit.
➢ les exploitants agricoles (2.2.4.) qui ont bénéficié de la restitution forfaitaire;
➢ les ambassades, les consulats et les organismes internationaux qui bénéficient d'une exonération de T.V.A. sur leurs achats en Belgique;
➢ certaines personnes handicapées qui obtiennent la restitution (13.12.) intégrale de la T.V.A. sur leurs achats de véhicules.

> Puisqu'en raison de la déduction ou de la restitution, la T.V.A. n'a pas grevé totalement les véhicules acquis par ces personnes, ces véhicules ne peuvent être revendus sous le régime de la marge.

Les personnes qui n'ont pas eu la possibilité de récupérer tout ou partie de la T.V.A. sont :

- les particuliers;
- les personnes morales non assujetties (2.2.5.);
- les assujettis exonérés (2.2.3.) (médecins, écoles, banques, etc.);
- les assujettis franchisés (2.2.2.) (entreprises à activité réduite);
- les assujettis revendeurs pour les véhicules qu'ils ont acquis sous le régime de la marge.

> Puisqu'en l'absence de toute déduction, restitution ou exonération, la T.V.A. a frappé définitivement et entièrement les véhicules acquis par ces personnes, ces véhicules peuvent être revendus sous le régime de la marge.

Modalités d'application du régime de la marge

Lors de l'acquisition d'un véhicule d'occasion à un assujetti sans droit à déduction ou à un particulier, l'assujetti revendeur dresse un **bordereau d'achat** dont il conserve la copie accompagnée d'une copie du certificat d'immatriculation du moyen de transport dans la mesure où ce document est prescrit par la réglementation en la matière.

Afin de se prémunir de fausses déclarations, le négociant en véhicules d'occasion exigera de son vendeur une **attestation** formelle par laquelle celui-ci déclare n'avoir pu exercer aucun droit à déduction ou restitution ou bénéficié d'une quelconque exonération de la T.V.A. lors de son achat.

> Sauf collusion entre les parties, cette attestation décharge le négociant de la responsabilité d'établir la qualité du vendeur.

Comptabilité

L'application du régime de la marge nécessite la tenue d'une comptabilité spécifique qui doit permettre au négociant de dissocier les opérations soumises au régime de la marge (les ventes de véhicules d'occasion) des autres opérations (ventes de véhicules neufs, ventes de véhicules d'occasion au régime normal, réparations, entretiens...). Ces données «extra comptables» viennent s'ajouter à la comptabilité habituelle, elles ne s'y substituent pas.

Le négociant inscrit séparément dans un **registre des achats** les prix d'achat des véhicules entrés dans le régime de la marge durant la période (mensuelle ou trimestrielle), sans se soucier si les biens seront vendus ou non durant cette période. Le **facturier d'entrées** ou **journal des achats** reste d'application pour les autres acquisitions.

Les ventes au régime de la marge sont inscrites séparément des autres ventes. Ici aussi, les prix de vente sont inscrits au moment de la vente des véhicules, peu importe quand ils ont été acquis.

Chaque mois ou chaque trimestre (selon le régime de dépôt (14.5.) choisi par l'assujetti), les totaux des achats et des ventes au régime de la marge sont reportés au **registre de comparaison** qui enregistre la différence entre le prix de vente total et le prix d'achat total des véhicules soumis au régime de la marge durant la période.

La T.V.A. due sur la marge est donc bien calculée sur l'ensemble des opérations de la période et non véhicule par véhicule, bien que cette formule soit également acceptée.

La différence positive dégagée pour la période constitue la **marge** en fonction de laquelle la T.V.A. doit être calculée. Une différence négative (possible par exemple si les achats ont été plus importants que les ventes) ne donne lieu à aucun calcul particulier et cette « marge négative » est reportée à la période suivante (sauf lors de la dernière période de l'année). Elle est ajoutée aux achats.

Exemple

Le concessionnaire MARTIN vend une nouvelle voiture pour le prix de 15.000,00 € à son client LUC (employé de banque) et lui reprend son ancienne voiture pour le prix de 2.500,00 €. MARTIN revend cette voiture d'occasion le mois suivant pour le prix de 3.000,00 € à un client nommé YVAN.

Vente de la nouvelle voiture par MARTIN à LUC
La T.V.A. est due au taux de 21% sur 15.000,00 €. Il ne s'agit pas d'une voiture d'occasion, c'est le régime normal de taxation qui s'applique. La T.V.A. est due sur le prix de vente (diminué d'une éventuelle ristourne).

Base imposable	Grille 03 : 15.000,00 €
T.V.A. à payer	Grille 54 : 3.150,00 €

Achat de la voiture d'occasion par MARTIN à LUC
MARTIN rachète une voiture d'occasion à LUC (non assujetti) qui n'a pas pu déduire la T.V.A. lorsqu'il a acheté lui-même le véhicule. LUC a donc supporté définitivement la T.V.A. comme consommateur final.

Vente de la voiture d'occasion par MARTIN à YVAN
MARTIN peut rentrer ce véhicule dans le régime de la marge et le revendre à YVAN sous le même régime, peu importe que YVAN soit particulier ou assujetti quelconque.

Calcul de la T.V.A. due :
Prix de vente :   3.000,00 €
Prix d'achat :   2.500,00 €
Marge :   500,00 €
Base taxable :   500,00 € x 100/121 = 413,22 €
T.V.A. à payer :   500,00 € x 21/121 = 86,78 €

Le prix de vente à YVAN est de 3.000,00 € « Toutes taxes comprises » dans lequel une T.V.A. au taux de 21% (86,78 €) est à verser à l'Etat par MARTIN, par l'intermédiaire de sa déclaration périodique à la T.V.A. :

Prix d'achat	Grille 00 : 2.500,00 €
Base imposable	Grille 03 : 413,22 €
T.V.A. à payer	Grille 54 : 86,78 €
Acquisition	Grille 81 : 2.500,00 €

NB : le chiffre d'affaires repris en 03 dans la déclaration à la T.V.A. ne correspond pas au chiffre d'affaires ou au prix de vente réel puisque c'est la marge bénéficiaire qui constitue ici la base imposable. Pour reconstituer le chiffre d'affaires réel (3.000,00 € dans notre exemple) la grille 00 de la déclaration est complétée par le prix d'achat des véhicules soumis au régime de la marge. Les grilles 00 + 03 + 54 totalisent alors ce chiffre d'affaires (2.500,00 + 413,22 + 86,78 = 3.000,00, dans notre exemple).

Si YVAN est un assujetti qui peut habituellement déduire la T.V.A., il ne peut pas exercer de droit à déduction sur cette acquisition (Il ne connaît d'ailleurs pas le montant exact de la T.V.A.).

Puisque le régime de la marge n'est jamais obligatoire, Yvan pourrait demander à MARTIN de soumettre la vente au régime normal de taxation (3.000,00 € + T.V.A. de 21% : 630,00 €) et déduire alors la T.V.A. (selon les règles habituelles).
Ce choix peut être intéressant lorsqu'il s'agit de véhicules dont la déduction de la T.V.A. n'est pas limitée par le règle de 50% [12.6.2.]. Moins intéressant lorsque la limitation est d'application.

9.4. Vente d'un véhicule à l'étranger

Il y a lieu de distinguer les situations suivantes :

9.4.1. Vente dans un pays de l'U.E. (livraison intracommunautaire)

Les livraisons intracommunautaires de **moyens de transport neufs** (appellation usuelle pour les ventes dans l'U.E.) constituent une exception aux règles habituelles des livraisons intracommunautaires [7.2.]. La T.V.A. est toujours due dans le pays de l'acheteur (et au taux en vigueur dans ce pays).

Il n'est pas possible pour un danois d'acheter un moyen de transport neuf en Belgique avec application de la T.V.A. belge, comme il est impossible à un Belge d'acheter un moyen de transport neuf en Pologne avec application de la T.V.A. polonaise.

Le négociant applique l'exemption de taxe et l'acheteur procède à un dédouanement du véhicule dans son pays en vue de son immatriculation.

Les livraisons intracommunautaires de **moyens de transport non neufs** (appellation usuelle pour les ventes dans l'U.E.) suivent les mêmes règles que les livraisons intracommunautaires ordinaires [7..2.].

Le vendeur applique l'exemption de taxe si l'acheteur peut se prévaloir d'un numéro d'identification à la T.V.A. dans son pays.

Base imposable	Grille 46
T.V.A. à payer	-

9.4.2. Vente dans un pays autre qu'un pays de l'U.E. (exportation)

Les exportations de **véhicules neufs** comme de **véhicules d'occasion** bénéficient de l'exemption de la T.V.A. au même titre que les exportations des autres biens [5.2.].

> L'attention est particulièrement attirée sur le fait que le bien doit absolument franchir une douane de l'U.E. pour être exporté et bénéficier de l'exemption. Tout élément concourant à établir la réalité de l'exportation doit être en possession du vendeur à qui incombe la charge de la preuve [5.3.].

Base imposable	Grille 47
T.V.A. à payer	-

9.4.3. Vente à l'étranger sous le régime de la marge

Lorsque la vente est réalisée dans l'U.E., le régime de la marge s'applique comme s'il s'agissait d'une vente nationale. S'il y a exportation hors de l'U.E., l'assujetti revendeur peut laisser le véhicule sous le régime de la marge ou revendiquer l'exemption pour l'exportation [9.4.2.].

Dans cette hypothèse, il procède à une inscription négative dans le registre des achats à concurrence de la valeur précédemment inscrite.

10. La base imposable

Lorsqu'une livraison de biens ou une prestation de services est soumise à la T.V.A. il est indispensable de savoir sur quel montant précis la T.V.A. doit être calculée. La base imposable (appelée aussi base d'imposition ou base taxable) est le montant sur lequel la T.V.A. est calculée selon le taux de l'opération.

10.1. Références légales

Code T.V.A. : Art. 26 à 36 et 58.
A.R. n° 7, 8, 13, 15, 35, 42 et 53.

10.2. La base imposable d'une opération en Belgique

La base d'imposition en Belgique est la contrepartie obtenue ou à obtenir par le fournisseur des biens ou le prestataire de services.

10.2.1. Le prix

Le prix convenu pour le bien ou le service est l'élément essentiel de la base d'imposition.

10.2.2. Les charges

Il s'agit des frais accessoires à l'opération principale : les frais de commission, d'emballage, d'assurance et de transport, que ces frais fassent ou non l'objet d'un document de débit séparé ou d'une convention séparée, ces charges font toujours partie de la base d'imposition pour le calcul de la T.V.A.
Il en va de même des impôts, droits et taxes (taxe de séjour, droits d'accises, etc.)

10.2.3. Le pourboire (obligatoire)

Il y a lieu de distinguer, dans la mesure où il existe, le pourboire obligatoire que le client est tenu d'acquitter du pourboire non obligatoire qui est une somme allouée au prestataire du service et laissée à l'appréciation du client, comme, par exemple, un pourboire accordé à un transporteur à l'occasion d'une livraison.
Seul le pourboire obligatoire fait partie de la base d'imposition.

10.2.4. Les emballages perdus

Les emballages perdus sont ceux pour lesquels il n'existe aucune possibilité de retour chez le fournisseur. Ils sont facturés au client et font partie de la base d'imposition à titre de frais accessoires.

10.2.5. Les rabais, remises et ristournes

Les réductions à titre de rabais (réduction pour défaut de qualité ou de non conformité), de remise (réduction compte tenu de quantités achetées) ou de ristourne (réduction pour récompenser la fidélité d'un acheteur) doivent être déduites de la base imposable pour le calcul de la T.V.A.

Exemple

Vente de marchandises pour le montant de 56.447,54 €. T.V.A. 21% - Remise 5%.
La facture sera rédigée comme suit :

Marchandises	56.447,54 €
- Remise 5% :	- 2.822,38 €
Base imposable :	53.625,16 €
T.V.A. 21% :	11.261,28 €
Total :	64.886,44 €

10.2.6. L'escompte

Que le client en bénéficie ou pas, l'escompte est toujours déduit de la base d'imposition pour le calcul de la T.V.A.

> Cette règle peut entraîner des discordances entre le chiffre d'affaires déclaré à la T.V.A. (duquel l'escompte est toujours déduit) et le chiffre d'affaires comptable (duquel l'escompte n'est déduit que lorsque le client en a bénéficié). Ces différences sont constatées et justifiées dans un calcul «extra comptable» appelé «concordance T.V.A.».

Exemple

Vente de marchandises pour le montant de 12.557,00 €. T.V.A. 6% - Escompte 2% en cas de paiement comptant. La facture sera rédigée comme suit :

Marchandises	12.557,00 €
Escompte 2% :	251,14 €
T.V.A. 6% sur 12.305,86	738,35 €

Si le client bénéficie de l'escompte, il paiera 13.044,21 €. Le chiffre d'affaires comptable est le même que le chiffre d'affaires T.V.A. (12.305,86 €).
Si le client ne bénéficie pas de l'escompte, il paiera 13.295,35 €. Le chiffre d'affaires comptable sera de 12.557,00 € et le chiffre d'affaires déclaré à la T.V.A. de 12.305,86 €.

10.2.7. Les intérêts

Les intérêts de retard pour paiement tardif dus par le client ne font pas partie de la base d'imposition. Si des intérêts figurent sur une facture, la T.V.A. ne doit pas leur être appliquée.

10.2.8. Les débours

Les débours sont des sommes que le fournisseur a avancées à son client, pour son compte et dont il lui demande simplement le remboursement. La facture relative à ces avances **est établie directement au nom du client** de telle sorte que le débours n'est finalement qu'une opération financière qui ne doit pas supporter la T.V.A.

Exemple

- une agence en douane avance les frais de dédouanement pour le compte de son client importateur; le décompte est établi au nom du client;
- pour pouvoir l'utiliser, un client paye la réparation d'une machine louée, à la place du propriétaire à qui incombe cette dépense; la facture est rédigée au nom du propriétaire.

10.2.9. Les emballages consignés

A l'inverse des emballages perdus, les emballages consignés sont ceux qui peuvent faire l'objet d'un retour (container, caisse, palette, vidange, etc.). La valeur de ces emballages ordinaires et usuels ne doit pas être prise en compte dans la base d'imposition pour le calcul de la T.V.A.

Si un emballage consigné reste chez le client, il devient un emballage perdu et fait éventuellement l'objet d'une facturation.

10.2.10. La T.V.A.

La T.V.A. elle-même n'est bien entendu pas un élément de la base imposable.

Exemple

Facture de vente de différents matériaux de construction avec transport, ristourne et intérêts de retard :

100 sacs de ciment à 35,23 € /sac	3.523,00 €	
2 palettes non consignées de briques à 54,22 € la palette	108,44 €	
2 brouettes à 67,12 €	134,24 €	
Sous-total :		3.765,68 €
Transport	+ 350,00 €	
Ristourne de 10% sur les matériaux (3.523,00 + 108,44)	- 363,14 €	
Base imposable :		3.752,54 €
T.V.A. au taux de 21%		788,03 €
Total :		4.540,57 €
Intérêts de retard	+ 25,00 €	
Total de la facture :		**4.565,57 €**

10.3. La base imposable d'une importation

Outre les éléments ci-dessus, sont également compris dans la base d'imposition à l'importation, les impôts, droits en Belgique et à l'étranger ainsi que les frais encourus jusqu'au destinataire en Belgique (commissions, assurances, agence en douanes, etc.).

Exemple

Prix des marchandises :	2.793,00 €
Droits d'entrée :	+ 189,00 €
Transport	+ 257,00 €
Base imposable :	3.239,00 €
T.V.A. au taux de 21% :	680,19 €
Total :	3.919,19 €

10.4. La base imposable d'une opération intracommunautaire

Lors d'une opération intracommunautaire (achat dans un pays de l'U.E. ou service presté pour un client dans l'U.E.), la T.V.A. est calculée sur tout ce qui constitue la contrepartie obtenue ou à obtenir par le fournisseur du bien de la part de celui à qui le bien est fourni, ou d'un tiers. Sont notamment compris dans la base d'imposition, les frais accessoires, les impôts, droits, prélèvements et taxes.

Les éléments non compris sont les mêmes que pour la base d'imposition en Belgique (10.2.).

10.5. La base imposable du régime de la marge

La base d'imposition pour les livraisons de biens d'occasion (les véhicules d'occasion, les antiquités, les objets d'art et de collection, les articles de brocante et de seconde main) est constituée par la marge bénéficiaire (différence entre le prix de vente et le prix d'achat) réalisée par l'assujetti revendeur, diminuée du montant de la T.V.A. afférente à la marge bénéficiaire elle-même (9.3.3.).

Exemple

Un antiquaire acquiert chez un particulier une garde-robe pour le prix de 2.000,00 €.
L'antiquaire revend le meuble 2.400,00 € (peu importe l'acheteur).
Sa marge bénéficiaire est de 400,00 €.
La base imposable sur cette opération est de (2.400,00 – 2.000,00) x 100/121 = 330,58 €
La T.V.A. à payer sur cette vente est de (2.400,00 – 2000,00) x 21/121 = 69,42 €

Base imposable	Grille 03 : 330,58 €
T.V.A. à payer	Grille 54 : 69,42 €

En pratique, la base imposable se détermine sur les chiffres globaux du mois ou du trimestre selon la périodicité de dépôt des déclarations périodiques à la T.V.A. de l'assujetti revendeur.

11. Les taux

Les taux varient régulièrement en raison d'impératifs politiques et budgétaires, soit dans le but d'encourager la consommation dans l'un ou l'autre secteur d'activité ou de la décourager, de répondre à la concurrence des pays voisins ou tout simplement d'augmenter les recettes fiscales.

11.1. Références légales

Code T.V.A. : Art. 37.
A.R. n° 20.

11.2. Principe

La T.V.A. est une taxe à la consommation [1.1.], toute modification de taux a des répercussions directes (positives ou négatives) sur les prix et donc sur la consommation. Le taux peut être un moyen d'encourager ou de réduire la consommation.

Exemples

- Le taux réduit de 6% sur les travaux de rénovation d'immeubles [11.5.];
- le taux réduit de 6% sur certains services à forte densité de main d'œuvre;
- le taux de 0% sur les journaux quotidiens (encouragement de la presse écrite);
- le taux de 12% sur la margarine (alors que le beurre est au taux de 6%);
- le taux de 21% sur les voitures automobiles;
- etc.

11.3. Principaux taux appliqués en Belgique

Taux en vigueur au 1er mars 2016

0% «Taux zéro»	Tabacs (T.V.A. perçue lors de la fabrication) Journaux quotidiens Mitrailles Prestations « pro deo » des avocats
6% «Taux réduit»	Animaux Alimentation Bois sur pied, bois de chauffage Boissons non alcoolisées Distribution d'eau Funérailles Médicaments Préservatifs Journaux - Revues - Livres Réparations de cycles, chaussures, etc. Véhicules appartenant à des personnes handicapées [13.12.] Traiteur Travaux agricoles Transport de personnes Spectacles Hôtel Camping Rénovation d'immeubles [11.5] Arbres forestiers, fleurs, oignons, bulbes Engrais
12% «Taux parking»	Produits phytopharmaceutiques Margarine Pneus pour machines agricoles Charbons et dérivés Logement social public Prestations des restaurateurs et cafetiers (uniquement les aliments)
21% «Taux normal»	Tous les autres biens et services.

11.4. Taux appliqués dans les pays de l'U.E.

Taux au 1er janvier 2018

États membres	Taux 0	Taux super réduit	Taux réduit	Taux réduit	Taux normal
Allemagne	non	-	7%	-	19%
Autriche	non	-	10%	13%	20%
Belgique	oui	-	6%	12%	21%
Bulgarie	-	-	9%	-	20%
Chypre	-	-	5%	9%	19%
Croatie	-	-	13%	5%	25%
Danemark	non	-	-	-	25%
Espagne	non	4%	10%	-	21%
Estonie	-	-	9%	-	20%
Finlande	oui	-	10%	14%	24%
France	non	2,1%	5,5%	10%	20%
Grèce	non	-	6,5%	17%	24%
Hongrie	-	-	5%	18%	27%
Irlande	oui	4,8%	9%	13,5%	23%
Italie	oui	4%	15%	10%	22%
Lettonie	-	-	12%	-	21%
Lituanie	-	-	5%	9%	21%
Luxembourg	non	3%	8%	14%	17%
Malte	-	-	5%	7%	18%
Pays-Bas	non	-	6%	-	21%
Pologne	-	-	5%	8%	23%
Portugal	non	-	6%	13%	23%
Roumanie	-	-	5%	9%	19%
Royaume-Uni	*oui*	-	*5%*	-	*20%*
Slovaquie	-	-	10%	-	20%
Slovénie	-	-	9,5%	-	22%
Suède	oui	-	6%	12%	25%
Tchéquie	-	-	10%	-	21%

11.5. Taux réduit de 6% sur les rénovations d'immeubles

Une des formes les plus spectaculaires d'encouragement d'un secteur déterminé est l'instauration en Belgique du taux réduit de 6% (au lieu de 21%) pour les **travaux de réparation, d'entretien et de rénovation d'immeubles**. Mais pour que l'entrepreneur puisse appliquer ce taux réduit de 6% à son client, certaines conditions bien précises doivent être respectées.

11.5.1. Références légales

A.R. n° 20, art. 1er*bis*.

11.5.2. Travail immobilier

Les opérations doivent porter sur des **travaux immobiliers** et figurer parmi une liste qui peut être résumée comme suit :
- travaux immobiliers de transformation, de rénovation, de réhabilitation, d'amélioration, de réparation ou d'entretien (à l'exclusion du nettoyage) de tout ou partie d'immeuble par nature;
- fourniture d'un bien meuble et son placement dans un immeuble de manière telle que ce meuble devienne immeuble par nature (par exemple, le placement d'une baignoire);
- certaines opérations assimilées à des travaux immobiliers comprenant à la fois la fourniture et la fixation à un bâtiment des installations suivantes : chauffage central et climatisation, sanitaire, électricité et sonnerie électrique, détection et protection contre l'incendie et le vol, téléphonie intérieure, armoires, éviers, hottes et placards, de volets, persiennes et stores, revêtements de murs et de sols ainsi que les travaux de fixation, de placement, de réparation et d'entretien.

11.5.3. Logement privé

Les travaux immobiliers doivent être affectés à un bâtiment d'habitation qui, après leur exécution, est effectivement utilisé soit exclusivement soit à titre principal comme **logement privé**.
Le client est invité à souscrire une attestation d'occupation et d'ancienneté de l'immeuble. Elle décharge l'entrepreneur de sa responsabilité en cas de fausse déclaration.
Elle doit être conservée en annexe des copies de factures.

11.5.4. Ancienneté du bâtiment

Les opérations doivent être effectuées à un bâtiment dont la première occupation précède la première date d'exigibilité de la T.V.A. d'au moins **10 ans**.

La date de première occupation est à prendre en considération, quelle que soit la destination initiale (économique ou privée) du bâtiment.

11.5.5. Consommateur final

Les opérations doivent être facturées à un consommateur final, c'est-à-dire la personne qui détient le droit réel de propriété, d'usufruit ou un droit de jouissance (locataire) sur le bâtiment.

Les maisons de repos, institutions pour handicapés, écoles, internats scolaires et homes de protection de la jeunesse sont considérés comme tels.

11.5.6. Mention sur la facture

La facture délivrée par le prestataire de services et le double qu'il conserve, doivent constater l'existence des divers éléments justificatifs de l'application du taux réduit. A cet effet, la nature et le lieu de la prestation doivent figurer avec précision sur la facture.

Les opérations ne doivent pas être nécessairement fournies et facturées par un entrepreneur enregistré [30].

11.6. Taux 0% sur les facturations «cocontractant»

Une autre particularité fréquemment rencontrée dans l'application des taux est ce que l'on appelle communément la «**facturation cocontractant**». Cette règle vise exclusivement les facturations de travaux immobiliers effectués pour le compte d'assujettis avec droit à déduction.

11.6.1. Références légales

A.R. n° 1, article 20.

11.6.2. Principe

Un régime d'«**autoliquidation**» a été instauré en matière immobilière. Il déroge aux règles habituelles en ce sens qu'il impose (ce régime est obligatoire) au cocontractant du fournisseur (le client) l'obligation de verser à l'Etat lui-même la T.V.A due, à la place du fournisseur. Dans le système habituel de la T.V.A., le client paye la T.V.A. à son fournisseur qui la reverse à l'Etat [1.1]. Ici, le client verse lui-même directement la T.V.A. à l'Etat (par sa déclaration périodique à la T.V.A.) et court-circuite en quelque sorte ainsi le rôle habituel du fournisseur (taux 21%).

On retrouve ici un système d'autoliquidation similaire à celui rencontré pour les acquisitions intracommunautaires [6.3.1.] et les importations avec autoliquidation [4.5.].

---

[30] A la Commission d'enregistrement des entrepreneurs.

Exemples

- un boucher fait remplacer sa vitrine détruite lors d'une manifestation;
- un bureau comptable fait installer un système de protection contre l'incendie et le vol;
- une société fait appel quotidiennement à une entreprise de nettoyage de ses locaux;
- un hôtelier restaurateur fait effectuer annuellement l'entretien du chauffage central de l'établissement.

Ce système **n'est pas une tolérance**, il **doit** obligatoirement s'appliquer mais uniquement :

- lorsque le client est un assujetti avec droit à déduction, déposant des déclarations périodiques (mensuelles ou trimestrielles) à la T.V.A.;
- lorsque les opérations contractuelles consistent en travaux immobiliers (de tous types);
- lorsque les biens et les services fournis sont utilisés par le client assujetti dans le cadre de son activité économique.

La facture doit indiquer la mention « T.V.A. à acquitter par le cocontractant - A.R. n° 1, art. 20 » ou « autoliquidation ».

Par ailleurs, le fait que le fournisseur soit ou non enregistré comme entrepreneur [11.5.6.] n'exerce aucune influence sur l'application de ce régime.

Exemple 1

Une entreprise de carrelage fait construire, pour la somme de 62.000,00 €, T.V.A. 21% non comprise, un immeuble dans lequel elle aménagera une salle d'exposition, un entrepôt, un atelier et des garages pour ses véhicules.

L'entrepreneur indique simplement dans sa déclaration périodique à la T.V.A. :

Base imposable	Grille 45 : 62.000,00 €

L'entreprise de carrelage inscrit l'opération à l'entrée et assure elle-même le paiement de la T.V.A. :

L'investissement :	Grille 83 et 87 :	62.000,00 €
T.V.A. à payer (21%)	Grille 56 :	13.020,00 €
T.V.A. déductible	Grille 59 :	13.020,00 €

Exemple 2

Le même entrepreneur en carrelage fait construire pour le même prix un immeuble destiné uniquement à son usage privé. L'entreprise de construction doit porter en compte la T.V.A. de 13.020,00 € (taux 21%) sur la facture qu'elle est tenue de délivrer pour constater les travaux immobiliers effectués.

Base imposable	Grille 03 : 62.000,00 €
T.V.A. à payer	Grille 54 : 13.020,00 €

Cette facture n'est pas comptabilisée par l'entrepreneur en carrelage et aucune T.V.A. n'est bien entendu déductible dans son chef. Il ne s'agit plus ici d'une opération économique, mais privée.

11.6.3. Conséquences

La solidarité légale ne peut plus être invoquée à l'égard du fournisseur qui n'est plus tenu, en règle, au paiement de la T.V.A. à l'Etat.

11.6.4. Clients auxquels ne peut pas s'appliquer la règle du cocontractant

Cette législation ne peut jamais s'appliquer :

- aux assujettis étrangers [2.2.7.] non identifiés en Belgique;
- aux assujettis soumis au régime particulier des exploitants agricoles [2.2.4.];
- aux assujettis franchisés [2.2.2.];
- aux assujettis exonérés [2.2.3.];
- aux personnes morales non assujetties [2.2.5.];
- et - bien entendu - aux particuliers.

D'ailleurs, aucune de ces personnes ne dépose de déclaration périodique à la T.V.A. et n'a donc la possibilité d'acquitter elle-même la T.V.A. sur une telle opération.

11.7. Cas d'application

Il ressort des règles ci-dessus que les taux de 0%, 6%, 12% et 21% peuvent s'appliquer aux mêmes types de travaux immobiliers et que le choix du taux dépend essentiellement de l'affectation des travaux par le client.

On peut alors imaginer le cauchemar de l'électricien installant un système d'alarme dans un immeuble de 10 appartements occupé par leur propriétaire de la manière suivante :

- Rez-de-chaussée droit : Cordonnier (magasin et atelier).
- Rez-de-chaussée gauche : Logement d'un C.P.A.S.
- Premier étage droit : Couple d'enseignants.
- Premier étage gauche : Étude d'huissier.
- Deuxième étage droit : Cabinet médical.
- Deuxième étage gauche : Cabinet d'une podologue.
- Troisième étage droit : Logement de la podologue.
- Troisième étage gauche : Logement d'un architecte.
- Quatrième étage droit : Logement du cordonnier.
- Quatrième étage gauche : Bureau d'expert fiscal.

Toutes les conditions sont remplies pour bénéficier du taux réduit.

Il reste à notre électricien à établir la facture au nom de chacun des propriétaires de l'immeuble pour la quote-part qui lui revient…

Rez-de-chaussée droit :   Taux 0% cocontractant (assujetti avec droit à déduction).
Rez-de-chaussée gauche :   Taux 6% (taux social).
Premier étage droit :   Taux réduit de 6% (non assujetti).
Premier étage gauche :   Taux 0% cocontractant (assujetti avec droit à déduction).
Deuxième étage droit :   Taux normal 21% (assujetti exonéré).
Deuxième étage gauche :   Taux 0% cocontractant (assujetti avec droit à déduction).
Troisième étage droit :   Taux réduit de 6% (privé).
Troisième étage gauche :   Taux réduit de 6% (privé).
Quatrième étage droit :   Taux réduit de 6% (privé).
Quatrième étage gauche :   Taux 0% cocontractant (assujetti avec droit à déduction).

Une fois encore, la bonne connaissance des catégories d'assujettis [02.] s'avère indispensable.

12. Les déductions de T.V.A.

Nous avons vu dans l'explication du système de la T.V.A. (1.1.), que l'assujetti avec droit à déduction est en droit de soustraire (de déduire) de la T.V.A. qu'il verse à l'État, le montant des T.V.A. qui lui ont été portées en compte par ses propres fournisseurs.

Ce principe qui paraît finalement assez simple se complique lorsque l'on s'aperçoit que toutes les T.V.A. économiques ne sont pas systématiquement déductibles.
Il est donc important de déduire correctement pour éviter les régularisations d'erreurs et ne pas fausser le solde de T.V.A. due ou à restituer.

Seuls les points essentiels sont abordés ici. La matière est si vaste qu'elle justifie à elle seule un ouvrage [31].

12.1. Références légales

Code T.V.A. : Art. 45 à 49.
A.R. n° 3, 8, 13, 14, 19, 22, 31, 38.
A.M. n° 1 & 2.
Déc. E.T. 119.650 du 20/10/2011.

12.2. La facture, support de la déduction

L'assujetti qui exerce son droit à déduction de la T.V.A. doit être en possession d'un document original (facture, bordereau d'achat, note de crédit) conforme aux prescriptions légales [32].

La facture doit constater le fait générateur de la T.V.A. ce qui signifie qu'elle ne peut être émise par le fournisseur du bien ou le prestataire du service que lorsque la T.V.A. est exigible c'est-à-dire au moment où l'opération est effectuée ou, avant ce moment, au moment de l'encaissement de tout ou partie du prix (3.1.7. & 3.4.4.).
Les factures émises et reçues sous format électronique dont l'inaltérabilité peut être démontrée sont également acceptées.

L'administration fiscale peut rejeter toute déduction effectuée sur base de bons de commande, acomptes, notes d'envoi, double de factures, photocopies, fax, factures électroniques non sécurisées, etc. ou sur base de documents originaux qui ne mentionnent pas, notamment, le numéro d'identification à la T.V.A. des parties cocontractantes, leur dénomination précise et complète, la date de l'opération, la date du

---

[31] « *Maximisez vos déductions T.V.A.* » du même auteur aux Éditions Edi.pro (www.edipro.info).
[32] Inscrites dans l'A.R. n° 1.

fait générateur et le numéro d'inscription au facturier de sorties (journal des ventes) du fournisseur.

12.3. T.V.A. totalement déductible

Certaines T.V.A. sont déductibles sans réserve, il suffit qu'elles concernent l'activité économique ouvrant droit à déduction et qu'elles participent à la réalisation d'opérations passibles de la T.V.A.

12.3.1. Que signifie «réalisation d'opérations passibles de la T.V.A.» ?

Le Code T.V.A. dit que pour qu'un assujetti puisse déduire la T.V.A. «**en amont**», il faut que la dépense concourre à réaliser «**en aval**» des opérations taxables telles que :
- les livraisons de biens et/ou des prestations de services soumises à la T.V.A. en Belgique;
- les exportations [5.2.], les livraisons aux ambassades et organismes internationaux... (exemptées de la T.V.A.);
- les livraisons intracommunautaires [7.2.] (exemptées également de la T.V.A.);
- les livraisons de biens et/ou des prestations de services exemptées de la T.V.A. parce qu'elles ont lieu à l'étranger, mais qui auraient ouvert un droit à déduction si elles avaient été effectuées en Belgique.

En principe, l'assujetti peut déduire la T.V.A. sur toutes les dépenses qu'il engage en vue de réaliser ces opérations taxables (même si ces opérations peuvent bénéficier d'une exemption); ce sont les **assujettis avec droit à déduction** [2.2.1.].

Par contre, un assujetti ne peut pas déduire la T.V.A. en amont lorsqu'il engage des dépenses en vue de réaliser des opérations non taxables telles que :
- les opérations effectuées par les médecins, hôpitaux, écoles, assureurs etc. (les assujettis exonérés) [2.2.3.];
- les opérations effectuées par des assujettis franchisés [2.2.2.];
- les opérations effectuées par des assujettis qui ont opté pour le régime du forfait agricole [2.2.4.];
- les opérations effectuées par l'Etat, les provinces, les régions, les communes, etc. (les personnes morales non assujetties) [2.2.5.];
- les opérations effectuées par les fonctionnaires, employés, salariés, etc. (les non assujettis).

Il s'agit ici d'assujettis et de personnes sans droit à déduction.

12.3.2. Dépenses dont la T.V.A. est totalement déductible

Aux conditions énoncées ci-dessus, les principales catégories de dépenses qui permettent la déduction totale de la T.V.A. sont :
- les achats de marchandises, matériaux et matières consommables;
- les frais de fonctionnement tels que l'eau, le gaz, l'électricité, le chauffage;
- les frais de téléphone, internet, fax...;
- les frais de publicité et de démonstration;
- la construction par un promoteur immobilier d'un bâtiment destiné à être vendu;
- les travaux de sous-traitance;

- la construction d'un immeuble (hall, bureaux, entrepôt, garage…) affecté à l'usage économique de l'entreprise;
- les travaux effectués à un immeuble pris en location, si le locataire supporte lui-même le coût des travaux ou s'ils sont refacturés au propriétaire;
- les travaux immobiliers d'aménagement, d'entretien et de réparation effectués dans un immeuble utilisé par l'entreprise;
- les avantages collectifs c'est-à-dire ceux accordés à tous les membres du personnel (petits cadeaux de Saint-Nicolas, boissons offertes…);
- etc.

12.4. T.V.A. non déductibles

Il existe un certain nombre de dépenses pour lesquelles la T.V.A. n'est pas déductible.

12.4.1. Frais à caractère privé

Il va sans dire que la T.V.A. sur les dépenses privées n'est pas déductible. Pour rappel, la T.V.A. doit frapper le bien au moment de sa consommation finale.

Il est courant – surtout chez les personnes physiques - qu'une facture reprenne à la fois des dépenses économiques et privées. C'est ce que l'on appelle les **dépenses mixtes**.

Par exemple, une facture de consommation d'électricité relative à un compteur unique couvrant la consommation de l'atelier d'un garagiste et de son appartement privé situé à l'étage du même immeuble.

Dans une telle situation, la T.V.A. n'est bien entendu déductible que dans la mesure de l'affectation économique.

Ces affectations sont déterminées en pourcentage par l'assujetti, sous le contrôle de l'administration fiscale qui peut être amenée à corriger les quotas d'affectation.

Il en va de même pour les acquisitions de biens d'investissements. La déduction est limitée exclusivement à la T.V.A. sur la partie économique de ses acquisitions de biens et de services à titre d'investissements [33].

Cette retenue « à la source » de la T.V.A. non déductible sur la partie non économique élimine la taxation en T.V.A. de l'avantage de toute nature antérieurement effectuée sur les utilisations non économiques de biens investissements (3.6. & 12.6.bis).

12.4.2. Certains frais à caractère économique

A la différence des frais à caractère privé qui ne figurent pas dans la déclaration périodique à la T.V.A., la T.V.A. non déductible relative aux frais à caractère économique est incorporée au montant de la charge pour figurer dans la déclaration périodique à la T.V.A.

---

[33] Art. 45 § 1er quinquies.

Exemple

Facture de frais de restaurant :	
Montant T.V.A. non comprise :	785,00 €
T.V.A. non déductible :	164,85 €
Total en grille 82 (frais généraux):	949,85 €
Total en grille 59 (T.V.A. déductible):	- €

Les boissons spiritueuses

La T.V.A. n'est pas déductible sur les achats de boissons spiritueuses (boissons alcoolisées) destinées à être consommées ou offertes. Il s'agit des boissons répertoriées comme des alcools. Le vin et le champagne n'en font pas partie.

Restent bien entendu déductibles les acquisitions de boissons alcoolisées effectuées par les négociants en ces produits, par le secteur «HORECA» en vue de les servir et par les restaurateurs, pâtissiers, fabricants de pralines… qui utilisent ces produits comme matière première.

Les frais de logement, nourriture et boissons

N'est pas déductible, la T.V.A. qui grève les frais de logement, de nourriture et de boissons supportés par une entreprise, à l'exception de :
- la T.V.A. sur les frais exposés pour le personnel chargé de l'exécution, hors de l'entreprise, d'une livraison de biens ou d'une prestation de services (ce texte exclut expressément les frais exposés par les dirigeants de l'entreprise);
- la T.V.A. payée par des assujettis qui à leur tour fournissent les mêmes services en sous-traitance. (Par exemple les dépenses engagées et refacturées par un traiteur qui aide momentanément un confrère à l'occasion d'un important banquet).

Les frais de réception

On entend par frais de réception, les frais que les assujettis exposent, dans le cadre de relations publiques, c'est-à-dire dans l'optique de créer, **en dehors des rapports professionnels classiques**, un climat favorable à la promotion des affaires, pour l'accueil, la réception et l'agrément de visiteurs étrangers à l'entreprise. Par exemple, les dépenses exposées à l'occasion de manifestations ou d'événements ponctuels tels qu'un banquet, une réception, une inauguration, une fête, un voyage, des animations diverses, etc.

La déduction de la T.V.A. sur les frais de réception est interdite.

Ne sont pas considérés comme des frais de réception, les frais d'aménagement de salles d'attente, bureaux ou halls de réception et autres locaux similaires, et les frais relatifs aux biens qui les équipent (fauteuils, tables, portemanteaux, cendriers, etc.) ou qui les décorent (fleurs, plantes vertes, décorations murales ou autres) qui sont exposés par un assujetti en vue de recevoir ses clients et fournisseurs au sein de ses installations, **dans le cadre normal de son activité et dans les circonstances habituelles des contacts professionnels ou commerciaux** (par exemple les frais de décoration dans un hôtel-restaurant).

Ne sont pas non plus considérés comme frais de réception, ceux exposés pour la promotion de produits déterminés et de considérer qu'il s'agit de publicité et de dépenses qui ont un caractère strictement professionnel comme les frais exposés pour la détente et le divertissement des participants à une réunion festive ayant pour but d'informer des acheteurs de l'existence et des qualités d'un produit ou d'un service, dans l'intention d'en augmenter les ventes [34].

Les événements organisés par l'assujetti doivent avoir indéniablement un caractère publicitaire réel et cohérent et se dérouler dans des circonstances assurant le divertissement et la détente du visiteur de l'événement. Il appartient à l'assujetti de démontrer, au cas par cas, que les dépenses exposées visent la vente directe ou qu'elles ont pour but la promotion de produits ou de services déterminés et qu'elles ne peuvent dès lors être considérées comme des frais de réception exposés dans le seul but de créer une atmosphère générale favorable à l'égard de l'entreprise.

Les cadeaux commerciaux

N'est pas déductible, la T.V.A. acquittée sur les cadeaux commerciaux d'une valeur unitaire égale ou supérieure à **50,00 €** T.V.A. non comprise, pour l'ensemble du cadeau.

Les avantages privatifs

La T.V.A. sur les avantages accordés à certains membres du personnel à l'occasion de retraites, jubilé, nomination…, n'est pas déductible, contrairement à la T.V.A. sur les avantages collectifs (avantages offerts à tous) qui, elle, en principe, est déductible.

12.5. T.V.A. partiellement déductible chez les assujettis mixtes

Hormis le cas des dépenses mixtes [12.4.1.], la déduction peut être encore limitée dans le cas de l'assujettissement mixte ou partiel [2.2.6.].

Nous savons déjà que seule est déductible la T.V.A. sur les dépenses qui concourent à réaliser des opérations passibles de la T.V.A. [12.3.1.]. Que se passe-t-il lorsque l'on est en présence d'un assujetti mixte qui effectue, dans l'exercice de son activité économique, à la fois des opérations soumises à la T.V.A. et des opérations non soumises ?

Le problème chez l'assujetti mixte ou partiel n'est pas tant de discerner les opérations soumises ou non à la T.V.A. (il les connaît parfaitement) mais de déterminer le montant exact des T.V.A. qu'il est en droit de déduire sachant qu'il ne peut déduire que les T.V.A. relatives aux dépenses destinées à la réalisation d'opérations taxables à la T.V.A.

Prenons le cas d'un dessinateur indépendant (opérations soumises à la T.V.A.) qui est en même temps courtier en assurances (opérations exonérées de la T.V.A.). Que peut-il déduire sur l'achat d'un logiciel de dessin ? Tout en principe. Que peut-il déduire sur

---

[34] Cass. 8/4/2005.

l'achat d'un logiciel d'assurances ? Rien en principe. Mais que peut-il déduire sur l'achat de son ordinateur nécessaire aux deux activités ?...

Le Code T.V.A. a prévu des techniques particulières de calcul.

12.5.1. Référence légale

Art. 46 § 1 & 2 du Code T.V.A.

12.5.2. Règle du prorata général

La règle du **prorata général** de déduction est une méthode de déduction réservée aux assujettis mixtes dans laquelle les taxes grevant les biens et les services utilisés pour l'ensemble de l'activité ne sont déductibles que selon un pourcentage, résultat d'une fraction composée des éléments suivants provenant du chiffre d'affaires réalisé.

Opérations à inclure au numérateur

Le numérateur comprend le total (T.V.A. non comprise) des opérations à la sortie qui permettent la déduction en amont :
- les opérations soumises à la T.V.A.;
- les opérations exemptées (opérations intracommunautaires, exportations, etc.);
- les opérations effectuées à l'étranger qui permettraient la déduction si elles étaient effectuées en Belgique;
- les prélèvements.

Le numérateur obtenu est arrondi à la dizaine d'euro supérieure.

Opérations à inclure au dénominateur

Le dénominateur se compose de toutes les opérations réalisées à la sortie, c'est-à-dire tant les opérations reprises au numérateur que celles qui ne permettent pas la déduction de la T.V.A.

Le dénominateur obtenu est arrondi à la dizaine d'euros supérieure.

Opérations à exclure de la fraction

Certaines opérations de nature à fausser le pourcentage sont à écarter tant du numérateur que du dénominateur :
- les ventes de biens d'investissement (véhicules, bâtiments, machines, outillages, etc.);
- les revenus et produits des opérations immobilières et financières, qui ne relèvent pas d'une activité économique spécifique à caractère immobilier ou financier;
- les opérations réalisées par un siège distinct à l'étranger.

Résultat de la fraction

Le résultat de la fraction est le pourcentage de déduction que l'assujetti mixte est en droit d'appliquer sur toutes les T.V.A. économiques qui lui sont facturées. Le pourcentage peut être arrondi à l'unité supérieure.

Révision du prorata

Le prorata général de déduction se calcule par année civile. Son montant réel n'est donc connu avec exactitude que l'année civile écoulée, lorsque les opérations qu'il concerne ont été réalisées.

Durant l'année en cours, l'assujetti opère la déduction sur base d'un **prorata provisoire**, celui connu pour les opérations effectuées l'année civile précédente (s'il s'agit d'un début d'activité, on estime le prorata selon les prévisions d'exploitation).

L'année écoulée, le **prorata définitif** est calculé sur le montant des opérations réellement effectuées. Il doit être fixé au plus tard le 20 avril de l'année suivante et peut donner lieu à une régularisation (positive ou négative) si la différence atteint 10 points.

Exemple

L' «A.S.B.L. Promotion du volley-ball» est assujettie mixte en raison de ses activités qui consistent d'une part, à mettre, sans but de lucre, des terrains de volley-ball à la disposition des amateurs de ce sport (opération exonérée de la T.V.A. (2.2.3)) et d'autre part, à exploiter une buvette accessible aux membres du club et aux visiteurs (opération soumise à la T.V.A.).

Pour l'année écoulée (An 1), les chiffres d'affaires T.V.A. non comprise ont été de 6.000,00 € (accès aux terrains) et 12.800,00 € (buvette), ce dernier chiffre comprenant le revente d'une machine à café pour un montant de 1.200,00 €.

Calcul du prorata provisoire pour l'année en cours (An 2) sur base des chiffres de l'An 1 :

$$\frac{(12.800,00 - 1.200,00)}{(6.000,00 + 11.600,00)} \quad \text{soit} \quad \frac{11.600,00}{17.600,00} = 65,90 = \mathbf{66\%}$$

L'A.S.B.L., assujettie mixte peut dès lors déduire durant l'année en cours (An 2), 66% des T.V.A. qui auraient été déductibles si le club avait été assujetti total pour toute son activité, autrement dit, 66% de la T.V.A. portée en compte sur toutes les factures qui lui sont adressées, aussi bien celles concernant le volley-ball (bien que cette activité ne soit pas soumise à la T.V.A.) que celles concernant la buvette (bien que cette activité soit à 100% soumise à la T.V.A.).

Le pourcentage de 66% n'est bien entendu appliqué qu'à la T.V.A. susceptible d'être déduite. La T.V.A. reste non déductible sur les frais de réception, les cadeaux commerciaux etc.

Calcul du prorata définitif pour l'An 2 :

Les chiffres d'affaires T.V.A. non comprise réalisés durant l'An 2 ont été de 7.300,00 € (accès aux terrains) et 19.854,00 € (buvette). Début de l'An 3, l'A.S.B.L. recalculera son prorata :

$$\frac{19.854,00}{(7.300,00 + 19.854,00)} \quad \text{soit} \quad \frac{19.860,00}{27.160,00} = 73,12 = \mathbf{74\%}$$

Le pourcentage de déduction réel de l'An 2 étant plus élevé que celui pratiqué, l'assujetti mixte est donc en droit de récupérer 8% (74% - 66%) de la totalité des T.V.A. déduites durant l'An 2 (grille 62 de la déclaration périodique à la T.V.A.).

Si le pourcentage définitif de l'An 2 avait été par exemple de 62%, il y aurait eu lieu de reverser 4% du total des T.V.A. déduites durant l'An 2 (grille 61 de la déclaration périodique à la T.V.A.).

Notons qu'un assujetti peut choisir de ne pas procéder à ces régularisations lorsque la variation des pourcentages ne dépasse pas **10 points**. Cette option doit évidemment s'appliquer dans les deux cas de figure (boni ou mali) et est valable pour une période de 5 ans.

12.5.3. Règle de l'affectation réelle

Il existe une deuxième méthode de déduction pour un assujetti mixte : la règle de la déduction selon **l'affection réelle**. Elle suppose qu'il soit possible de déterminer et de contrôler dans quelle mesure les biens et les services sont destinés ou non à un secteur d'activité pour lequel il existe un droit à déduction. Si c'est le cas, la déduction selon l'affectation réelle des biens et des services suit les règles suivantes :

- Les biens et les services destinés à la réalisation **d'opérations pour lesquelles la déduction n'est pas permise** doivent être isolés et la T.V.A. les grevant ne peut pas être déduite.

- Ceux destinés à la réalisation **d'opérations pour lesquelles la déduction est permise** sont regroupés et la T.V.A. les grevant est déductible selon les règles habituelles de l'assujetti avec droit à déduction.

- Ceux destinés tant à la réalisation **d'opérations permettant la déduction qu'à des opérations ne la permettant pas** sont placés dans un troisième groupe et la T.V.A. qui les grève n'est déductible que dans la mesure de l'utilisation effective des biens et des services pour le secteur ouvrant droit à déduction de la T.V.A.

- Pour les dépenses communes, une clé de répartition (qui peut consister en un prorata) est établie à la satisfaction de l'Administration.

L'assujetti rédige et conserve dans sa comptabilité une note explicative des critères pris en considération pour déterminer la quotité de la T.V.A. déductible. Si la détermination d'un critère précis n'est pas possible, il applique la règle de la déduction selon le prorata général [15.5.2.].

> **Exemple**
>
> Un promoteur immobilier est employé à la réalisation simultanée de quatre chantiers :
> - chantier n° 1 : Construction d'une maison unifamiliale;
> - chantier n° 2 : Remise en état d'une maison de maître en vue de la donner en location;
> - chantier n° 3 : Travaux de lotissement en vue de vendre les terrains;
> - chantier n° 4 : Construction d'un hall industriel;
>
> Lors le la comptabilisation de ses dépenses, le promoteur ne peut pas récupérer la T.V.A. :
> - sur le chantier n° 2 car la location immobilière est exonérée de la T.V.A.;
> - sur le chantier n° 3 car les ventes de terrains ne sont pas soumises à la T.V.A.
>
> Il peut déduire la T.V.A.
> - sur le chantier n° 1 car la vente du nouvel immeuble sera (normalement) soumise à la T.V.A.;
> - sur le chantier n° 4 car la vente du hall sera (normalement) soumise à la T.V.A.
>
> Pour la déduction sur les dépenses communes à tous les chantiers (frais administratifs, investissements...), il calculera un prorata spécial.

12.6. T.V.A. partiellement déductibles sur certains véhicules automobiles

Par l'importance des montants, les règles relatives aux déductions de la T.V.A. sur les véhicules automobiles, et notamment leurs acquisitions, doivent être parfaitement maîtrisées.

12.6.1. Référence légale

Art. 45 § 2 du Code T.V.A.

12.6.2. Règle des 50%

Pour tous les frais relatifs aux **voitures automobiles**, la T.V.A. déduite **ne peut en aucun cas dépasser 50%** des T.V.A. payées.

Il s'agit d'un plafond de déduction : si l'utilisation économique de la voiture est, par exemple, de 80%, la T.V.A. déduite ne peut dépasser 50% (et non 50% de 80%) mais si l'utilisation économique est de 40%, la déduction de la T.V.A. reste limitée 40%. Il s'agit donc bien d'une déduction de 50% **maximum**.

Calcul de la T.V.A. déductible sur une voiture automobile

Un schéma très simple permet de comprendre le problème que pose la déduction de la T.V.A. sur une voiture automobile. Supposons l'acquisition d'une voiture utilisée à 30% à usage privé et imaginons un vase rempli de la T.V.A.

Le vase comprend :

- **30%** de T.V.A. privée — Nous savons que la T.V.A. privée n'est pas déductible
- **70%** de T.V.A. économique — Nous savons que la T.V.A. économique est déductible mais que la déduction ne peut dépasser 50%

Le vase comprend donc...

- **30%** de T.V.A. privée **non déductible** — La T.V.A. privée ne figure jamais dans la déclaration à la T.V.A.
- **20%** de T.V.A. économique **non déductible** — La T.V.A. économique non déductible est rajoutée au coût
- **50%** de T.V.A. économique **déductible** — La T.V.A. économique déductible figure en grille 59 de la déclaration à la T.V.A.

Véhicules visés par la règle des 50%

Cette règle des 50% ne concerne que les **voitures automobiles**, les **voitures mixtes** (breaks, station wagon), les **minibus** (8 places + le chauffeur), les «**SUV**» et certains **véhicules dits «tous terrains»** ou «4 x 4».
En cas de doute, il y a lieu de se référer à la catégorie définie par la D.I.V.

Mais il y a des exceptions : les voitures automobiles achetées par les négociants en vue de les revendre ou de les mettre à disposition de leurs clients, les voitures automobiles destinées au transport de personnes (taxis) et les voitures automobiles acquises par des entreprises de location ou de leasing en vue de les donner en location ou en leasing ne sont pas soumises à cette règle des 50%.

Les autres véhicules utilitaires échappent également à cette règle. Ce sont notamment les camionnettes, camions, remorques, grues, ambulances, corbillards, etc. Ils permettent la déduction totale de la T.V.A., toujours dans la mesure de l'usage économique (Une camionnette utilisée à 10% usage privé n'autorise la déduction qu'à 90%). En cas de doute, il y a lieu également de se référer à la catégorie dans laquelle la D.I.V. a répertorié le véhicule.

Certaines situations particulières ont été réglées par la jurisprudence. Ainsi, doivent être soumises à la règle des 50%, les voitures automobiles des entreprises d'«**auto-école**» et de **courrier-express**, les voitures qu'une société met à disposition de ses agents, certaines **voitures de remplacement** et celles prélevées par les négociants en ces véhicules pour leurs besoins professionnels.
Par contre, les **navettes d'aéroport** et les **voitures de compétition** ne le sont pas.

Dépenses visées par la règle des 50%

La règle concerne toutes les dépenses relatives aux véhicules automobiles visés : les frais d'acquisition, d'entretien, de réparation, de nettoyage, les achats d'accessoires, d'appareils intégrés de radio, téléphone, systèmes GPS, etc.

Exemple

Achat en Belgique d'une voiture automobile neuve par un indépendant, personne physique.
- usage privé du véhicule : 35%
- prix catalogue (H.T.V.A.) : 16.700,00 €
- supplément toit ouvrant : 620,00 €
- remise de 8% sur le prix total
- taux de T.V.A. : 21%
- plein d'essence (prix à la pompe) : 67,09 €

Facture

Voiture automobile	
Prix d'achat H.T.V.A. : (16.700,00 + 620,00) – 8% =	15.934,44 €
T.V.A. : 15.934,44 x 21% =	3.346,22 €
Essence	
Prix d'achat T.V.A. non comprise (67,09 / 1.21) =	55,45 €
T.V.A. : 55,45 x 21% =	11,64 €
Total facture :	19.347,75 €

Ventilation de l'acquisition

		Privé 35%	Economique 65%		T.V.A. déductible
			Investissement	Frais généraux	
Voiture		15.934,44 €	5.577,05 €	10.357,39 €	
		3.346,22 €	1.171,18 €	501,93 €		1.673,11 €
Essence		55,45 €	19,41 €		36,04 €	
		11,64 €	4,07 €		1,75 €	5,82 €
Totaux		19.347,75 €	6.771,71 €	10.859,32 €	37,79 €	1.678,93 €

Déclaration périodique à la T.V.A.

Investissement	Grille 83 : 10.859,32 €
Frais généraux	Grille 82 : 37,79 €
T.V.A. déductible	Grille 59 : 1.678,93 €

Règle des 50% et assujetti mixte

L'assujetti mixte qui ne détient le droit à déduction que pour une partie de ses activités applique le prorata général sur le montant des T.V.A. qu'il aurait pu déduire s'il avait été assujetti pour la totalité de ses activités (2.2.6.).

Comment alors tenir compte de la règle des 50% ? Déduire 50% de la T.V.A. ou 50% du prorata ?

La deuxième hypothèse est la bonne [35].

Exemple

Dépense :	2.000,000 €	
TVA 21%:	420,00 €	
Prorata :	70%	
Dépense	Grille 82 ou 83	2.273,00 (2.000,00 + (420 – 147))
T.V.A. déductible	Grille 59	147,00 € (420,00 x 70% x 50%)

12.6^{bis}. T.V.A. partiellement déductibles sur les investissements mixtes

12. 6bis.1. Véhicules automobiles

Lors de l'acquisition ou de la location d'un moyen de transport (y compris les camionnettes), la proportion entre usage privé et usage professionnel est déterminée, sous le contrôle de l'administration, sur base de l'estimation des km qui seront parcourus et sert de base pour déterminer la déduction.

L'utilisation privée couvre aussi le trajet domicile-lieu de travail de l'utilisateur.

L'administration propose plusieurs méthodes sur base desquelles la proportion privée/professionnelle peut être établie compte tenu de l'utilisation de chaque véhicule envisagé individuellement.

---

[35] Cass. du 2/10/2003.

Méthode 1 – Registre des trajets

L'assujetti tient un registre des trajets manuellement (ex. : carnet, programme informatique) ou d'une manière automatisée (ex. : système GPS adapté) qui reprend par jour et pour l'année en cours les données suivantes :

- date du trajet;
- adresse de départ et d'arrivée;
- kilomètres parcourus par trajet;
- total des kilomètres parcourus par jour.

En outre, le kilométrage au début et à la fin de la période doit être enregistré (en principe par année civile).

L'utilisation professionnelle pour l'année X vaut comme estimation pour l'année X+1.

Méthode 2 – Formule semi-forfaitaire

L'administration accepte, à titre de simplification, la formule suivante pour chaque véhicule considéré individuellement :

% Privé	$\dfrac{(\text{Km domicile-lieu de travail}^{(1)} \times 200^{(2)}) + 6.000^{(3)}}{\text{Distance totale}^{(4)}}$
% Professionnel	100 % - %Privé

(1) Distance aller-retour du domicile au lieu de travail en km
(2) Nombre forfaitaire de jours effectifs de travail prestés par année civile au cours de laquelle le véhicule a été utilisé pour le trajet domicile-lieu de travail, aller-retour; y compris les jours de vacances, les jours de maladie, les jours de télétravail, ainsi que la circonstance que, occasionnellement, aucun déplacement n'ait été effectué entre le domicile et le lieu de travail, etc.
(3) Km privés forfaitaires (autre que domicile-lieu de travail) par année civile
(4) Distance réelle parcourue en km au cours d'une année civile (compteur kilométrique)

L'utilisation professionnelle pour l'année X vaut comme estimation pour l'année X+1.
La formule doit être éventuellement adaptée (mise en service au cours d'une année civile, changement de domicile, etc.).

Méthode 3 – Forfait général (minimum 4 moyens de transport)

L'administration accepte à titre d'essai, que l'assujetti qui dispose au minimum de 4 moyens de transport, qu'il utilise tant pour son activité économique qu'à d'autres fins, fixe l'utilisation professionnelle au moyen du forfait général :

$$\boxed{\text{\% Professionnel} = 35\%}$$

Détermination du droit à déduction

Le % professionnel déterminé constitue le point de départ de la déduction applicable à :
- l'acquisition ou la prise en location du véhicule ;
- l'acquisition de carburant ;
- les dépenses pour réparation et entretien ;
- l'acquisition d'accessoires.

Cette déduction est déterminée individuellement pour chaque moyen de transport, compte tenu éventuellement de la règle des 50%.

L'administration accepte un % global moyen.

Exemple

Un assujetti dispose en 2018 de 6 véhicules, dont 2 camionnettes. Il a déterminé le % professionnel par application des méthodes 1 et 2, comme suit :

Nature du véhicule	Méthode	% Professionnel	% Déduction
Voiture A	1	38,70%	38,70%
Voiture B	1	69,72%	50,00%
Voiture C	2	55,24%	50,00%
Voiture D	2	25,25%	25,25%
Voiture E	2	23,19%	23,19%
% moyen de déduction			37,43%
Camionnette F	1	81,15%	50,00%
Camionnette G	2	47,75%	47,75%
% moyen de déduction			48,88%

Le pourcentage moyen global de déduction (arrondi) est de 38 % pour les voitures et 49 % pour les camionnettes).

Ces % valent comme estimation pour l'année 2019 et une révision de la déduction de 2018 devra être effectuée début 2019.

12. 6bis.2. Les biens meubles autres que les véhicules

En ce qui concerne les biens meubles autres que des moyens de transport (GSM, ordinateur portable, tablette, PC, etc.) utilisés tant pour l'activité économique qu'à d'autres fins, la proportion entre l'utilisation privée et l'utilisation professionnelle doit également être fixée en vue de déterminer le droit à déduction.

L'administration accepte, à titre d'essai, que l'assujetti fixe l'utilisation professionnelle de ces biens au moyen d'un forfait général :

% Professionnel = 75 %

12. 6bis.3. Les biens immeubles

A l'égard des biens immeubles, la proportion entre usage privé et usage professionnel doit être fixée par l'assujetti sur la base des circonstances de fait et sous le contrôle de l'administration.

12.7. Révision de la déduction

Une déduction même correctement effectuée est toujours susceptible d'être modifiée par la suite en raison d'évènements qui peuvent survenir et qui ne sont pas connus au moment même de la déduction : une modification de l'affectation d'un bien, une modification de la quotité privée de frais, la correction d'un prorata de déduction, etc.

La **révision** de la déduction initiale peut consister en une déduction complémentaire ou un reversement de tout ou partie de la T.V.A. déduite.

Elle peut également être le résultat de la déduction historique accordée à certains assujettissements plus récents (notaires, huissiers, avocats).

12.7.1. Révision sur les biens d'investissement

Seule la révision sur les déductions relatives à l'acquisition, la constitution, la transformation ou à l'amélioration des investissements doit éventuellement être opérée car les T.V.A. qui grèvent la réparation et l'entretien d'un bien d'investissement ainsi que l'acquisition de matériaux, de pièces détachées et de pièces de rechange, destinés à l'entretien et à la réparation d'un bien d'investissement, ne sont pas considérées comme des T.V.A. grevant des biens d'investissement.

Notion de bien d'investissement

En matière de T.V.A. on entend par **bien d'investissement,** d'une part, les acquisitions d'immeubles et travaux immobiliers de construction et d'aménagement d'immeubles et, d'autre part, les biens mobiliers corporels qui ont une valeur unitaire de plus de **1.000,00 € T.V.A. non comprise** destinés à être utilisés durablement comme instrument de travail ou comme moyen d'exploitation (matériel d'exploitation, matériel informatique, mobilier de bureau, véhicule, installation de chauffage, etc.).

Pour la législation T.V.A., ne sont jamais considérés comme des biens d'investissement, le petit matériel, le petit outillage et les fournitures de bureau d'une valeur unitaire inférieure à 1.000,00 € ainsi que les emballages, même s'ils peuvent être réutilisés.

Exemples

- une bibliothèque de 1.100,00 € est un investissement (valeur > 1.000,00 €);
- un bureau de 800,00 € n'est pas un investissement (valeur < 1.000,00 €).

Révision sur une période de 5 ou 15 ans

La période durant laquelle s'opère la révision est de **5 ans** pour le mobilier, l'outillage, les véhicules, le matériel, etc. et de **15 ans** pour la construction ou l'acquisition d'un bâtiment neuf ainsi que l'acquisition d'un droit réel portant sur un bâtiment. La période reste de 5 ans pour la transformation et l'amélioration de bâtiments, à moins que ces travaux ne soient d'une importance telle que l'on se trouve en présence d'un bâtiment neuf.

La période de révision commence à courir le 1er janvier de l'année au cours de laquelle le droit à déduction a pris naissance ou de l'année de mise en service du bien d'investissement. L'année d'acquisition compte pour une année entière et l'année de la révision est négligée.

Exemple

Une entreprise d'import/export a fait construire un immeuble destiné à ses bureaux. La construction s'est échelonnée sur les années 2004 et 2005.

La période de révision est en gris clair :
T.V.A. déduites en **2004** : 02 / 03 / 04 / 05 / 06 / 07 / 08 / 09 / 10 / 11 / 12 / 13 /14/15/16/17/18/
T.V.A. déduites en **2005** : 03 / 04 / 05 / 06 / 07 / 08 / 09 / 10 / 11 / 12 / 13 / 14 /15/16/17/18/19/

L'entreprise a modifié son activité le 1er mars 2016 et une révision de la déduction doit être opérée.

La révision à effectuer en 2016 est en gris foncé :
3/15 des T.V.A. déduites en **2004**: 04 / 45 / 06 / 07 / 08 / 09 / 10 / 11 / 12 / 13 / 14/15/16/17/18/
4/15 des T.V.A. déduites en **2005** : 05 / 06 / 07 / 08 / 09 / 10 / 11 / 12 / 13 / 14 /15/16/17/18/19/

Aucune révision ne doit être pratiquée lorsque l'assujetti établit que l'investissement a fait l'objet d'une vente (avec T.V.A. ou exemptée de la T.V.A.), d'un prélèvement (taxé), qu'il a disparu par destruction ou vol ou encore qu'il a été cédé lors de la cession d'une universalité de biens ou d'une partie autonome d'une entreprise [3.3.].

Différence entre révision et prélèvement

La révision est souvent confondue avec le prélèvement [3.5.].
Pour simplifier au maximum la différence qui existe entre révision et prélèvement, disons que lorsqu'un bien quitte le domaine économique pour rentrer dans le domaine privé c'est le prélèvement qui doit s'opérer (mais on peut aussi prélever pour investir…). Par contre si le bien quitte le domaine économique **soumis à la T.V.A.** mais reste dans un domaine économique **non soumis à la T.V.A.** (par exemple le passage au régime de la franchise), c'est la révision qui doit s'opérer.

Le prélèvement comme la révision sont des corrections d'une T.V.A. antérieurement déduite, ce qui signifie qu'un bien n'est pas soumis à révision ou prélèvement lorsqu'il a été acquis sans T.V.A. (à un particulier, un assujetti exonéré etc.) ou lorsque aucune T.V.A. n'a pu être déduite (véhicule acheté au régime de la marge).

Le tableau ci-après indique les différences essentielles entre ces deux opérations :

Le prélèvement	La révision
Est assimilé à une livraison de bien ou à une prestation de services	Simple correction d'une T.V.A. initialement déduite
Se calcule sur la valeur du bien ou du service au moment du prélèvement, compte tenu éventuellement d'une dépréciation de sa valeur.	S'opère (en une fois) en $1/5^{ème}$ ou en $1/15^{ème}$ de la T.V.A. déduite.
Pas de limitation dans le temps	Limitée dans le temps
Intervient lors d'un changement d'affectation total	Intervient lors d'un changement d'affectation partiel (sauf immeubles)
La taxe est toujours due à l'Etat	La taxe peut être due à l'Etat ou par l'Etat
Rédaction d'un document et inscription en grilles 01 à 03 et 54 de la déclaration	Inscription en grille 61/62 de la déclaration
Le prélèvement s'applique aussi bien aux investissements qu'au petit matériel et au stock de marchandise (à moins qu'ils n'aient été vendus, volés ou détruits).	La révision ne concerne que les biens d'investissement toujours atteints par la période de révision de 5 ou 15 ans (à moins qu'ils n'aient été vendus, volés ou détruits).
Le prélèvement prime toujours sur la révision	

Exemples de prélèvement

- Une esthéticienne cesse ses activités et conserve pour son usage privé le stock de produits restants d'un prix d'achat de 625,00 € mais, compte tenu des produits périmés, d'une valeur réelle de 584,00 €.
  T.V.A. due : 584,00 au taux de 21% = 122,64 €

- Un négociant en matériel informatique sélectionne dans son stock une imprimante pour son fils. Le prix de revient de l'imprimante est de 210,00 €.
  T.V.A. due : 210,00 au taux de 21% = 44,10 €

Exemples de révision

- Une société en liquidation opte le 1/4/2018 pour le régime de la franchise. Elle possède une camionnette acquise le 15/9/2014 pour 47.500,00 € et 9.975,00 € de T.V.A. déduite.
  Révision de la déduction : 9.975,00 x 1/5 = 1.995,00 €

- Un géomètre également courtier en assurances cesse ses activités de géomètre le 1er avril 2018. Du mobilier de bureau avait été acquis en 2017 pour 5.746,00 € et du matériel informatique en 2015 pour un montant de 3.884,00 €.
  T.V.A. déduite sous le régime de l'assujettissement mixte :
  → en 2017 : 760,20 € - Révision : 760,20 x 4/5 = 608,16 €
  → en 2015 : 587,26 € - Révision : 587,26 x 2/5 = 234,90 €

12.7.2. Déclaration périodique à la T.V.A.

Inscription dans la déclaration périodique à la T.V.A. :
Prélèvement :

Base imposable :	Grille 01 02 03
T.V.A. à payer	Grille 54

Révision :

T.V.A. à régulariser	Grille 61 ou 62

12.8. Délais de la déduction

La déduction ne doit pas obligatoirement être opérée dès l'achat. Il existe une période durant laquelle la déduction reste autorisée et au-delà de laquelle elle ne devient plus possible. C'est ce qu'on appelle la **prescription** de la déduction.

La déduction est exercée globalement par imputation sur les taxes dues. Si le droit à déduction n'a pas été exercé durant la période durant laquelle le droit à déduction a pris naissance, il peut encore être exercé dans un certain délai.

La déduction d'une T.V.A. peut s'opérer **jusque dans une déclaration à déposer avant la fin de la 3ème année civile qui suit l'année au cours de laquelle le droit à déduction a pris naissance.**

Exemple

La T.V.A. sur une facture du 15/7/2018 peut être déduite jusqu'au 31/12/2021 soit au plus tard dans la déclaration T.V.A. du 3ème trimestre 2021 ou du mois de novembre 2021.

12.9. Déclaration périodique à la T.V.A.

Inscription dans la déclaration périodique à la T.V.A. :

T.V.A. déductible (total)	Grille 59
T.V.A. non déductible privée	_ [1]
T.V.A. non déductible économique	Grille 82 ou 83[2]
Régularisation du prorata de déduction en faveur de l'Etat	Grille 61
Régularisation du prorata de déduction en faveur de l'assujetti	Grille 62
Révision de la déduction en faveur de l'Etat	Grille 61
Révision de la déduction en faveur de l'assujetti	Grille 62

(1) La T.V.A. privée ne doit pas figurer dans la déclaration périodique à la T.V.A.
(2) Selon qu'il s'agit de frais généraux (82) ou d'un investissement (83)

13. Les restitutions de T.V.A.

En dehors du jeu habituel de la déduction de la T.V.A. qui s'opère par la comptabilisation des opérations et le report dans la déclaration périodique à la T.V.A., il existe plusieurs autres possibilités de restitution de la T.V.A. en faveur de personnes assujetties et même non assujetties.

13.1. Références légales

Code T.V.A. : Art. 75 à 83.
A.R. n° 2, 4, 8, 14, 19, 21, 22, 24, 31 & 48.

13.2. Restitutions des crédits d'impôts

Une des restitutions les plus courantes et rémanentes est le remboursement des crédits d'impôt T.V.A. aux assujettis avec droit à déduction.

13.2.1. Notion de «crédit d'impôt»

On appelle **crédit d'impôt** *un solde de T.V.A. en faveur de l'assujetti*. Ce crédit restituable s'apprécie au départ du montant de la grille 72 de la déclaration périodique à la T.V.A. auquel viennent s'ajouter ou s'imputer d'éventuelles applications d'amendes et/ou d'intérêts, l'acompte du mois de décembre ou des soldes débiteurs ou créditeurs antérieurs.

Exemples

Assujetti mensuel
Solde de la déclaration du mois de juillet : dû à l'Etat (grille 71) :	+ 714,00 €
Solde de la déclaration du mois d'août : dû par l'Etat (grille 72) :	- 833,00 €
Solde de la déclaration du mois de septembre : dû par l'Etat (grille 72) :	- 1.617,00 €
Solde antérieur (avril mai juin) non remboursé :	- 434,00 €
A rembourser (crédit d'impôt) :	**- 2.170,00 €**

Ce crédit sera remboursé puisque supérieur à 1.485,00 € (13.2.2.).

Assujetti trimestriel
Solde de la déclaration du 3ème trimestre : dû à l'Etat (grille 71) :	+ 1.214,00 €
Solde antérieur du 2ème trimestre non encore payé :	+ 136,00 €
Acompte volontaire versé le 17 août :	- 916,00 €
Acompte volontaire versé le 18 septembre :	- 916,00 €
A rembourser (crédit d'impôt) :	**- 482,00 €**

Ce crédit ne sera pas remboursé, il sera reporté puisque inférieur à 615,00 € (13.2.2.).

Les crédits d'impôt sont généralement remboursés tous les trimestres mais des entreprises dont une partie du chiffre d'affaires est exempté peuvent bénéficier de remboursements mensuels [5.5. & 13.2.3.].

13.2.2. Conditions du remboursement <u>trimestriel</u> d'un crédit d'impôt

Cinq conditions doivent être impérativement remplies pour obtenir le remboursement effectif d'un crédit d'impôt T.V.A. A défaut d'une, le crédit n'est pas remboursable et reporté à la période suivante.

1ère condition : Crédit d'impôt minimum
Le crédit d'impôt doit atteindre un minimum de 1.485,00 € (déclarations mensuelles) et 615,00 € (déclarations trimestrielles). En fin d'année (4ème trimestre civil ou mois de décembre) il doit atteindre 245,00 € pour les deux catégories de déposants.

2ème condition : Communiquer un numéro de compte financier
Les remboursements sont effectués directement sur les comptes financiers des assujettis bénéficiaires. Le mandat bancaire antérieurement exigé n'est plus nécessaire.

3ème condition : Demande de restitution
L'assujetti doit manifester sa volonté de se voir rembourser le crédit d'impôt en cochant la rubrique «Demande de restitution» au cadre I de sa déclaration périodique à la T.V.A.

4ème condition : Etre en ordre de dépôt des déclarations
L'assujetti doit avoir déposé toutes ses déclarations T.V.A. dans les délais requis.

5ème condition : Etre en ordre de paiement
L'assujetti doit être en ordre de paiement vis-à-vis de l'administration fiscale. Les dettes certaines auprès du receveur de la T.V.A. ou des Contributions directes peuvent être prélevées sur les crédits d'impôt.

13.2.3. Conditions du remboursement <u>mensuel</u> d'un crédit d'impôt

1ère condition
Avoir réalisé l'année qui précède un chiffre d'affaires exempté de T.V.A. pour au moins 30% du chiffre d'affaires total.

Le pourcentage du chiffre d'affaires exempté s'apprécie au regard :
- de la grille 01 (certaines opérations immobilières effectuées au taux de 6% [11.5.]);
- de la grille 44 (services pour lesquels la T.V.A. étrangère est due par le cocontractant [7bis.2.1.];
- de la grille 45 (opérations «cocontractant» [11.6.]);
- de la grille 46 (livraisons intracommunautaires [7.2.]);
- de la grille 47 (exportations hors de l'Union européenne [5.26.]) et certaines opérations réputées se situer à l'étranger.

2ème condition
Avoir eu un crédit d'impôt total d'au moins 12.000,00 € [36] durant l'année qui précède.

---

[36] Précédemment 12.390,00 €.

3ème condition
Avoir un crédit d'impôt mensuel restituable d'au moins 245,00 €.

4ème condition
Obtenir auprès de l'Inspecteur principal compétent une autorisation écrite (renouvelée automatiquement chaque année si les conditions de base restent remplies). Le fait de cocher la rubrique «Demande de restitution» implique que l'assujetti continue à remplir les conditions.

5ème condition
Etre un assujetti soumis au régime de dépôt de déclarations mensuelles.

6ème condition
Remplir les autres conditions de remboursement d'un crédit d'impôt [13.2.2.].

13.3. Restitutions de T.V.A. aux assujettis agriculteurs

Les agriculteurs soumis au régime du forfait agricole qui, rappelons-le, sont des assujettis qui ne déposent pas de déclaration périodique à la T.V.A. et ne peuvent déduire la T.V.A., obtiennent la restitution de la T.V.A. par un système de remboursement forfaitaire [2.2.4.].

13.4. Restitutions de T.V.A. aux assujettis occasionnels

Les personnes qui deviennent occasionnellement des assujettis pour une opération bien déterminée (comme la cession d'un immeuble neuf ou la vente d'un véhicule neuf dans l'U.E.) peuvent obtenir la déduction des taxes qui ont grevé l'acquisition du bien cédé [2.2.8 & 2.2.9.].

13.5. Restitutions de T.V.A. aux assujettis étrangers

L'assujetti étranger est la personne physique ou morale qui effectue des opérations soumises à la T.V.A. en Belgique alors qu'il n'est pas pour autant établi dans notre pays [2.2.7.].
Lorsqu'un assujetti étranger supporte de la T.V.A. belge, il peut en obtenir le remboursement.

Plusieurs possibilités s'offrent à lui.

13.5.1. Établissement stable

L'assujetti étranger peut créer un **établissement stable** en Belgique. Il possède alors son propre numéro d'identification à la T.V.A. et dépose ses propres déclarations périodiques à la T.V.A. par l'intermédiaire desquelles la T.V.A. est récupérée. Cette solution est généralement choisie lorsque les opérations en Belgique sont fréquentes.

13.5.2. Représentant responsable

L'assujetti étranger peut aussi faire agréer en Belgique un **représentant responsable**, intermédiaire qui acquitte et récupère les T.V.A. pour son compte. Cette solution est appliquée à défaut d'établissement stable dans notre pays. L'agrément d'un représentant responsable est obligatoire pour les assujettis établis en dehors de l'U.E.

13.5.3. Bureau des assujettis étrangers

Les assujettis étrangers sans établissement stable en Belgique peuvent réaliser des opérations imposables dans notre pays sans recourir à l'agrément d'un représentant responsable lorsqu'ils justifient être déjà titulaires d'un numéro d'identification à la T.V.A. dans un autre État membre de l'U.E.

Pour la perception de la T.V.A. due sur les opérations à la sortie et la déduction des taxes belges grevant leurs opérations à l'entrée, il faut opérer les distinctions suivantes :

- La clientèle belge se compose exclusivement d'assujettis déposant des déclarations périodiques à la T.V.A. en Belgique : La T.V.A. dont le client belge est redevable sur les opérations à la sortie réalisées par l'assujetti étranger fait l'objet d'une autoliquidation.
  C'est donc le client belge qui paye et déduit la T.V.A., comme cela est prévu pour les opérations immobilières « cocontractant » ou les acquisitions intracommunautaires (11.6. & 6.3.).
  Aucun numéro d'identification à la T.V.A. n'est alors attribué à l'assujetti étranger, lequel doit introduire une demande en restitution auprès de sa propre administration en vue de se faire rembourser la T.V.A. étrangère [37].

- La clientèle se compose d'autres personnes, en tout ou en partie (assujettis sans droit à déduction, non assujettis, particuliers, etc.). Un numéro d'identification à la T.V.A. belge est alors attribué à l'assujetti étranger qui reste redevable de la T.V.A.
  A cet effet, il dépose des déclarations périodiques en Belgique pour le paiement et la déduction des T.V.A. belges.

13.5.4. T.V.A. étrangères

Des assujettis belges peuvent être amenés à supporter des T.V.A. étrangères à l'occasion de dépenses dans d'autres pays de l'U.E. que la Belgique comme, par exemple, des frais de carburant ou de réparations de véhicules.

Bien qu'elles ne puissent être reprises dans la déclaration à la T.V.A. belge, ces T.V.A. étrangères n'en restent pas moins récupérables.

Une procédure électronique de remboursement de la T.V.A.[38] a été mise en place et imposée à tous les Etats membres.
La période de remboursement ne peut être supérieure à une année civile ni inférieure à 3 mois. Les demandes annuelles doivent atteindre au moins 400,00 € (3 mois à 1 an)

---

[37] Nouvelles dispositions au 1/1/2010.
[38] Directive 2008/9/CE du Conseil du 12/2/2008.

ou 50,00 € (1 an) et être introduites via le site Internet de l'Etat membre d'établissement au plus tard le 30/9 de l'année qui suit l'année où les T.V.A. ont été supportées.

La demande est analysée par l'Etat membre d'établissement avant d'être envoyée à l'Etat membre de remboursement qui peut demander des renseignements complémentaires et des copies de facture (montant minimum 250,00 € (carburant) et 1.000,00 € (autres).

La décision de rembourser ou non doit être prise par l'Etat de remboursement dans les 4 mois de la demande (jusque 8 mois si demande de renseignements). Le remboursement doit intervenir dans les 10 jours de l'acceptation.

13.6. Restitutions de T.V.A. suite à un paiement indu

La T.V.A. est restituée à due concurrence lorsqu'elle est supérieure à celle légalement due. Ces restitutions résultent par exemple d'erreurs commises dans la déclaration périodique à la T.V.A. (erreur de calcul, erreur de report...), lors de la facturation (erreur de taux, base d'imposition trop élevée...) ou lors de perceptions de T.V.A. sur des opérations non soumises.

La restitution a lieu également en cas de survenance d'un événement ultérieur qui modifie la base d'imposition (révision du prix, etc.).

13.7. Restitutions de T.V.A. suite à un rabais de prix

La T.V.A. est restituée sur les rabais de prix consentis au client après la date où la taxe est due, quelles que soient les causes de la réduction de prix accordée (convenances commerciales, ristournes de fin d'année, non conformité de la marchandise à la commande, etc.).

Rappelons que les ristournes et rabais acquis au moment où la taxe est due sont exclus de la base d'imposition lors de la facturation [10.2.5.].

13.8. Restitutions de T.V.A. suite à un renvoi d'emballage

L'État restitue la T.V.A. créditée par un fournisseur à son client pour le renvoi d'emballages qui ont servi au transport de biens fournis, mais uniquement si au moment de la livraison, le client n'a pas la faculté de renvoyer ces emballages; il s'agirait dans ce cas d'emballages cautionnés qui ne doivent pas être repris dans la base d'imposition de la T.V.A. [10.2.9.].

13.9. Restitutions de T.V.A. suite à la résiliation d'une convention

La restitution de la T.V.A. est accordée lorsqu'une convention est résiliée avant la livraison du bien ou l'exécution du service, mais après que la T.V.A. soit devenue exigible chez le fournisseur du bien ou le prestataire du service suite à une facturation, un encaissement ou un décompte.

13.10. Restitutions de T.V.A. suite à la reprise d'un bien dans les 6 mois

Lorsqu'un bien est repris dans les six mois de sa livraison l'acheteur a la possibilité de récupérer la T.V.A. payée lors de l'acquisition du bien. Cette règle s'applique à tous les biens mais à certaines conditions :
- la reprise doit avoir lieu dans les six mois de la livraison initiale;
- la reprise doit être faite par le vendeur initial;
- la reprise doit avoir lieu pour le même prix.

Cette dernière condition est bien entendu la plus contraignante. Il est même improbable qu'un vendeur reprenne un bien pour le même prix alors qu'il a été utilisé durant une période pouvant aller jusqu'à six mois.

Rien n'empêche le vendeur de respecter cette dernière condition en réclamant à son client une indemnité correspondant à son usure. Cette indemnité ne pourra toutefois pas dépasser le montant du bénéfice réalisé par le vendeur sur l'opération initiale.

La restitution de la T.V.A. initiale est postulée par le vendeur en grille 64 de sa déclaration périodique à la T.V.A. Il la rembourse ensuite à l'acheteur.

13.11. Restitutions de T.V.A. suite à une perte de créance

L'assujetti peut récupérer la T.V.A. versée à l'Etat sur une livraison de biens ou une prestation de services que son client ne lui a pas acquittée. Deux cas peuvent se présenter.

13.11.1. Faillite

Un créancier peut exercer son droit à la restitution de la T.V.A. perçue sur les créances perdues à partir de la date du jugement déclaratif de la faillite. Il ne doit pas attendre la clôture de faillite. Aucune attestation du curateur n'est exigée.

L'action en restitution prend naissance :
- en cas de **faillite**, à la date du jugement déclaratif de faillite (aucune attestation du curateur n'est requise);
- en cas de procédure de redressement judiciaire, à la date du sursis définitif, en ce qui concerne les créances dont l'abattement est acté dans le plan de redressement.

13.11.2. Créance impayée

Si la créance n'a pas été recouvrée suite à la négligence ou à l'insolvabilité du débiteur (donc en dehors du cadre d'une faillite ou d'un d'une procédure de redressement judiciaire) la preuve doit être présentée à l'administration fiscale que tous les moyens ont été mis en œuvre pour le recouvrement de la créance (envoi recommandé, intervention d'un avocat, factoring…).

Ces régularisations en faveur de l'assujetti s'opèrent en grille 62 de la déclaration périodique à la T.V.A.

13.12. Restitutions de T.V.A. à certaines personnes handicapées

Les personnes qui ont un handicap grave bénéficient de certaines faveurs en matière fiscale et notamment le remboursement intégral de la T.V.A. payée lors de l'acquisition d'un véhicule neuf ou d'occasion. Ce remboursement a lieu en plusieurs phases :

1. Demande à l'administration fiscale d'une autorisation de se faire appliquer le taux réduit de 6% lors de l'achat.
2. Sur base de cette autorisation, achat du véhicule au taux réduit de 6%.
3. Introduction de la demande de restitution et vérification du dossier par l'administration.
4. Remboursement par l'administration fiscale des 6% de T.V.A. appliqués lors de l'achat.

Ces mêmes personnes bénéficient du taux réduit (non remboursé) de 6% au lieu de 21% lors des frais de réparation, d'entretien, etc. relatifs à leur véhicule automobile.

DEUXIÈME PARTIE

LES OBLIGATIONS

D'un abord plus pratique et plus concret, l'étude des obligations n'en est pas moins indispensable.

La connaissance de la T.V.A. ne peut se limiter à une étude théorique des situations rencontrées dans la vie économique, elle doit être complétée par une approche précise des contraintes administratives dont le point d'orgue est la déclaration périodique à la T.V.A., lien essentiel entre l'assujetti et le «Service Public Fédéral – FINANCES» et en particulier son administration fiscale.

14. Formalités administratives des assujettis

Comme dans bien des cas, un certain nombre de formalités administratives doivent être accomplies lorsque l'on devient un assujetti à la T.V.A.

14.1. Identification à la T.V.A.

14.1.1. Attribution d'un numéro d'identification à la T.V.A.

Lorsqu'une personne physique ou morale envisage de développer des activités soumises à la T.V.A., elle se présente à un «guichet d'entreprise» de son choix où il lui est attribué par la «Banque-Carrefour des Entreprises [39]» un **numéro d'entreprise** composé, en Belgique, de 10 chiffres précédés des deux lettres «BE». Le premier chiffre est toujours un 0.

Ce numéro doit ensuite être activé à l'office de contrôle de la T.V.A. dans le ressort duquel est situé le domicile de l'assujetti-personne physique ou le siège administratif de l'assujettie-personne morale (lieu où est situé le centre de décision et la comptabilité).

Dans les autres pays de l'U.E. les identifications se présentent comme suit :

\multicolumn{2}{c}{Numéro d'identification de T.V.A. dans chaque Etat membre}	
Allemagne	DE + 9 caractères numériques
Autriche	AT + 8 caractères numériques et alphanumériques
Belgique	BE 0 + 9 caractères numériques
Bulgarie	BG + 9 ou 10 caractères numériques
Chypre	CY + 8 caractères numériques + 1 caractère alphabétique
Croatie	HR + 11 caractères numériques
Danemark	DK + 8 caractères numériques
Espagne	ES + 9 caractères numériques
Estonie	EE + 9 caractères numériques
Finlande	FI + 8 caractères numériques
France	FR + 1 bloc de 2 caractères + 1 bloc de 9 chiffres
Grèce	EL + 9 caractères numériques
Hongrie	HU + 8 caractères numériques
Irlande	IE + 8 caractères numériques et alphabétiques
Italie	IT + 11 caractères numériques
Lettonie	LV + 11 caractères numériques
Lituanie	LT + 9 ou 12 caractères numériques
Luxembourg	LU + 8 caractères numériques
Malte	MT + 8 caractères numériques

---

[39] La Banque-Carrefour des Entreprises (BCE) est une base de données du SPF Economie qui reprend toutes les données de base des entreprises et de leurs unités d'établissement.

Pays-Bas	NL + 12 caractères alphanumériques dont une lettre
Pologne	PL + 10 caractères numériques
Portugal	PT + 9 caractères numériques
Roumanie	RO + 9 caractères numériques
Royaume-Uni	*GB + 9 caractères numériques*
Slovaquie	SK + 10 caractères numériques
Slovénie	SI + 8 caractères numériques
Suède	SE + 12 caractères numériques
Tchéquie	CZ + 8 ou 9 ou 10 caractères numériques

14.1.2. Compte courant T.V.A.

L'activation d'un numéro d'identification à la T.V.A. a pour effet d'ouvrir un **compte courant T.V.A.** dans lequel toutes les opérations de l'assujetti tenu de déposer des déclarations périodiques à la T.V.A. sont consignées : le solde des déclarations déposées, le paiement d'éventuels acomptes, de l'acompte de décembre [14.8.], les éventuels intérêts de retard, les amendes de dépôt ou de paiement tardifs, etc.
C'est le solde trimestriel de ce compte courant qui dégage soit un **crédit d'impôt** [13.2.1.], soit un **solde dû** par l'assujetti à l'Etat.

L'absence de dépôt d'une ou plusieurs déclarations ou l'absence de paiement des taxes dues peut provoquer une remise à zéro du compte courant avec création d'un **compte spécial** géré séparément par le Receveur de la T.V.A.

14.2. Déclaration d'activité

Une **déclaration de commencement d'activité** doit être souscrite par un nouvel assujetti. Par la suite, une **déclaration de modification d'activité** (changement de nom, de dénomination sociale, d'adresse, d'activité…) peut éventuellement être faite de même qu'une **déclaration de cessation d'activité** lorsque cessent toutes opérations soumises à la T.V.A. Des amendes sont prévues en cas de manquement.

14.3. Compte bancaire

Le nouvel assujetti est invité à communiquer le numéro de compte de l'organisme financier de son choix afin de recevoir les éventuels crédits d'impôt en sa faveur. Aucun remboursement n'est effectué par une autre voie que le virement sur un compte financier.

14.4. Régimes de taxation

L'assujetti est également invité à choisir le **régime de taxation** [15.] adapté à sa situation. Le choix lui est offert entre le régime normal [15.1.] (le plus courant), le régime forfaitaire [15.2.] (réservé à certaines activités bien précises) et le régime de la franchise [2.2.2. & 15.3.] (pour les activités relativement réduites). D'autres régimes plus adaptés à certaines activités sont encore accessibles (agriculteurs [2.2.4. & 15.4.], bateliers, biens d'occasion [15.5.], etc.).

Les régimes de taxation ne doivent pas être confondus avec les régimes de dépôt [14.5.].

14.5. Régimes de dépôt

L'assujetti doit choisir un **régime de dépôt** de ses déclarations périodiques à la T.V.A.

En principe la déclaration périodique à la T.V.A. doit être envoyée mensuellement par voie électronique (Application INTERVAT). Toutefois, un régime d'envoi trimestriel peut être demandé à certaines conditions (il s'agit en réalité de la majorité des assujettis). Que le régime de dépôt soit mensuel ou trimestriel, le formulaire de déclaration à utiliser est identique.

14.5.1. Déclaration mensuelle

Les assujettis dont le chiffre d'affaires annuel dépasse 2.500.000,00 €, T.V.A. non comprise, sont inscrits obligatoirement au **régime de dépôt mensuel** et doivent donc envoyer une déclaration périodique à la T.V.A. chaque mois.

Les assujettis qui effectuent des livraisons intracommunautaires (7.2.) de biens exemptés pour un montant annuel supérieur à 400.000,00 € doivent envoyer des déclarations mensuelles dès le premier mois qui suit le trimestre au cours duquel ce seuil est dépassé.

14.5.2. Déclaration trimestrielle

Les assujettis dont le chiffre d'affaires annuel n'excède pas 2.500.000,00 €, T.V.A. non comprise, peuvent, s'ils le désirent (et donc s'ils refusent le régime de dépôt mensuel), choisir un **régime de dépôt trimestriel**. Ils sont alors tenus d'acquitter un acompte au mois de décembre (14.8.2.).
Ce montant est toutefois ramené à 250.000,00 € pour les entreprises qui vendent des produits énergétiques, des appareils de téléphonie mobile, des ordinateurs et leurs périphériques, accessoires et composants ainsi que des véhicules terrestres immatriculés.

Tout changement de régime de dépôt doit être communiqué par écrit à l'office de contrôle de la T.V.A. avant le 1er décembre de l'année qui précède la date de ce changement.

14.6. Modalités et délais de dépôt de la déclaration périodique à la T.V.A.

Mensuelles ou trimestrielles, les déclarations périodiques à la T.V.A. doivent être envoyées dans des délais très stricts par voie électronique (Application INTERVAT).

Abstraction faite de ce qui est dit à l'alinéa suivant, la déclaration doit être envoyée **au plus tard le 20ème jour ouvrable du mois qui suit** la période couverte par la déclaration (par exemple, la déclaration du mois d'octobre doit être déposée au plus tard le 20 novembre, celle du 3ème trimestre, au plus tard le 20 octobre).

Durant la période des vacances, le délai d'envoi de la déclaration périodique à la T.V.A. de juin est reporté du 20 juillet au 10 août; celui de la déclaration périodique à la T.V.A. de juillet est reporté du 20 août au 10 septembre et celui de la déclaration périodique à la T.V.A. du 2ème trimestre est reporté du 20 juillet au 10 août.

Si les dates des échéances indiquées ci-avant coïncident avec un samedi, un dimanche ou un jour férié légal, le délai est reporté au premier jour ouvrable qui suit.

14.7. Délais de paiement de la T.V.A.

La taxe due, résultant de la déclaration, doit être versée dans le même délai que celui prévu pour le dépôt des déclarations, au moyen des formules de paiement fournies par l'administration. Le paiement [40] doit être inscrit dans le compte courant avec une date d'effet qui ne peut dépasser le 20ème jour ouvrable du mois.

Même en période de vacances, et malgré le report du délai de dépôt, les assujettis restent tenus de verser la T.V.A. aux échéances normales, c'est-à-dire au plus tard le 20 juillet et le 20 août.

Les intérêts ne sont pas annulés dans les comptes courants si la grille 71 dépasse 125.000,00 €.

14.7.1. Intérêts de retard

L'Etat débite le compte courant T.V.A. d'un assujetti d'un intérêt de 0,8% par mois de retard de paiement, tout mois commencé étant compté pour un mois entier. Par exemple, un paiement de 5.817,00 € inscrit avec date d'effet au 21 du mois (au lieu du 20) provoque un calcul d'intérêt automatique de 46,48 € par mois (5.810,00 x 0.8%).

La prudence exige dès lors d'effectuer les paiements avec une marge de sécurité suffisante.

Si la date des échéances indiquées ci-avant est un samedi, un dimanche ou un jour férié légal, elle est reportée au premier jour ouvrable qui suit.

14.8. Acomptes T.V.A.

14.8.1. Assujetti mensuel

L'assujetti qui envoie des déclarations périodiques mensuelles à la T.V.A. est tenu de verser un acompte (récupérable le mois suivant) égal à la taxe effectivement due sur les opérations réalisées durant la période du 1er au 20 décembre inclus de l'année concernée.

Par taxe due, on entend le total des T.V.A. dues (sur les sorties) diminué du total des T.V.A. déductibles (sur les entrées), ce qui revient à calculer le solde T.V.A. anticipativement au 20 décembre (sorte de grille 71 virtuelle).

---

[40] Au compte «T.V.A.-recettes Bruxelles» - C.C.P. n° 679-2003000-47.

L'assujetti mensuel doit acquitter cet acompte ainsi déterminé pour le 24 décembre au plus tard et conserver dans sa comptabilité une annexe expliquant le calcul effectué.

Cependant, l'assujetti mensuel qui ne souhaite pas calculer l'acompte selon cette méthode peut choisir de verser pour le 24 décembre au plus tard un acompte égal au montant de la taxe due pour les opérations du mois de **novembre** de l'année civile en cours.

Exemple

La déclaration des opérations du mois de novembre (déposée pour le 20 décembre au plus tard) présente un solde débiteur en grille 71 de : 1.619,98 €.

Deux possibilités d'acompte :
- soit verser pour le 24 décembre au plus tard un acompte d'un montant égal à la différence entre les T.V.A. dues et les T.V.A. déductibles entre le 1er et le 20 décembre;
- soit verser pour le 24 décembre au plus tard un acompte de 1.619,98 €.

14.8.2. Assujetti trimestriel

L'obligation de versement d'acomptes trimestriels a été supprimée à partir du 2ème trimestre 2017 au profit d'un acompte à verser au plus tard le 24/12, égal au solde de la T.V.A. due du 4ème trimestre (grille 71).

Par taxe due, on entend le total des T.V.A. dues (sur les sorties) diminué du total des T.V.A. déductibles (sur les entrées) pour la période du 1/10 au 20/12 inclus, ce qui revient à calculer le solde T.V.A. anticipativement au 20 décembre (sorte de grille 71 virtuelle).

Cependant, l'assujetti trimestriel qui ne souhaite pas calculer l'acompte selon cette méthode peut choisir de verser pour le 24 décembre au plus tard un acompte égal au montant de la taxe due pour les opérations du 3ème trimestre de l'année civile en cours.

Exemple

La déclaration du 3ème trimestre (déposée pour le 20/10 au plus tard) accuse un solde dû de 3.327,00 € (grille 71).

Deux possibilités d'acompte :
- soit verser pour le 24 décembre au plus tard un acompte d'un montant égal à la différence entre les T.V.A. dues et les T.V.A. déductibles entre le 1er octobre et le 20 décembre;
- soit verser pour le 24 décembre au plus tard un acompte de 3.327,00 €.

C'est ce qu'on appelle «**l'acompte de décembre**».

Rappelons qu'il s'agit ici d'un acompte récupérable le mois suivant, c'est-à-dire dans la déclaration des opérations du mois de **décembre** à déposer pour le 20 janvier suivant au plus tard.

On aura compris que le choix de la grille 71 s'avère le plus intéressant lorsque celle-ci est inférieure au calcul de la balance des T.V.A. dues et, à fortiori, lorsque la déclaration du 3e trimestre ou du mois de novembre était « NEANT ».

Calendrier T.V.A.

Dates limites	Formalités à accomplir
20 janvier	Envoi de la déclaration du mois de décembre de l'année précédente. Envoi de la déclaration du 4ème trimestre de l'année précédente. Envoi du relevé trimestriel à la T.V.A. des opérations intracommunautaires (du 4ème trimestre de l'année précédente). Envoi du relevé mensuel à la T.V.A. des opérations intracommunautaires (du mois de décembre de l'année précédente). Paiement du solde débiteur de la déclaration de décembre de l'année précédente. Paiement du solde débiteur de la déclaration du 4ème trimestre de l'année précédente.
20 février	Envoi de la déclaration du mois de janvier. Envoi du relevé mensuel à la T.V.A. des opérations intracommunautaires (du mois de janvier). Paiement du solde débiteur de la déclaration du mois de janvier.
20 mars	Envoi de la déclaration du mois de février. Envoi du relevé mensuel à la T.V.A. des opérations intracommunautaires (du mois de février). Paiement du solde débiteur de la déclaration du mois de février.
31 mars	Envoi de la liste des clients assujettis relative à l'année précédente (souvent reporté au 30/4).
20 avril	Envoi de la déclaration du mois de mars. Envoi de la déclaration du 1er trimestre. Envoi du relevé trimestriel à la T.V.A. des opérations intracommunautaires (du 1er trimestre). Envoi du relevé mensuel à la T.V.A. des opérations intracommunautaires (du mois de mars). Paiement du solde débiteur de la déclaration du mois de mars. Paiement du solde débiteur de la déclaration du 1er trimestre. Fixation du prorata définitif de déduction.
20 mai	Envoi de la déclaration du mois d'avril. Envoi du relevé mensuel à la T.V.A. des opérations intracommunautaires (du mois d'avril). Paiement du solde débiteur de la déclaration du mois d'avril.
20 juin	Envoi de la déclaration du mois de mai. Envoi du relevé mensuel à la T.V.A. des opérations intracommunautaires (du mois de mai). Paiement du solde débiteur de la déclaration du mois de mai.
20 juillet	Envoi de la déclaration du mois de juin (10 août). Envoi de la déclaration du 2ème trimestre. Envoi du relevé trimestriel à la T.V.A. des opérations intracommunautaires (du 2ème trimestre). Envoi du relevé mensuel à la T.V.A. des opérations intracommunautaires (du mois de juin). Paiement du solde débiteur de la déclaration du mois de juin. Paiement du solde débiteur de la déclaration du 2ème trimestre.

20 août	Envoi de la déclaration du mois de juillet (10 septembre).
	Envoi du relevé mensuel à la T.V.A. des opérations intracommunautaires (du mois de juillet).
	Paiement du solde débiteur de la déclaration du mois de juillet.
20 septembre	Envoi de la déclaration du mois d'août.
	Envoi du relevé mensuel à la T.V.A. des opérations intracommunautaires (du mois d'août).
	Paiement du solde débiteur de la déclaration du mois d'août.
20 octobre	Envoi de la déclaration du mois de septembre.
	Envoi du relevé trimestriel à la T.V.A. des opérations intracommunautaires (du 3ème trimestre).
	Envoi du relevé mensuel à la T.V.A. des opérations intracommunautaires (du mois de septembre).
	Paiement du solde débiteur de la déclaration du mois de septembre.
	Paiement du solde débiteur de la déclaration du 3ème trimestre.
	Envoi de la déclaration du 3ème trimestre.
20 novembre	Envoi de la déclaration du mois d'octobre.
	Envoi du relevé mensuel à la T.V.A. des opérations intracommunautaires (du mois d'octobre).
	Paiement du solde débiteur de la déclaration du mois d'octobre.
1er décembre	Changement de régime de dépôt.
20 décembre	Envoi de la déclaration du mois de novembre.
	Envoi du relevé mensuel à la T.V.A. des opérations intracommunautaires (du mois de novembre).
	Paiement du solde débiteur de la déclaration du mois de novembre.
	Paiement du second acompte sur le 4ème trimestre.
24 décembre	Paiement de l'acompte de décembre des assujettis mensuels et trimestriels.

15. Les régimes de taxation

Nous avons vu que, lors de son identification à la T.V.A., l'assujetti est invité à choisir un régime de taxation adapté à sa situation (14.4.).

Les T.V.A. dues peuvent varier selon le régime de taxation, d'où la nécessité de bien les choisir et de bien comprendre leur fonctionnement.

15.1. Le régime normal

15.1.1. Références légales

Code T.V.A. : Art. 53.
A.R. n° 1.

15.1.2. Principe

Le régime normal de T.V.A. est un régime de taxation dans lequel le montant des T.V.A. à payer à l'Etat par l'assujetti est uniquement fonction des **ventes** qu'il a réalisées. Plus il y a de ventes, plus la taxe à verser est élevée. La somme des T.V.A. versées est donc égale à la somme des T.V.A. portées en compte au client.

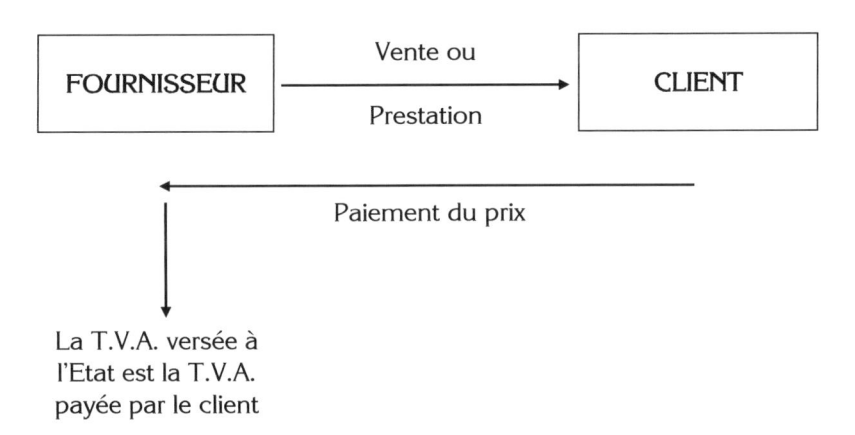

```
                    Vente ou
  FOURNISSEUR  ─────────────────▶   CLIENT
                    Prestation

               ◀─────────────────
                  Paiement du prix

  La T.V.A. versée à
  l'Etat est la T.V.A.
  payée par le client
```

La collecte de ces données suppose la tenue :

- d'un **facturier de sortie** ou **journal des ventes** reprenant les **ventes facturées** que la facture soit imposée par la législation ou simplement exigée par le client;
- d'un **journal de recettes** qui comptabilise au jour le jour les **ventes «comptant»** qui n'ont pas fait l'objet d'une facture parce que la législation prévoit une dispense de facturation dont l'assujetti a souhaité bénéficier ou parce que le client n'a pas souhaité de facture.

15.2. Le régime du forfait

15.2.1. Références légales

Code T.V.A. : Art. 56.
A.R. n° 2.

15.2.2. Principe

Le régime forfaitaire permet de reconstituer «artificiellement» le chiffre d'affaires imposable de l'assujetti, sans qu'il soit nécessaire d'avoir recours au facturier de sorties ou au journal de recettes.

Comme le nom du régime l'indique, le calcul de la T.V.A. à verser au Trésor est **forfaitaire**, le montant des T.V.A. à payer ne correspond plus au montant porté en compte aux clients (comme dans le régime normal) mais est établi en fonction des achats ou de certains autres critères.

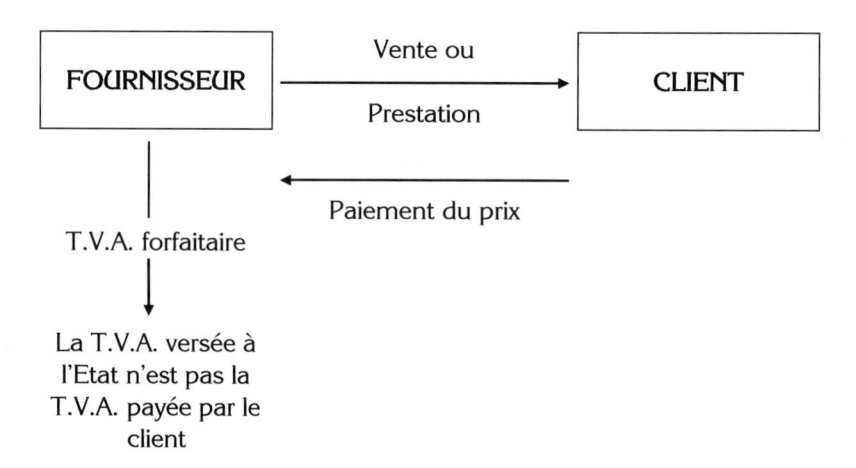

```
                    Vente ou
  FOURNISSEUR  ─────────────────▶   CLIENT
                    Prestation
                ◀─────────────────
         │         Paiement du prix
         │
         ▼
   T.V.A. forfaitaire
         │
         ▼
   La T.V.A. versée à
   l'Etat n'est pas la
   T.V.A. payée par le
        client
```

Ce régime ne s'applique qu'aux petites entreprises qui habituellement ne fournissent des biens ou des services qu'à des particuliers et qui délivrent peu de factures pour leurs opérations.

Un assujetti qui a opté pour le régime forfaitaire conserve bien entendu le droit à la déduction de la T.V.A. et reste soumis aux principales obligations imposées aux assujettis (envoi de déclarations périodiques, paiement de la T.V.A., paiement de l'acompte de décembre, dépôt du listing clients, etc.). Sa comptabilité est allégée puisqu'il est dispensé de la tenue du journal des ventes et du journal des recettes pour toutes ses opérations soumises au forfait.

15.2.3. Activités forfaitaires

Jusqu'au 31/12/2017, l'administration fiscale proposait des bases forfaitaires pour les activités suivantes :

Les détaillants en alimentation générale	forfait n° 1
Les bouchers et charcutiers	forfait n° 2
Les boulangers et boulangers-pâtissiers	forfait n° 3
Les cafetiers (mais pas les restaurateurs)	forfaits n° 4 & 24
Les coiffeurs	forfait n° 5
Les crémiers et laitiers ambulants	forfait n° 6
Les pharmaciens	forfait n° 7
Les médecins avec dépôt de médicaments	forfait n° 8
Les glaciers	forfait n° 9
Les droguistes	forfait n° 10
Les détaillants en gibier et volaille	forfait n° 11
Les marchands de chaussures	forfait n° 12
Les cordonniers	forfait n° 13
Les poissonniers détaillants	forfait n° 14
Les poissonniers ambulants	forfait n° 15
Les friteries	forfait n° 16
Les marchands de textile et d'articles en cuir	forfait n° 17
Les quincailliers	forfait n° 18
Les forains	forfait n° 19
Les marchands de journaux	forfait n° 21
Les libraires	forfait n° 22
Les détaillants en tabacs	forfait n° 23

A partir du 1/1/2018, seules les règlementations forfaitaires suivantes subsistent :

Les détaillants en alimentation générale	forfait n° 1
Les bouchers et charcutiers	forfait n° 2
Les boulangers et boulangers-pâtissiers	forfait n° 3
Les cafetiers (mais pas les restaurateurs)	forfaits n° 4 & 24
Les coiffeurs	forfait n° 5
Les crémiers et laitiers ambulants	forfait n° 6
Les pharmaciens	forfait n° 7
Les glaciers	forfait n° 9
Les cordonniers	forfait n° 13
Les friteries	forfait n° 16
Les marchands de textile et d'articles en cuir	forfait n° 17
Les forains	forfait n° 19
Les marchands de journaux	forfait n° 21

Les autres forfaits sont définitivement supprimés.

15.2.4. Feuille de calcul et coefficients forfaitaires

Chaque année, l'administration fiscale communique aux assujettis concernés les coefficients forfaitaires qu'ils doivent appliquer pour le calcul de leur chiffre d'affaires. Ces coefficients sont revus dès que nécessaire (disponible sur FISCONET +).

Une **feuille de calcul** par secteur d'activité est également disponible sur « FISCONET + » ou fournie par les offices de contrôle pour faciliter le calcul du chiffre d'affaires forfaitaire. Elle doit être conservée et présentée à toute réquisition de l'administration.

15.2.5. Conditions d'application du forfait

Pour bénéficier du régime forfaitaire, les conditions suivantes doivent être remplies :
- l'activité doit être exercée dans un secteur d'activité repris au tableau ci-dessus;
- l'assujetti doit être une personne physique ou bien une S.N.C., S.C.S ou une S.P.R.L. Les S.A., S.C.A., A.S.B.L., organismes publics, etc. ne peuvent, en principe, revendiquer ce régime;
- les assujettis au forfait ne peuvent effectuer pour plus de **25%** (parfois 40%) du montant de leur chiffre d'affaires, des opérations pour lesquelles il y a obligation de facturer. Les grossistes et demi grossistes en sont donc exclus;

> Chez un assujetti forfaitaire, si une facture est délivrée pour une vente de marchandises, la T.V.A. sur la vente ne doit pas être déclarée en plus des opérations forfaitaires puisqu'une taxation forfaitaire est déjà intervenue lors de l'achat.

- l'assujetti ne peut avoir réalisé, au cours de l'année précédente, un chiffre d'affaires T.V.A. non comprise supérieur à 750.000,00 €. Il doit aussi être un assujetti trimestriel.

15.2.6. Techniques du calcul forfaitaire

Les techniques appliquées pour le calcul forfaitaire du chiffre d'affaires imposable à la T.V.A. peuvent être classées en trois catégories :
- détermination forfaitaire de **marges bénéficiaires brutes** à ajouter au montant des achats (par exemple, les détaillants en alimentation et en chaussures);
- détermination forfaitaire des **quantités de produits déterminés** vendues par l'assujetti, à multiplier par le prix appliqué par unité (par exemple, les boulangers et cafetiers);
- détermination forfaitaire **sur base du nombre d'heures de travail** et du prix d'une prestation type (par exemple, les coiffeurs et coiffeuses).

15.2.7. Perte du bénéfice du forfait

Lorsqu'un assujetti, soumis au régime du forfait, ne satisfait plus aux conditions imposées pour en bénéficier (notamment en ce qui concerne le plafond du chiffre d'affaires annuel, le pourcentage des activités pour lesquelles il doit délivrer des factures ou les conditions particulières d'application du forfait propre à son secteur d'activité), il doit passer au régime normal à compter du 1er janvier de l'année qui suit celle au cours de laquelle sa situation a été modifiée.

15.2.8. Prélèvement

Les coefficients forfaitaires tiennent compte des prélèvements [3.5.] opérés par l'assujetti au forfait. Les prélèvements privés ne donnent dès lors pas lieu à autre taxation.

15.3. Le régime de la franchise

15.3.1. Références légales

Code T.V.A. : Art. 56, § 2.
A.R. n° 19.
Circulaire AGFISC n° 34/2014.

15.3.2. Principe

Le régime de la franchise est réservé aux assujettis qui exercent une activité réduite qui ne dépasse pas 25.000,00 € de chiffre d'affaires T.V.A. non comprise par an.

Le fonctionnement de ce régime a été abordé dans le cadre de l'étude des catégories d'assujettis [2.2.2.].

15.4. Le régime des exploitants agricoles

15.4.1. Références légales

Code T.V.A. : Art. 57.
A.R. n° 22.

15.4.2. Principe

Le régime forfaitaire agricole (ou régime du forfait agricole) est réservé aux exploitants agricoles qui n'ont pas d'autres activités que l'agriculture, la culture, l'élevage et la sylviculture (la pisciculture, la mytiliculture et l'ostréiculture sont exclues de ce régime).
Le fonctionnement de ce régime a été abordé dans le cadre de l'étude des catégories d'assujettis [2.2.4.].

15.5. Le régime des biens d'occasion

15.5.1. Références légales

Code T.V.A. : Art. 58, § 4.
Circulaire administrative n° 1 & 2/1995.

15.5.2. Principe

Un régime de taxation particulier aux biens d'occasion et adapté aux directives européennes a été instauré. Ce régime de taxation s'applique aux brocanteurs, aux négociants en biens d'occasion, véhicules d'occasion, articles de seconde main, objets d'art et de collection et aux antiquaires.

Ce régime, mieux connu sous le nom de **régime de la marge** est basé sur le principe que tout bien acquis chez une personne (physique ou morale) qui n'a pas pu récupérer la T.V.A. (particulier, assureur, médecin, hôpital, établissement d'enseignement, etc.) a été grevé définitivement de la T.V.A. Les ventes subséquentes, réalisées par des professionnels, peuvent dès lors ne plus être soumises à la T.V.A. sauf dans la mesure où ces ventes génèrent à nouveau un bénéfice; dans ce cas, une T.V.A. reste due sur base de ce bénéfice uniquement (et non plus sur base du prix de vente).

L'étude de ce régime a été abordée dans le cadre des ventes de véhicules d'occasion (9.3.3.).

La parfaite connaissance des catégories d'assujettis s'avère une fois de plus indispensable !

15.6. Changements de régime de taxation

Le passage d'un assujetti du régime normal au régime forfaitaire ou du régime forfaitaire au régime normal (comme, nous l'avons vu, le passage d'un régime avec droit à déduction vers un autre régime (2.2.2.)) implique des régularisations de T.V.A. au niveau des stocks de marchandises.

Un assujetti forfaitaire qui opte pour la taxation au régime normal bénéficie d'une **détaxation de son stock** taxé anticipativement lors de l'acquisition des marchandises qui le composent. Il peut demander la restitution de la T.V.A. sur ce stock «prétaxé» puisque ces mêmes marchandises seront soumises à la T.V.A. lors de leur vente future sous le régime normal.

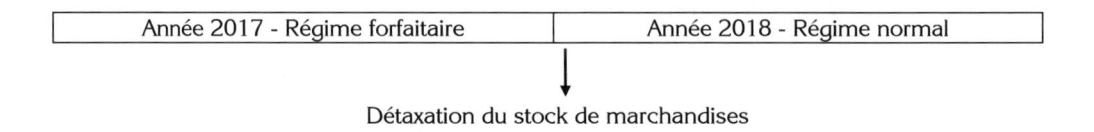

Année 2017 - Régime forfaitaire	Année 2018 - Régime normal

Détaxation du stock de marchandises

A l'inverse, un assujetti soumis au régime normal qui opte pour le régime forfaitaire doit «prétaxer» son stock non taxé lors de son acquisition puisque les marchandises qui le composent ne donneront plus lieu à un paiement de T.V.A. lorsqu'elles seront vendues sous le régime forfaitaire. Cette prétaxation peut être étalée dans le temps.

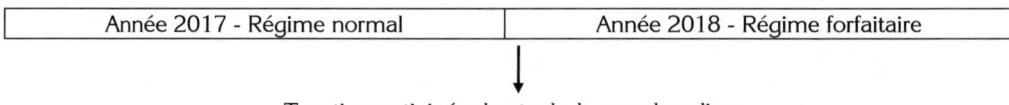

Année 2017 - Régime normal	Année 2018 - Régime forfaitaire

Taxation anticipée du stock de marchandises

Les régularisations peuvent donc intervenir en faveur de l'Etat ou en faveur de l'assujetti selon le sens du changement de régime [41].

---

[41] La circulaire administrative n° 31/1978 traite de ce sujet.

16. La déclaration périodique à la T.V.A.

Réservée aux assujettis avec droit à déduction, la déclaration périodique à la T.V.A. est la synthèse des opérations effectuées par un assujetti durant une période déterminée. Elle est le lien par lequel les données nécessaires au calcul de la T.V.A. et certaines données statistiques sont communiquées à l'administration fiscale.

La connaissance de la législation T.V.A. passe inévitablement par la maîtrise parfaite de la déclaration à la T.V.A.

D'autres déclarations peuvent encore être déposées par les assujettis. Pour distinguer clairement la déclaration T.V.A. d'autres déclarations qui peuvent également être remplies [42], nous l'avons appelée «*Déclaration périodique à la T.V.A.*».

16.1. Références légales

Code T.V.A. : Art. 53.

16.2. Personnes tenues au dépôt de la déclaration périodique à la T.V.A.

Tous les assujettis avec droit à déduction (y compris les assujettis mixtes) doivent envoyer la déclaration périodique à la T.V.A. Par contre, les assujettis franchisés, les assujettis exonérés, les personnes morales non assujetties, les assujettis soumis au régime du forfait agricole (en bref, les assujettis sans droit à déduction) et les particuliers ne sont pas concernés.

> Pourquoi ces derniers assujettis enverraient-ils une déclaration périodique à la T.V.A. ? Ils n'appliquent pas de T.V.A. et ne peuvent pas en déduire.

16.3. Présentation de la déclaration périodique à la T.V.A.

La déclaration périodique à la T.V.A. « papier » se présente sous la forme d'un document A4 de couleur vert clair, imprimé recto verso, actuellement peu utilisé en raison de l'informatisation des opérations.

---

[42] Déclaration spéciale, déclaration des livraisons intracommunautaires, déclaration de commencement ou de cessation d'activité, déclaration de l'assujetti occasionnel, etc.

En réalité, les déclarations périodiques à la T.V.A. doivent être envoyées par voie électronique (Application INTERVAT). Des dispenses peuvent être accordées dans certaines circonstances.

16.3.1. Quelques remarques préalables...

- Si la déclaration est remplie manuellement, les chiffres doivent être bien formés et parfaitement lisibles en vue du scannage.
- Les sommes doivent être stipulées en € avec deux décimales.
- Les grilles où il n'y a rien à indiquer doivent rester vierges.
- A défaut d'opération durant la période, une déclaration vierge doit obligatoirement être déposée.
- La déclaration ne peut couvrir qu'une seule période qui ne peut être que mensuelle ou trimestrielle.
- Les montants sont inscrits dans les grilles en utilisant une case pour chaque chiffre et en réservant au chiffre des unités la case vierge qui précède la virgule, au chiffre des dizaines la case précédente, etc. Les deux cases qui suivent la virgule doivent toujours être complétées, éventuellement par «00». Aucune case ne peut être laissée vierge entre deux chiffres ni être utilisée pour inscrire un point ou une virgule.

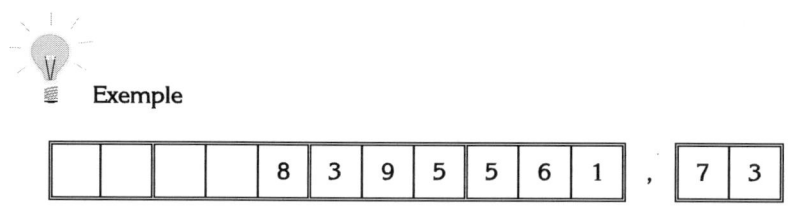

Exemple

| | | | | 8 | 3 | 9 | 5 | 5 | 6 | 1 | , | 7 | 3 |

16.3.2. Structure de la déclaration périodique à la T.V.A.

La déclaration périodique à la T.V.A. est structurée en 8 cadres dont les cadres II à V sont essentiels.

Cadre I	Renseignements relatifs au déclarant et à la période concernée
Cadre II	Montants T.V.A. non comprise de tous les chiffres d'affaires
Cadre III	Montants T.V.A. non comprise de toutes les dépenses
Cadre IV	Toutes les T.V.A. à payer
Cadre V	Toutes les T.V.A. à récupérer
Cadre VI	Le solde de la déclaration
Cadre VII	L'acompte mensuel
Cadre VIII	Renseignements relatifs à la personne qui a rédigé la déclaration

Les cadres II et III (recto) concernent uniquement les bases taxables et les cadres IV et V (verso), la T.V.A. Retenons alors qu'une base imposable ne peut s'inscrire que dans les cadres II ou III au recto (selon qu'il s'agit d'une vente ou d'un achat) et qu'une T.V.A. ne peut être mentionnée que dans les cadres IV ou V au verso (selon qu'il s'agit d'une T.V.A. à payer ou à récupérer).

MODELE DE DÉCLARATION PÉRIODIQUE À LA T.V.A.

Edi.pro

I - RENSEIGNEMENTS GÉNÉRAUX

Nom et adresse du déclarant :

DÉCLARATION À LA TVA

Période :

Mois ☐

Trimestre ☐

Demande de restitution ☐
(Case à cocher par une croix)

Demande de formulaires de paiement ☐
(Case à cocher par une croix)

N° TVA du déclarant : B E 0

II - OPÉRATIONS À LA SORTIE

A. Opérations soumises à un régime particulier — 00

B. Opérations pour lesquelles la TVA est due par le déclarant :
- au taux de 6 p.c. — 01
- au taux de 12 p.c. — 02
- au taux de 21 p.c. — 03

C. Services pour lesquels la TVA étrangère est due par le cocontractant — 44

D. Opérations pour lesquelles la TVA est due par le cocontractant — 45

E. Livraisons intracommunautaires exemptées effectuées en Belgique et ventes ABC — 46

F. Autres opérations exemptées et autres opérations effectuées à l'étranger — 47

G. Montant des notes de crédit délivrées et des corrections négatives :
- relatif aux opérations inscrites en grilles 44 et 46 — 48
- relatif aux autres opérations du cadre II — 49

Plier ici s.v.p.

III - OPÉRATIONS À L'ENTRÉE

A. Montant des opérations à l'entrée compte tenu des notes de crédit reçues et autres corrections :
- marchandises, matières premières et matières auxiliaires — 81
- services et biens divers — 82
- biens d'investissement — 83

B. Montant des notes de crédit reçues et des corrections négatives :
- relatif aux opérations inscrites en grilles 86 et 88 — 84
- relatif aux autres opérations du cadre III — 85

C. Acquisitions intracommunautaires effectuées en Belgique et ventes ABC — 86

D. Autres opérations à l'entrée pour lesquelles la TVA est due par le déclarant — 87

E. Services intracommunautaires avec report de perception — 88

R/V

IV — TAXES DUES

A. TVA relative aux opérations déclarées en :
- grilles 01, 02 et 03 — 54
- grilles 86 et 88 — 55
- grille 87, à l'exception des importations avec report de perception — 56

B. TVA relative aux importations avec report de perception — 57

C. Diverses régularisations TVA en faveur de l'Etat — 61

D. TVA à reverser mentionnée sur les notes de crédit reçues — 63

A ne pas compléter — 65

Total des grilles 54, 55, 56, 57, 61 et 63 — XX

V — TAXES DEDUCTIBLES

A. TVA déductible — 59

B. Diverses régularisations TVA en faveur du déclarant — 62

C. TVA à récupérer mentionnée sur les notes de crédit délivrées — 64

A ne pas compléter — 66

Total des grilles 59, 62 et 64 — YY

VI — SOLDE

Une seule des deux grilles peut être remplie :

Plier ici s.v.p.

Taxe due à l'Etat: grille XX - grille YY — 71

Sommes dues par l'Etat: grille YY - grille XX — 72

VII — ACOMPTE

Concerne uniquement la déclaration mensuelle de décembre

TVA réellement due pour la période du 1er au 20 décembre — 91

VIII — LISTING CLIENTS «NÉANT»

Concerne uniquement la dernière déclaration de l'année civile ou celle relative à la cessation d'activité

Pas de clients à reprendre sur le listing des clients (Case à cocher par une croix)

IX — DATE ET SIGNATURE(S)

Déclaration certifiée sincère et complète
Nom, qualité et numéro de téléphone du (des) signataire(s):

Date:

Signature(s):

R/V

Cadre réservé à l'administration

```
   A B      J  M  A
1  0 1   [        ]        [                ]
2  [ ]   0[       ]
   C D    Cde  PÉRIODE
```

16.4. Analyse de la déclaration périodique à la T.V.A.

> CETTE ANALYSE NE PORTE QUE SUR LES SITUATIONS ÉVOQUÉES DANS LE PRÉSENT OUVRAGE, LES AUTRES NÉCESSITANT DES DÉVELOPPEMENTS DÉBORDANT LE CADRE D'UNE INITIATION.

Cadre I - Renseignements généraux

Nom et adresse du déclarant

Le déclarant indique manuellement et lisiblement ses nom et adresse ou siège social.

Numéro de T.V.A. du déclarant

L'inscription du numéro de T.V.A. (précédé des lettres BE et commençant par 0) de l'assujetti est indispensable pour identifier correctement le déclarant.

Période

Indiquer à cet endroit le mois ou le trimestre couvert par la déclaration.

Demande de restitution

Lorsque la déclaration à la T.V.A. se solde par un **crédit d'impôt** en faveur de l'assujetti, le remboursement de ce crédit doit être sollicité par l'inscription d'une croix à cet endroit [13.2.2.]. A défaut, le crédit est reporté au trimestre suivant.

Demande de formulaires de paiement

Les formules de paiement pré imprimées sont obtenues par l'inscription d'une croix à cet endroit.

Cadre II - Opérations à la sortie

A. Opérations soumises à un régime particulier

| Grille 00 |

Chiffre d'affaires des opérations réalisé en Belgique et soumises à un régime particulier (dispense d'appliquer le T.V.A.)

Doivent être inscrits dans cette grille :
- les ventes de tabacs;
- les ventes de journaux et de publications périodiques;
- les ventes de produits de récupération (mitrailles, chiffons, etc.);
- les ventes sous le régime de la marge, valorisées au prix d'achat [9.3.3.];
- les opérations exemptées par l'article 44 du Code T.V.A. effectuées par des assujettis mixtes ou partiels [2.2.6.]. Une inscription annuelle est tolérée.

B. Opérations pour lesquelles la T.V.A. est due par le déclarant

Grilles 01 - 02 - 03

Chiffre d'affaires des opérations réalisées en Belgique pour lesquelles la T.V.A. est due par le déclarant :
- au taux de 6% .... grille 01
- au taux de 12% .... grille 02
- au taux de 21% .... grille 03

Doivent être inscrites dans cette grille :
Les opérations réalisées en Belgique, selon le taux qui leur est applicable. Ces montants sont obtenus par totalisation :
- du journal des ventes (ou facturier de sorties) pour les ventes qui ont fait l'objet d'une facture;
- du journal de recettes pour les ventes comptant (qui ont bénéficié de la dispense de facturation);
- montants «T.V.A. non comprise»;
- montants «Notes de crédit non déduites».

Ne doivent pas être inscrits dans cette grille :
- les opérations exonérées des assujettis mixtes et des assujettis exonérés.

C. Opérations pour lesquelles la T.V.A. est due par le cocontractant

Grille 44

Chiffre d'affaires reprenant les prestations de services rendues à un assujetti établi dans un autre Etat membre.

Doit être inscrite dans cette grille, la base d'imposition des prestations de services qui satisfait à l'ensemble des conditions suivantes :
- le client est un assujetti ou une personne morale non assujettie identifiée à la T.V.A.;
- les services sont localisés dans un autre Etat membre en vertu de la règle générale du lieu du preneur de services. Sont dès lors visées toutes les prestations de services, à l'exception de celles localisées dans un autre Etat membre en vertu d'un critère dérogatoire qui doivent être reprises en grille 47;
- le preneur de services est le redevable de la taxe (soit le prestataire n'a pas d'établissement stable dans l'Etat membre du preneur, soit l'établissement stable dont le prestataire dispose dans cet Etat membre ne participe pas aux prestations de services);
- les services sont non exemptés de la T.V.A. dans l'Etat membre de localisation (lieu du preneur).

Exemple

Une agence de publicité établie en Belgique élabore une campagne pour le siège d'une société situé en France. Cette prestation de services sera localisée au lieu du preneur (France) en vertu du critère général du lieu du preneur et la taxe sera due par le preneur en vertu de la législation française. La base d'imposition sera dès lors reprise par le prestataire en grille 44 de sa déclaration périodique.

- cette grille conditionne le dépôt du relevé à la T.V.A. des opérations intracommunautaire.

Grille 45

Chiffre d'affaires réalisé en Belgique pour lequel la T.V.A. est due par le cocontractant

Doivent être inscrits dans cette grille :
- les travaux immobiliers effectués pour le compte d'assujettis avec droit à déduction [11.6.].

D. Livraisons intracommunautaires exemptées effectuées en Belgique

Grille 46

Chiffre d'affaires des opérations localisées en Belgique et réalisées avec des assujettis établis dans l'U.E.

Doivent être inscrits dans cette grille :
- les livraisons intracommunautaires [7.2.];
- les transferts intracommunautaires [7.6.];
- les corrections sur des périodes antérieures;
- ces chiffres d'affaires sont exonérés de la T.V.A.;
- les acomptes ne doivent pas être renseignés dans cette grille;
- cette grille conditionne le dépôt d'un relevé à la T.V.A. des opérations intracommunautaire.

E. Autres opérations exemptées et opérations effectuées à l'étranger

Grille 47

Chiffre d'affaires réalisé en dehors de l'U.E. (exportations)

Doivent être inscrits dans cette grille :
- les ventes à l'exportation [5.2.];
- les livraisons de biens avec installation et montage [7.5.];
- les ventes à distance dans un autre Etat membre [7.4.];
- les livraisons de biens et prestations de services exemptées réalisées pour le compte de représentations diplomatiques et d'organismes internationaux;
- les prestations de services réalisées à l'étranger autres que celles de la grille 44.

Ne doivent pas figurer dans cette grille :
- les opérations exonérées [43] qui n'ouvrent pas, dans le chef du déclarant, un droit à déduction de la taxe.

F. Montant des notes de crédit délivrées et des corrections négatives

Grille 48

Notes de crédit délivrées sur le chiffre d'affaires réalisé dans l'U.E.

Doivent être inscrits dans cette grille :
- les notes de crédit relatives au chiffre d'affaires repris à la grille 46;
- les corrections négatives de la grille 46 qui ne font pas l'objet d'une note de crédit;
- les corrections négatives des opérations reprises en grille 44;
- en principe il n'y a aucun mouvement T.V.A. sur ces notes de crédit.

Grille 49

Notes de crédit délivrées en Belgique et à l'exportation

Doivent être inscrits dans cette grille :
- les notes de crédit relatives au chiffre d'affaires réalisé en Belgique (grilles 00 à 03 et 45) ou à l'exportation (grille 47);
- la T.V.A. relative aux notes de crédit sur le chiffre d'affaires en Belgique figure en grille 64;
- montants T.V.A. non comprise.

Cadre III - Opérations à l'entrée

A. Montant des opérations à l'entrée compte tenu des notes de crédit reçues et autres corrections

Grille 81

Acquisition de marchandises, de matières premières et auxiliaires

Doivent être inscrits dans cette grille :
- le montant des biens et des services qui entrent dans le prix de revient direct de l'entreprise (comptes 600 à 608 du P.C.M.N.);
- les montants sont libellés «T.V.A. non comprise»;
- les montants s'entendent «notes de crédit déduites» (à l'inverse du chiffre d'affaires);
- fournitures avec ou sans application de T.V.A.;
- les acquisitions privées sont exclues [12.4.1.];

---

[43] En vertu de l'article 44 du Code T.V.A.

Grille 82

Frais généraux (Biens et services divers)

Doit être inscrit dans cette grille :
- le montant des biens et des services qui n'entrent pas dans le prix de revient direct de l'entreprise (comptes 61, 62, 64 et 65 du P.C.M.N.);
- seules doivent être inscrites, les dépenses pour lesquelles une T.V.A. a été portée en compte;
- les montants sont libellés «T.V.A. non comprise»;
- les montants s'entendent «notes de crédit déduites» (à l'inverse du chiffre d'affaires);
- fournitures avec ou sans application de T.V.A.;
- les acquisitions privées sont exclues [12.4.1.];
- la T.V.A. non déductible «économique» est incluse [12.4.2.].

Grille 83

Investissements

Doit être inscrit dans cette grille :
- le montant des biens et des services qui constituent des investissements au sens du Code T.V.A. (comptes 20 à 27 du P.C.M.N.) [12.7.1.];
- les montants sont libellés «T.V.A. non comprise»;
- les montants s'entendent «Notes de crédit déduites» (à l'inverse du chiffre d'affaires);
- fournitures avec ou sans application de T.V.A.;
- les acquisitions privées sont exclues [12.4.1.];
- la T.V.A. non déductible «économique» est incluse [12.4.2.];
- les comptes 28 (immobilisations financières) et 29 (créances à plus d'un an) sont exclus.

B. Montant des notes de crédit reçues et des corrections négatives

Grille 84

Notes de crédit reçues sur les acquisitions intracommunautaires

Doivent être inscrits dans cette grille :
- les notes de crédit relatives aux acquisitions intracommunautaires reprises à la grille 86;
- les corrections négatives de la grille 86 qui ne font pas l'objet d'une note de crédit;
- les corrections négatives de la grille 88;
- en principe, il n'y a aucun mouvement T.V.A. sur ces notes de crédit.

Grille 85

Notes de crédit reçues sur les acquisitions autres que les acquisitions intracommunautaires

Doivent être inscrits dans cette grille :
- les notes de crédit relatives à toutes les acquisitions autres que celles effectuées dans un pays de l'U.E. (grilles 81, 82 et 83);
- les corrections négatives des grilles 81, 82 et 83 qui ne font pas l'objet d'une note de crédit;
- à rapprocher de la grille 63 où figure le montant de la T.V.A. à reverser;
- la T.V.A. est à reverser dans la mesure où elle avait été initialement déduite.

C. Acquisitions intracommunautaires effectuées en Belgique et ventes ABC

Grille 86

Acquisitions intracommunautaires de biens et opérations assimilées

Doivent être inscrits dans cette grille :
- le montant des acquisitions faites à un assujetti établi dans un pays membre de l'U.E. autre que la Belgique [9.4.];
- le montant des opérations assimilées telles que les transferts intracommunautaires;
- les montants sont libellés «T.V.A. non comprise»;
- grille statistique : les montants repris dans cette grille figurent déjà en grille 81, 82 ou 83;
- à rapprocher de la grille 55 (autoliquidation) où figure le montant de la T.V.A. à payer;
- les acomptes sont exclus;
- les montants s'entendent «T.V.A. non déductible comprise».

D. Autres opérations à l'entrée pour lesquelles la T.V.A. est due par le déclarant

Grille 87

Opérations localisées en Belgique, pour lesquelles la taxe est due par le déclarant

Doit être inscrit dans cette grille :
- le montant de toutes les opérations, autres que les acquisitions intracommunautaires, pour lesquelles la taxe est due par le déclarant comme les :
  - travaux immobiliers [11.6.];
  - importations avec autoliquidation (circulaire 3/73) [11.6.];
  - prestations de service reçues d'assujettis non établis en Belgique qui ne sont pas exemptées en Belgique et qui ne sont pas visées par la grille 88 (qui relèvent donc d'un critère dérogatoire);
- les montants sont libellés «T.V.A. non comprise»;
- à rapprocher de la grille 56 (autoliquidation) où figure le montant de la T.V.A. à payer;
- grille statistique : les montants repris dans cette grille figurent déjà dans l'une des grilles 81, 82 ou 83;
- les montants s'entendent «T.V.A. non déductible comprise».

Grille 88

Prestations de services reçues d'un assujetti établi dans un autre Etat membre

Doit être inscrit dans cette grille :
- la base d'imposition des prestations de services reçues d'un assujetti établi dans un autre Etat membre, qui sont localisées en Belgique en vertu de la règle générale du lieu d'établissement du preneur et pour lesquelles le déclarant est redevable de la taxe en Belgique en vertu de la règle de l'autoliquidation généralisée;
- cette grille conditionne le dépôt du relevé à la T.V.A. des opérations intracommunautaire chez le prestataire étranger.

Cadre IV - Taxes dues

A. T.V.A. relative aux opérations déclarées en :

Grille 54
T.V.A. due sur le chiffre d'affaires réalisé en Belgique

Doit être inscrit dans cette grille :
- la somme des T.V.A. relatives aux grilles 01, 02 et 03 (tous taux confondus);
- cette grille correspond au calcul (grille 01 x 6%) + (grille 02 x 12%) + (grille 03 x 21%).

Grille 55
T.V.A. due sur les acquisitions intracommunautaires inscrites en grille 86 et 88

Doit être inscrit dans cette grille :
- la T.V.A. à payer sur les acquisitions de biens dans un pays de l'U.E. autre que la Belgique [6.3.1.] (à rapprocher de la grille 86);
- la T.V.A. due sur les prestations de services intracommunautaires qui relèvent de la règle générale (à rapprocher de la grille 88);
- la T.V.A. sur ces acquisitions est payée dans la déclaration et non pas au fournisseur; cette opération est appelée «autoliquidation».

Grille 56
T.V.A. due sur les opérations inscrites en grille 87

Doit être inscrit dans cette grille :
- la T.V.A. à payer sur les travaux immobiliers réalisés par des entrepreneurs en tels travaux [11.6.];
- la T.V.A. à payer sur certaines prestations de service - celles qui relèvent d'un des critères dérogatoires - reçues d'assujettis non établis en Belgique;
- la T.V.A. sur ces dépenses est payée dans la déclaration et non pas à l'entrepreneur ou au prestataire du service; cette opération est appelée «autoliquidation»;
- à rapprocher de la grille 87.

B. T.V.A. relative aux importations avec report de perception (ou autoliquidation)

Grille 57
T.V.A. due sur les importations

Doit être inscrit dans cette grille :
- la T.V.A. à payer sur les importations avec autoliquidation [4.5.];
- moyennant une autorisation spéciale, la T.V.A. sur ces importations est payée dans la déclaration et non pas à la douane; cette opération est appelée «report de perception» ou «autoliquidation»;
- à rapprocher de la grille 87.

C. Diverses régularisations de T.V.A. en faveur de l'Etat

Grille 61

Régularisation de T.V.A.

Doivent être inscrits dans cette grille toutes les régularisations de T.V.A. en faveur de l'Etat et notamment :
- la T.V.A. due sur des opérations à la sortie qui n'auraient pas été déclarées;
- les corrections suite à l'application d'une base d'imposition ou d'un taux insuffisant sur des opérations antérieures;
- les intérêts de retard dus à l'Etat;
- les régularisations de T.V.A. qui ne donnent pas lieu à la rédaction d'une note de crédit;
- les taxes à reverser suite à la révision d'une déduction sur un bien d'investissement [12.7.];
- les taxes à reverser suite à la révision d'une quote-part privée [12.7.];
- certaines sommes dues suite à un contrôle de l'administration;
- les corrections de prorata en faveur de l'Etat (assujetti mixte).

D. T.V.A. à reverser mentionnée sur les notes de crédit reçues

Grille 63

T.V.A. à reverser sur notes de crédit délivrées par les fournisseurs

Doivent être inscrits dans cette grille :
- la T.V.A. remboursée par les fournisseurs sur les retours de marchandises;
- la T.V.A. remboursée par les fournisseurs sur les rabais de prix;
- la T.V.A. remboursée par les fournisseurs suite à des erreurs de facturation;
- la T.V.A. est à reverser dans la mesure où elle avait été initialement déduite.

A ne pas compléter

Grille 65

Grille de réserve à ne pas compléter

Total des grilles 54, 55, 56, 57, 61 et 63

Grille XX

Totalisation des T.V.A. dues

Cadre V - T.V.A. déductibles

A. T.V.A. déductible

Grille 59

T.V.A. déductibles

Doivent être inscrite dans cette grille :
- les taxes déductibles relatives à la période concernée par la déclaration;
- il s'agit des T.V.A. déductibles sur les factures des fournisseurs belges et étrangers, sur les documents d'importation (DAU), sur les acquisitions intracommunautaires (grille 55), sur les travaux immobiliers (grille 56), sur les reports de paiement à l'importation (grille 57), sur les prélèvements affectés à l'entreprise (investissements), etc.;
- la T.V.A. non déductible «privée» n'apparaît pas dans la déclaration [12.4.1.];
- la T.V.A. non déductible «économique» doit être ajoutée à la base d'imposition (grilles 81, 82 ou 83) [12.4.2.].

B. Diverses régularisations T.V.A. en faveur du déclarant

Grille 62

Régularisation de T.V.A.

Doivent être inscrites dans cette grille toutes les régularisations de T.V.A. en faveur de l'assujetti et notamment :
- la T.V.A. déductible sur les opérations à l'entrée qui n'ont pas été déclarées;
- les corrections suite à l'application de bases d'imposition ou de taux trop élevés sur des opérations antérieures;
- les régularisations de taxes qui ne donnent pas lieu à la rédaction d'une note de crédit;
- les T.V.A. récupérables sur pertes de créances (faillites, insolvabilités) [13.11.];
- les taxes à récupérer suite à la révision d'une déduction sur un bien d'investissement [12.7.1.];
- les taxes à récupérer suite à la révision d'une quote-part privée [12.7.];
- toutes les régularisations autorisées par l'administration;
- les régularisations d'intérêts de retard;
- certaines sommes récupérables suite à un contrôle de l'administration (avec autorisation);
- les corrections de prorata en faveur de l'assujetti (assujetti mixte);
- la déduction historique (avocats, huissiers, notaires).

C. T.V.A. à récupérer mentionnée sur les notes de crédit délivrées

Grille 64

T.V.A. à récupérer sur notes de crédit adressées aux clients

Doivent être inscrits dans cette grille :
- la T.V.A. remboursée aux clients sur les retours de marchandises;
- la T.V.A. remboursée aux clients sur les rabais de prix;
- la T.V.A. remboursée aux clients suite à des erreurs de facturation;
- la T.V.A. est récupérable dans la mesure où elle avait été initialement payée.

A ne pas compléter

Grille 66

Grille de réserve à ne pas compléter

Total des grilles 59, 62 et 64

Grille YY

Total des grilles 59 à 66

Cadre VI - Solde – Une seule des deux grilles peut être remplie

Taxes dues à l'Etat : grille XX – grille YY

Grille 71

Solde débiteur de la période de déclaration

Doivent être inscrits dans cette grille :
- le solde positif (grille XX > grille YY) de la période mensuelle ou trimestrielle couverte par la déclaration;
- cette grille constate la dette de l'assujetti pour la période de la déclaration;
- l'assujetti est débiteur de T.V.A. envers l'Etat;
- c'est ce montant qui est inscrit dans le compte courant T.V.A. de l'assujetti.

Sommes dues par l'Etat : grille YY – grille XX

Grille 72

Solde créditeur de la période de déclaration

Doivent être inscrits dans cette grille :
- le solde négatif (grille XX < grille YY) de la période mensuelle ou trimestrielle couverte par la déclaration;
- cette grille constate la créance de l'assujetti pour la période de la déclaration;
- l'Etat est débiteur de T.V.A. envers l'assujetti;
- c'est ce montant qui est inscrit dans le compte courant T.V.A. de l'assujetti.

Cadre VII - Acompte : concerne uniquement la déclaration mensuelle de décembre

T.V.A. réellement due pour la période du 1er au 20 décembre

Grille 91

Acompte de décembre

Doit être inscrit dans cette grille :
- le montant de l'acompte payé en décembre, calculé sur base des opérations réalisées entre le 1er et le 20 décembre.

Cadre VIII – Listing clients « néant »

Cadre à cocher si le listing clients est « néant »

Cadre IX – Date et signature(s)

Déclaration certifiée sincère et complète

Date :

Nom, qualité et numéro de téléphone du (des) signataire (s) :

Signatures(s) :

La déclaration est sans valeur si elle n'est pas valablement datée et signée.

R/V

Cadre réservé à l'administration

Ces cases doivent rester vierges de toute inscription.

Décompte final

Le décompte final des sommes à payer à l'État, ou des sommes dues par l'État, peut être calculé en utilisant le tableau suivant :

	Sommes à payer à l'État	Sommes dues par l'État
Solde de la période de la déclaration Taxes dues à l'État Sommes dues par l'État	…………………………..	…………………………..
Montant éventuel de l'acompte de décembre		…………………………..
Solde période antérieure : Sommes restantes dues à l'État Sommes restantes dues par l'État	…………………………..	…………………………..
TOTAUX	…………………………..	…………………………..
Total du plus petit	- …………………………..	- …………………………..
Résultat final : Montant à payer à l'État ou Montant dû par l'État	…………………………..	…………………………..

17. La déclaration spéciale à la T.V.A.

> La déclaration spéciale à la T.V.A. ne doit pas être confondue avec la déclaration périodique à la T.V.A. Elle n'est d'ailleurs à remplir que par des personnes qui ne déposent pas de déclaration périodique à la T.V.A.
> Cette déclaration a pris encore plus d'importance depuis l'entrée en vigueur des règles de localisation des prestations de services intracommunautaires. [07bis]

17.1. Références légales

Code T.V.A. : Art. 53 ter.

17.2. Personnes concernées

La déclaration spéciale a été créée pour permettre aux **assujettis sans droit à déduction** qui ne déposent pas de déclarations périodiques (assujettis franchisés, exonérés, agriculteurs au forfait agricole, personnes morales non assujetties) de déclarer et payer la T.V.A. belge lorsqu'ils achètent des biens ou reçoivent des services en provenance d'un Etat membre de l'U.E. (hormis la Belgique) [6..2 & 7bis.2.] et qu'ils sont redevables de la T.V.A. belge.

17.3. Opérations visées

Contrairement à la déclaration périodique qui concerne à la fois les opérations en Belgique, dans l'U.E. et en dehors de celle-ci, la déclaration spéciale ne concerne que des opérations intracommunautaires :
- achats de **produits soumis à accises** (huiles minérales, alcools, boissons alcooliques et tabacs fabriqués);
- achats de **moyens de transport neufs;**
- achats d'**autres biens** que ceux visés ci-avant lorsque le montant global des acquisitions de ces autres biens dépasse le seuil de 11.200,00 € dans le courant de l'année ou de l'année précédente ou lorsque option a été faite de soumettre ces biens à la T.V.A. en Belgique [6.3.2.].
- l'achat de services réputés se situer en Belgique et fournis par des prestataires de services non établis dans le pays et pour lesquelles l'assujetti sans droit à déduction est redevable de la T.V.A. en Belgique.

Exemples d'achats de biens
- un hôpital belge achète du matériel de radiologie en Espagne;
- une commune achète un véhicule de pompiers en Allemagne;
- une compagnie d'assurances acquiert du matériel informatique en Suède.

> **Exemples d'achats de services**
> - un hôpital liégeois fait nettoyer son linge par une entreprise allemande;
> - une commune belge fait appel à un bureau d'études français;

17.4. Formalités

Ces assujettis sans droit à déduction (assujettis exonérés, franchisés, au régime agricole) et les personnes morales non assujetties (organismes publics, holdings) :

- doivent chaque année, déclarer le dépassement du seuil de 11.200,00 € préalablement à la première <u>acquisition</u> intracommunautaire de biens (autres que des moyens de transport neufs et de produits soumis à accises) et à la suite de laquelle ce seuil est dépassé.
La déclaration de dépassement ne doit toutefois pas être effectuée, lorsqu'elle a été faite au cours de l'année civile précédente ou lorsque au cours de cette même année, une déclaration spéciale à la T.V.A. a été déposée pour les acquisitions intracommunautaires de biens et que le montant ainsi déclaré était supérieur au dit seuil de 11.200,00 €;

- peuvent, s'ils le souhaitent, soumettre à la T.V.A. en Belgique leurs <u>acquisitions</u> intracommunautaires de biens (autres que des moyens de transport neufs et de produits soumis à accises) pour lesquelles le seuil de 11.200,00 € n'est pas dépassé et déposer une déclaration d'option. Cette option est faite pour l'année en cours et l'année suivante;

- doivent préalablement à la première <u>acquisition</u> intracommunautaire de produits soumis à accises, faire connaître leur intention d'effectuer une telle acquisition pour la première fois et, s'ils n'en ont pas déjà, se faire attribuer un numéro d'identification à la T.V.A. précédé des deux lettres «BE».

- doivent, lorsqu'ils reçoivent des services de la part d'un fournisseur situé hors de la Belgique et lorsqu'ils sont eux-mêmes redevables de la T.V.A., se faire connaître à leur office de contrôle et, s'ils n'en ont pas déjà, se faire attribuer un numéro d'identification à la T.V.A. précédé des deux lettres «BE», en vue de le communiquer à leur fournisseur et pour permettre le dépôt de la déclaration spéciale.

17.5. Délais de dépôt de la déclaration spéciale à la T.V.A.

La déclaration spéciale doit être déposée au plus tard le 20ème jour du mois qui suit le trimestre civil au cours duquel la T.V.A. est exigible.

MODELE DE DÉCLARATION SPECIALE À LA T.V.A.

DECLARATION SPECIALE A LA T.V.A.

Consulter la notice avant de remplir cette déclaration

Période : ☐ trimestre ☐☐☐☐

Nom/Dénomination et adresse :

Numéro d'identification à la T.V.A.

CADRE RESERVE A L'ADMINISTRATION

TRIMESTRE/ N° D'INVENTAIRE — 3 — 11

ADP — , — 42

DATE DE DEPOT — 50

INSTR. — A:0 B:1 C:0 D:0 — 5 4 1 1 — 55
F

I. Commande de formules

Demande de formules de paiement ○
Demande de déclarations spéciales ○

II. Opérations à déclarer
Montant T.V.A. non comprise

A. Montant des acquisitions intracommunautaires de biens et opérations assimilées.

1. Biens autres que des moyens de transport neufs et produits soumis à accises. — , — 71

2. Moyens de transport neufs. — , — 72

3. Produits soumis à accises. — , — 73

B. Montant des autres opérations pour lesquelles le déclarant est tenu au paiement de la taxe. — , — 74

III. Taxes dues et taxes à restituer

A. Montant des taxes dues sur les opérations déclarées au cadre II — , — 80

B. Régularisations - Taxes dues — , — 81

C. Total de la taxe due (A + B) — ,

D. Régularisations - Taxes à restituer — , — 82

E. Résultat du trimestre
Montant des taxes dues à l'Etat (C - D) — , — 83

ou

Montant des sommes dues par l'Etat (D - C) — , — 84
(v. cadre IV)

IV. Demande de restitution

Je demande la restitution des sommes dues par l'Etat à mon numéro de compte :

. . . . / . . . . / . .

V. Date et signature(s)

Déclaration sincère et complète.
Date : ....
Téléphone n° : ....
Signature(s) :
Nom et qualité du ou des signataire(s) :

N° 629 - 2005 R.

VI. Relevé des opérations déclarées

Date du document	Fournisseurs étrangers	Opérations déclarées aux cadres II et III, lettres B et D					Taux de la taxe	Montant de la T.V.A. en EUR	
	Nom, adresse et numéro d'identification à la T.V.A.	Nature de l'opération	Date de l'opération	Montant de l'opération dans une unité monétaire autre que l'EURO	Devise	Montant de la base d'imposition en EURO		Due	A restituer
(1)	(2)	(3)	(4)	(5)	(6)	(7)	(8)	(9)	(10)

Totaux

18. La facturation

La facture est un élément essentiel dans le système de la T.V.A. car elle mentionne en même temps le montant de la T.V.A. qui doit être payée à l'Etat (par le fournisseur) et le montant de la T.V.A. qui peut éventuellement être déduite (par le client).

18.1. Références légales

A.R. n° 1.

18.2. La facture

Nous avons déjà insisté dans le chapitre relatif aux déductions de T.V.A. (12.2.) sur l'importance des mentions qui doivent figurer sur chaque facture ou document en tenant lieu.

18.2.1. Mentions sur la facture

Le contenu de la facture a été harmonisé au niveau communautaire.

Le tableau ci-dessous indique les principales mentions à indiquer sur les factures selon les différents types d'opérations :

Mentions obligatoires	
Date de la facture	Date de délivrance au plus tard le 15ème jour du mois qui suit celui au cours duquel la T.V.A. est exigible.
Numéro de la facture	Numéro séquentiel d'ordre du facturier de sortie.
Date d'exigibilité	Date à laquelle intervient le fait générateur dans la mesure où cette date est différente de la date de la facture.
Identification du fournisseur	Nom, adresse et numéro d'identification à la T.V.A. du fournisseur/prestataire ou les mentions propres à l'unité T.V.A.
Identification du client	Nom, adresse et numéro d'identification à la T.V.A. du cocontractant.
Date de l'opération	La date du fait générateur ou la date de l'encaissement de tout ou partie du prix, dans la mesure où une telle date est déterminée et est différente de la date de la facture. La facture sera souvent émise après la date où la taxe est exigible, auquel cas tant la date d'émission de la facture que la date de l'exigibilité de la taxe seront reprises sur la facture.
Détermination de l'opération	Dénomination usuelle des biens livrés et des services fournis. Quantités et objet des services.
Moyens de transport neufs	Véhicules terrestres : date de la première mise en service Cylindrée, puissance et nombre de km parcourus. Bateaux : longueur et nombre d'heures de navigation Aéronefs : poids total au décollage et nombre d'heures de vol.

Voitures neuves ou d'occasion	Marque, modèle, millésime, numéro de châssis et modèle de la carrosserie. Date de la première mise en circulation. Numéro de la plaque minéralogique pour les travaux d'entretien autres que le lavage et pour les travaux de réparation.
Base d'imposition	Indication, par taux, de la base d'imposition et des éléments qui la composent : escompte, rabais, frais de transport, …
Taux et T.V.A. due	Indication des taux de la T.V.A. et le montant total de la T.V.A. due ou à revoir.
Autoliquidation	Indication de la mention « *report de T.V.A.* » ou « *autoliquidation* » si la taxe est due par le cocontractant quelles que soient les raisons légales.
Exonération de T.V.A.	Indication de la disposition légale (référence à la directive TVA ou au code T.V.A. belge) en vertu de laquelle l'opération est exonérée : Par exemple, mention « *Opération exonérée – Exportation de biens* ».
Régimes particuliers	Mention du régime particulier appliqué : « *Régime particulier – agences de voyages* », « *Régime particulier – biens d'occasion* », « *Régime particulier – objets d'art* », « *Régime particulier – objets de collection / antiquités* », etc.
Pièces antérieures	Référence à la pièce ou aux pièces antérieures lorsque plusieurs factures ou documents ont été émis pour la même opération. La facture ne peut débiter le cocontractant, à titre de taxe, d'un montant dont il a été débité antérieurement.
Autofacturation (self-billing)	Lorsque la facture est émise par le cocontractant au nom et pour le compte du fournisseur ou prestataire de services, la mention « facture émise par le cocontractant » doit figurer sur la facture.

18.2.2. Factures simplifiées

Un assujetti peut émettre une facture simplifiée dans un des cas suivants :

- lorsque le montant de la facture n'est pas supérieur à 100,00 €, HTVA;
- lorsque les pratiques commerciales ou administratives du secteur d'activité concerné ou les conditions techniques d'émission de ces factures rendent difficile le respect de toutes les obligations prévues;
- lorsque le document ou le message émis est assimilé à une facture.

La facture simplifiée doit contenir au minimum les mentions suivantes :

La date d'émission et un numéro séquentiel qui identifie la facture sous lequel elle est inscrite au facturier de sortie du fournisseur ou du prestataire.
Le nom ou la dénomination sociale du fournisseur ou du prestataire, l'adresse de son siège administratif ou social et son numéro d'identification à la T.V.A.
L'identification du type de biens livrés ou des services prestés.
L'indication, par taux, de la base d'imposition et le montant total des taxes dues.
Lorsque le document ou le message émis est assimilé à une facture, une référence spécifique et non équivoque à cette facture initiale et les mentions spécifiques qui sont modifiées.
Le numéro d'identification à la T.V.A. de l'acquéreur ou du preneur ou, à défaut, ses nom ou dénomination sociale et adresse complète.

18.3. Obligation de facturer

En règle générale un assujetti est tenu de délivrer une facture lorsqu'il effectue une livraison de biens ou une prestation de services **dans l'exercice de son activité économique** si un **fait générateur de la T.V.A.** s'est produit.

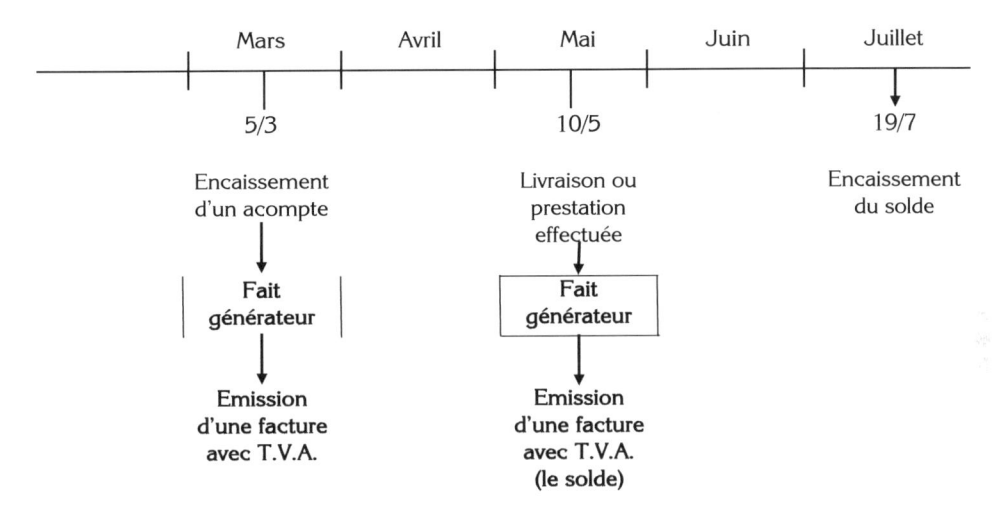

```
        Mars        Avril        Mai         Juin       Juillet
─────────┼────────────┼────────────┼────────────┼────────────┼─────
         │                         │                         │
        5/3                      10/5                       19/7

    Encaissement              Livraison ou              Encaissement
    d'un acompte               prestation                 du solde
                               effectuée
         │                         │
        Fait                      Fait
     générateur                générateur
         │                         │
      Emission                  Emission
    d'une facture            d'une facture
     avec T.V.A.               avec T.V.A.
                                (le solde)
```

Des délais de facturation sont cependant accordés. (18.5)
Des dispenses ont été instaurées dans nombre de cas.

18.4. Dispenses de facturer

L'assujetti est dispensé de délivrer une facture lorsqu'il effectue des livraisons de biens et des prestations de services **à des particuliers qui ne les destinent pas à leur activité économique**.

Exemples

- Un boulanger qui vend son pain à une ménagère agit dans l'exercice de son activité économique. Il devrait en principe facturer mais il en est dispensé parce qu'il vend à un particulier qui ne destine pas le pain à une activité économique. S'il vend du pain à un restaurateur, il est, par contre, tenu de délivrer une facture.

- Ce même boulanger qui vend la voiture automobile de son épouse à son garagiste n'agit pas dans l'exercice de son activité économique et ne doit dès lors pas délivrer de facture. Par contre, s'il vend la camionnette investie dans son commerce, il doit délivrer une facture.

Des exceptions à ces dispenses existent, notamment dans les cas suivants - que le client soit un particulier ou un professionnel - le vendeur ou le prestataire doit délivrer une facture :

- les ventes de voitures, motos, bateaux et avions;
- les ventes de bâtiments neufs;
- les réalisations de travaux immobiliers;
- les ventes à tempérament et ventes en gros;
- le leasing;
- les prestations de déménagement.

Il est dès lors anormal (et illégal…) de ne pas recevoir de facture valable pour ces prestations.

La dispense de facturer ne doit jamais empêcher l'assujetti de délivrer une facture à la demande de son client.

A noter que les tickets de caisse enregistreuse et les souches T.V.A. [19] délivrées dans les hôtels, restaurants et car-wash ne sont pas des factures mais de simples documents de contrôle.

18.5. Délais de facturation

La facture ne doit pas systématiquement être émise immédiatemment mais elle doit être délivrée **au plus tard** le **15ème jour** du mois qui suit le fait générateur (livraison du bien ou prestation du service effectuée ou acompte) [18.3]. Si la facture n'a pas été délivrée à cette date ultime, la T.V.A. n'en demeure pas moins exigible !

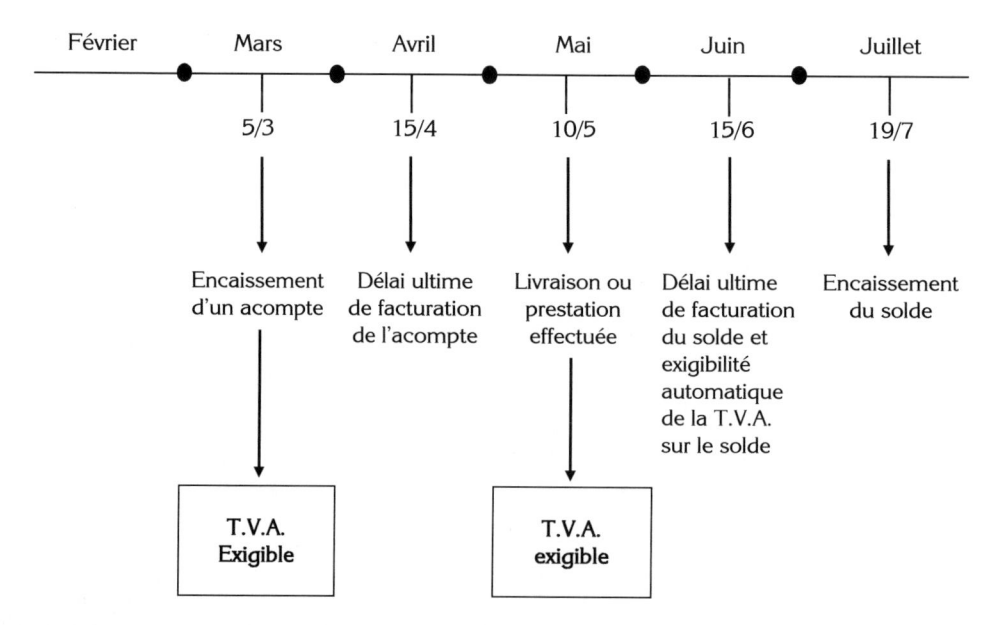

Février	Mars	Avril	Mai	Juin	Juillet
	5/3	15/4	10/5	15/6	19/7
	Encaissement d'un acompte	Délai ultime de facturation de l'acompte	Livraison ou prestation effectuée	Délai ultime de facturation du solde et exigibilité automatique de la T.V.A. sur le solde	Encaissement du solde
	T.V.A. Exigible		T.V.A. exigible		

On voit bien que la T.V.A. est exigible le 15/6 alors que la facture n'est émise que le 19/7. La T.V.A. sera donc acquittée dans la déclaration du mois de juin (assujetti mensuel) ou du 2ème trimestre (assujetti trimestriel).

> **Exemple**
>
> Une entreprise effectue la livraison d'une machine de 40.000,00 € le 16/2.
> Trois possibilités :
>
> 1. Le fournisseur émet la facture le 16/2
>   La T.V.A. de 8.400,00 € sera acquittée dans la déclaration du mois de février.
> 2. Le fournisseur bénéficie du délai de facturation (15/3) et émet la facture le 14/3
>   La T.V.A. de 8.400,00 € sera acquittée dans la déclaration du mois de mars.
> 3. Le fournisseur n'a pas encore émis la facture fin du mois d'avril
>   La T.V.A. de 8.400,00 € sera acquittée dans la déclaration de mars (exigibilité automatique le 15 mars).

18.6. Facturation électronique

Des règles ont été prises en vue de la simplification, la modernisation et l'harmonisation de la facturation en matière de T.V.A. Elles établissent un traitement égal des factures électroniques et des factures « papier » et visent à promouvoir l'usage des factures électroniques en vue de la réduction des charges pour les entreprises.

Trois principes

- La facturation électronique ne peut jamais être imposée. Il est toujours exigé que le destinataire de la facture accepte de recevoir des factures électroniques (il doit en avoir les moyens techniques).

- Il suffit d'une simple acceptation du cocontractant (le client) pour valider la procédure électronique entre les parties.

- Tant pour les factures « papier » que les factures électroniques, **l'authenticité de l'origine**, **l'intégrité du contenu** et la **lisibilité** de la facture devront être garanties par toute technique offrant ces garanties depuis l'envoi de la facture jusqu'à la fin de sa période d'archivage (émission, réception et conservation).

Conservation des documents et archivage électronique

Les documents ne doivent plus être conservés systématiquement au siège de l'entreprise. L'assujetti peut à présent déterminer le lieu de conservation à condition de mettre, sans retard, toutes les factures et copies de factures à la disposition de l'administration de la T.V.A., à sa demande.

Si les documents sont conservés sous format électronique, la conservation peut être effectuée en dehors du territoire belge. Les documents qu'un assujetti belge conserve sous format papier, doivent toujours être conservés sur le territoire belge.

18.7. Self billing

En vue de simplifier, moderniser et harmoniser la facturation, le Conseil de l'Union européenne a adopté une directive [44] qui prévoit notamment la possibilité que les factures soient établies par le cocontractant d'un assujetti, pour les biens ou les services qui lui sont fournis par cet assujetti, pour autant que cette procédure ait été préalablement convenue dans un accord entre les deux parties et à condition que chaque facture fasse l'objet d'une procédure d'acceptation par l'assujetti qui livre les biens ou preste les services.

Cette possibilité dénommée «self-billing» fait l'objet de la circulaire n° AFER 48/2005 n° E.T.110.313 du 08/12/2005.

---

[44] Directive 2001/115/CE du 20/12/2001 modifiant la Directive 77/388/CEE (sixième Directive).

19. Caisses enregistreuses et souches T.V.A.

Bien connues du grand public, les «souches T.V.A.» (ou « notes ou reçus ») ont été quasi toutes remplacées, dans le domaine de la restauration, par des tickets de caisses enregistreuses. Ils restent de simples documents de contrôle destinés à constater la réalité matérielle d'une prestation de services (contrairement à la facture, document comptable servant à l'enregistrement des données dans la comptabilité).

19.1. Références légales

A.R. n° 1, art. 21 bis & 22.
Circ. 2017 /C/70.

19.2. Caisses enregistreuses

19.2.1. Assujettis concernés

Chaque exploitation dont le chiffre d'affaires provenant de la consommation de repas (restaurant et traiteur) s'élève au moins à 25.000,00 □ hors T.V.A. est tenue de délivrer des tickets de caisse T.V.A. au moyen d'un système de caisse enregistreuse (SCE).

19.2.2. Système

Le SCE consiste en un appareil (boite noire ou « black box ») accouplé à une caisse enregistreuse agréée qui enregistre toutes les opérations et toutes les heures du personnel.

Cette mesure antifraude est destinée à assainir le secteur Horeca tout en accordant aux exploitants différentes compensations plus ou moins spectaculaires (diminution du taux de T.V.A., facilitation du travail occasionnel, réductions de cotisations sociales, etc.).

Le SCE doit répondre aux exigences et garanties suivantes [45] :

- l'inaltérabilité des données introduites;
- la conservation de toutes les données introduites, simultanément à l'établissement d'un ticket de caisse valant facture simplifiée, dans un journal électronique ou un fichier-journal;
- la possibilité de contrôle par le S.P.F. Finances;
- l'obligation d'un contenu minimum du ticket de caisse :
- l'obligation d'établir un rapport financier journalier et un rapport utilisateur journalier reprenant les ventes et l'utilisation des autres fonctionnalités de la caisse pendant la période d'ouverture (rapports Z);

---

[45] Décision n° E.T. 118.066 du 9/3/2010.

- l'enregistrement obligatoire de toutes les prestations de services simulées effectuées dans le cadre d'une formation;
- être équipé d'un module qui enregistre les données pertinentes des tickets de caisse de façon inaltérable et sécurisée et les transforme en un algorithme, ainsi que d'autres données éventuelles de contrôle imprimées sur le ticket de caisse et accessibles pour les agents de contrôle.

19.2.3. Conservation des données

Les données de la boite noire doivent être conservées pendant 8 ans.

19.3. Souches T.V.A.

Seuls les **hôteliers**, les **restaurateurs** qui ne sont pas tenus de délivrer des tickets de SCE et les **entreprises de lavage de véhicules («car-wash»)** sont tenus de délivrer une souche T.V.A. à leur client pour constater les prestations qu'ils fournissent.
Les hôteliers et restaurateurs qui délivrent des tickets de caisse (SCE) ne doivent donc plus délivrer de souches T.V.A. sauf lorsque leur SCE est défaillant (panne de l'appareil, panne de courant, etc.).

Une souche doit être remise lorsque les opérations suivantes sont prestées :
- la fourniture de logements meublés dans les hôtels, hôtels-restaurants, motels, etc.;
- la fourniture de repas et de boissons dans les restaurants, cafétérias, pizzerias, fast-food qui ne doivent ou ne désirent pas utiliser le SCE ou dont le SCE est en panne.;
- le lavage de voitures, voitures mixtes, minibus et voitures de camping.

19.3.1. Délivrance de la souche T.V.A.

La souche (une par client) est remise immédiatement au moment de l'achèvement du service, c'est-à-dire :
- pour un hôtelier, lorsque le client termine son séjour dans l'établissement ou lorsque l'on établit un décompte partiel des prestations;
- pour un restaurateur, lorsque le client a terminé son repas et au plus tard lorsqu'il quitte l'établissement;
- pour le lavage de voitures, lorsque la voiture lavée est remise à son propriétaire.

Les souches T.V.A. sont annotées quotidiennement dans le journal de recettes et les doubles classés par ordre de date et conservés pendant 7 ans à compter du 1er janvier qui suit leur date.

19.3.2. Modèles de souches T.V.A.

RESTAURANT DE LA GARE
Louis DURANT
rue de la Station 10
5000 NAMUR

R.C.N. 56789   C.C.P. 000-1234567-89
Tél. : 081/444444   T.V.A. BE 888.888.888

Taxe sur la valeur ajoutée
REÇU
N° 00.001 A
Impr. Dupont
Waterloo - 01/1999

Date : ....
Nombre de repas :
Montant (T.V.A. comprise) :
.... EUR

RESTAURANT LA COUR
Louis DURANT
rue de la Station 10
5000 NAMUR

R.C.N. 56789   C.C.P. 000-1234567-89
Tél. : 081/444444   T.V.A. BE 888.888.888

Taxe sur la valeur ajoutée
NOTE
N° 00.001 A
Impr. Dupont - Huy - 01/1999

Date : ....

Table n° ....   Total :   EUR

Nombre de repas :
   Service et T.V.A. compris

20. Tenue de la comptabilité

> Les assujettis doivent tenir une comptabilité suffisamment détaillée pour permettre l'application et le contrôle de la T.V.A.

20.1. Références légales

A.R. n° 1, art. 14.

20.2. Livres imposés

Les livres imposés par le Code T.V.A. sont :

- le **facturier d'entrées** pour l'inscription des achats, des dépenses et des taxes déductibles [12.];
- le **journal de recettes** pour l'inscription des ventes <u>comptant</u> et des taxes dues sur ces ventes;
- le **facturier de sorties** pour l'inscription des ventes <u>facturées</u> et des taxes dues y reprises;
- le **tableau des investissements** en vue d'une éventuelle révision de la déduction [12.7.1.];
- les **comptes des clients assujettis** pour établir la liste annuelle des clients assujettis [21.];
- le **registre des restitutions** pour l'inscription des restitutions de T.V.A. [13.]

> La tenue du facturier d'entrées, du facturier de sorties et du journal de recette est expliquée dans le cadre de l'exercice n° 2.1.

Le code impose également des livres spécifiques à certaines activités et notamment aux garagistes et négociants en véhicules :

- le **registre des réparations** de véhicules [46];
- le **registre des véhicules d'occasion destinés à la vente** [47];
- le **registre des achats** pour l'inscription des achats de véhicules qui seront vendus sous le régime de la marge [9.3.3.]
- le **registre de comparaison** pour le calcul de la marge taxable [9.3.3.].

Le **livre des inventaires** n'est pas imposé par la législation T.V.A., mais il peut s'avérer utile par exemple, pour apporter la preuve de l'existence de biens non vendus à la fin d'un exercice.

---

[46] Circulaire administrative n° 5 de 1995.
[47] Circulaire administrative n° 4 de 1995.

21. La liste des clients assujettis à la T.V.A.

Contrairement à ce que l'on pourrait croire, ce n'est pas l'administration fiscale qui fournit une telle liste aux assujettis, mais les assujettis à l'administration fiscale ! Il s'agit en réalité d'un traitement de l'information à grande échelle permis par le traitement informatique des données.
Cette liste est appelée communément le «listing clients».

21.1. Référence légale

Code T.V.A. : Art. 53.

21.2. Principe

Les assujettis avec droit à déduction [2.2.1.] et les assujettis franchisés [2.2.2.] sont tenus chaque année de communiquer à l'administration fiscale, le montant total des livraisons de biens et des prestations de services effectuées à chaque assujetti belge à la T.V.A. (excepté les assujettis exonérés) ainsi que le montant total des T.V.A. qui leur a été porté en compte.

Cette liste doit être envoyée par voie électronique au plus tard pour le 31 mars de l'année qui suit l'année qu'elle concerne (délai souvent prolongé au 30/4).

Ne doivent pas figurer sur cette liste, les clients assujettis pour lesquels le total des opérations réalisées dans l'année ne dépasse pas **250,00 €**, T.V.A. non comprise ainsi que les opérations exemptées par l'art. 44 du Code T.V.A. à déclarer pourtant en grille 00 de la déclaration à la T.V.A.

21.3. Utilité de la liste

L'outil informatique permet de transformer systématiquement les listes d'opérations aux sorties en listes d'opérations aux entrées et fournit en finalité à l'administration fiscale des données utiles sur les acquisitions faites par chacun des assujettis.

Exemple

Imaginons que les données suivantes aient été fournies :

L'assujetti A déclare avoir fourni   pour   2.669,00 € à l'assujetti C
                                       pour   1.373,00 € à l'assujetti E
                                       pour 13.454,00 € à l'assujetti G

L'assujetti B déclare avoir fourni	pour 5.394,00 € à l'assujetti C Pour 26.510,00 € à l'assujetti E pour 23.499,00 € à l'assujetti F	
L'assujetti C déclare avoir fourni	pour 25.106,00 € à l'assujetti F pour 11.916,00 € à l'assujetti A pour 116.461,00 € à l'assujetti E	
L'assujetti D déclare avoir fourni	pour 102.312,00 € à l'assujetti B pour 130,00 € à l'assujetti E pour 43.100,00 € à l'assujetti F	
L'assujetti E déclare avoir fourni	pour 4.554,00 € à l'assujetti A pour 3.477,00 € à l'assujetti B pour 7.101,00 € à l'assujetti G	
L'assujetti F déclare avoir fourni	pour 9.247,00 € à l'assujetti B pour 5.641,00 € à l'assujetti E pour 105.774,00 € à l'assujetti G	Etc.

La conversion des données permet de conclure que :

A a acquis pour 11.916,00 € chez C + 4.554,00 € chez E, soit un total de 16.470,00 €.
B a acquis pour 102.312,00 € chez D + 3.477,00 € chez E + 9.247,00 € chez F, soit un total de 115.036,00 €.
C a acquis pour 2.669,00 € chez A + 5.394,00 € chez B, soit un total de 8.063,00 €.
D n'a rien acquis durant l'année.
E a acquis pour 1.373,00 € chez A + 26.510,00 € chez B + 116.461,00 € chez C + 130,00 € chez D + 5.641,00 € chez F, soit un total de 150.115,00 €.
F a acquis pour 23.499,00 € chez B + 25.106,00 € chez C + 43.100,00 € chez D, soit un total de 91.655,00 €.
G a acquis pour 13.454,00 € chez A + 7.101,00 € chez E + 105.774,00 € chez F, soit un total de 126.329,00 €.
Etc.

Les acquisitions en Belgique de chacun des assujettis sont ainsi parfaitement connues de l'administration fiscale.

21.4. Absence d'opérations

L'absence d'opérations à indiquer dans le listing clients est à renseigner en cochant une case prévue à cet effet au cadre VIII de la déclaration périodique du mois de décembre ou du 4ème trimestre ou dans la dernière déclaration à déposer en cas de cessation d'activité. Ceci n'est pas d'application pour les Unités T.V.A.

Les assujettis franchisés ne sont pas tenus d'introduire un listing clients s'il s'agit d'un listing néant.

MODELE DE LISTE ANNUELLE DES CLIENTS ASSUJETTIS À LA T.V.A.

TAXE SUR LA VALEUR AJOUTEE

LISTE ANNUELLE DES CLIENTS ASSUJETTIS A LA T.V.A.

N° de T.V.A. du déclarant : B E 0 (1)   Année des opérations : (1)

Page (2) ___ sur (3) ___

(1) A compléter obligatoirement au recto de chaque feuille de la liste.
(2) Les pages doivent être numérotées de manière ininterrompue. La première page de la liste porte le numéro 001.
(3) Indiquer ici le nombre total de pages de la liste.

CADRE I : A REMPLIR PAR L'ASSUJETTI - A COMPLETER UNIQUEMENT A LA PREMIERE PAGE DE LA LISTE

Nom et adresse du déclarant :

ATTENTION : si la liste contient plusieurs feuilles, elles ne peuvent pas être attachées. Les feuilles doivent être rangées par numéro de page croissant.

Signature(s) : CERTIFIE SINCERE ET VERITABLE

Date : ___ / ___ / ___

A. A compléter uniquement par les petites entreprises qui appliquaient le régime de la franchise de la taxe au 31 décembre de l'année civile concernée par la liste :
  1. Montant total du chiffre d'affaires réalisé au cours de cette année (y compris celui repris au cadre III de la liste) :
  2. Dans la mesure où l'activité sous le régime de la franchise de la taxe a débuté dans le courant de cette année, la date à laquelle la petite entreprise a commencé à bénéficier de ce régime (jour / mois) :

B. A compléter uniquement par les exploitants agricoles visés à l'article 5, § 2 de l'arrêté royal n° 50 :
Je déclare être tenu au dépôt du relevé intracommunautaire annuel visé à l'article 5, § 2 de l'arrêté royal n° 50 (case à cocher par une croix) : ☐ (Oui)   ☐ (Non)

Plier ici s.v.p.

CADRE II : RESERVE A L'ADMINISTRATION

___/___/___   E   ___   ___   ___/___/___
Date de réception   Monnaie   Nombre de pages   A/B/L/R   Date de traitement

CADRE III : LISTE DES CLIENTS

N°	Numéro de T.V.A.	Chiffre d'affaires (T.V.A. non comprise)	Montant de la T.V.A.
1	B E 0		
2	B E 0		
3	B E 0		
4	B E 0		
5	B E 0		
6	B E 0		
7	B E 0		
8	B E 0		
9	B E 0		
10	B E 0		
	Totaux de la page :		

Partie 2 – Les obligations

V

Page (1) [ ] sur (2) [ ]
(1) Indiquer ici le numéro de la page.
(2) Indiquer ici le nombre total de pages de la liste.

SUITE DU CADRE III : LISTE DES CLIENTS

N°	Numéro de T.V.A.	Chiffre d'affaires (T.V.A. non comprise)	Montant de la T.V.A.
1	B E 0		
2	B E 0		
3	B E 0		
4	B E 0		
5	B E 0		
6	B E 0		
7	B E 0		
8	B E 0		
9	B E 0		
10	B E 0		
11	B E 0		

Plier ici s.v.p.

N°	Numéro de T.V.A.	Chiffre d'affaires	Montant de la T.V.A.
12	B E 0		
13	B E 0		
14	B E 0		
15	B E 0		
16	B E 0		
17	B E 0		
18	B E 0		
19	B E 0		
20	B E 0		
21	B E 0		
22	B E 0		

Totaux de la page :

22. Le relevé à la T.V.A. des opérations intracommunautaires

Autre obligation pour l'assujetti, la rédaction d'un relevé mensuel ou trimestriel des opérations intracommunautaires. A la différence de la liste des clients assujettis, ce relevé ne doit être déposé que si de telles opérations ont été réalisées.

22.1. Référence légale

Code T.V.A. : Art. 53^6.

22.2. Principe

Les assujettis identifiés à la T.V.A. sont tenus de faire connaître à l'administration fiscale, pour chaque client identifié à la T.V.A. dans un autre Etat membre de l'U.E. et pour le mois ou le trimestre civil précédent, le montant total des livraisons intracommunautaires de biens et des prestations de services intracommunautaires exemptées en Belgique pour lesquelles la T.V.A. est exigible dans le pays de destination [7.2.].

Depuis 1/1/2014, la périodicité de la déclaration périodique à la T.V.A. a été adaptée à la périodicité du relevé à la T.V.A. des opérations intracommunautaires. Les assujettis tenus au dépôt mensuel du relevé IC sont désormais exclus du régime de dépôt de déclarations à la T.V.A. trimestrielles.

Il est rappelé qu'un assujetti est tenu au dépôt mensuel du relevé à la T.V.A. des opérations intracommunautaires, lorsque le montant total trimestriel des livraisons de biens à reprendre dans ce relevé a dépassé 50.000,00 € soit au cours du trimestre civil concerné soit au cours d'un des 4 trimestres civils précédents.

Un assujetti peut en principe revenir à la règle du dépôt trimestriel de son relevé IC et par conséquent à nouveau déposer des déclarations à la T.V.A. trimestrielles s'il satisfait aux conditions, pour autant que le seuil prévu de 50.000,00 € n'ait pas été dépassé au cours d'un des 4 trimestres civils précédents [48].

Ce relevé intracommunautaire est à envoyer par voie électronique (application INTERVAT).

Les assujettis franchisés, les assujettis exonérés et les assujettis occasionnels échappent à cette obligation.

Chaque administration fiscale transmet ces informations aux autres États membres concernés.

---

[48] V. déc. n° E.T. 117/215/5.

22.3. Utilité de la liste

Comme pour la liste des clients assujettis en Belgique [21.3.], chaque Etat membre établit pour chacun de ses identifiés à la T.V.A., un total de ses <u>acquisitions</u> intracommunautaires de biens et de services, permettant ainsi de contrôler si ces acquisitions et services ont bien été reprises en comptabilité et taxées dans leur pays.

Si l'on cumule les données concernant les acquisitions en Belgique (fournies par les listes annuelles des clients assujettis), les opérations intracommunautaires (fournies par les relevés à la T.V.A. des opérations intracommunautaires) et les importations (fournies par l'administration des Douanes et Accises), on obtient le total de toutes les acquisitions réalisées pour chacun des assujettis. Renseignements précieux que l'Administration fiscale pourra éventuellement recouper avec la comptabilité de l'assujetti.

22.4. Périodicité d'envoi

Le relevé à la T.V.A. des opérations intracommunautaires doit être envoyé :

- **tous les mois** pour les déposants mensuels, quel que soit le montant trimestriel des opérations intracommunautaires réalisées;
- **tous les mois** pour les déposants trimestriels, si le montant total trimestriel de leurs <u>livraisons</u> intracommunautaires exemptées a dépassé 100.000,00 € au cours de chacun des 4 trimestres précédents;
- **tous les trimestres** pour les déposants trimestriels, pour autant que le montant total trimestriel de leurs <u>livraisons</u> intracommunautaires exemptées n'ait pas dépassé 50.000,00 € au cours de chacun des 4 trimestres précédents.

MODELE DE RELEVE À LA T.V.A. DES OPERATIONS INTRACOMMUNAUTAIRES

RELEVE A LA TVA DES OPERATIONS INTRACOMMUNAUTAIRES

N° de TVA du déclarant : B E 0 ⬜⬜⬜.⬜⬜⬜.⬜⬜⬜ (1)

Période : ⬜⬜ ⬜⬜⬜⬜ (1)(4)   **Page (2)** ⬜⬜⬜   **sur (3)** ⬜⬜⬜

(1) A compléter obligatoirement sur chaque page du relevé.
(2) Les pages doivent être numérotées de manière ininterrompue. La première page du relevé porte le numéro 001.
(3) Indiquer ici le nombre total de pages du relevé.
(4) A compléter par : - relevé mensuel: XX | ANNEE (ex: mars 2010 = 03 2010)
  - relevé trimestriel: 3X | ANNEE (ex: 1er trimestre 2010 = 31 2010)
  - relevé annuel: 00 | ANNEE (ex : année 2010 = 00 2010)

CADRE I : A COMPLETER UNIQUEMENT A LA PREMIERE PAGE DU RELEVE

Nom et adresse du déclarant :

ATTENTION : si le relevé contient plusieurs feuilles, elles ne peuvent pas être attachées.

Les pages doivent être rangées par numéro de page croissant.

Date : ⬜⬜⬜⬜⬜⬜⬜⬜
Signature(s) :

Je déclare que ce relevé est sincère et complet.
Nom, qualité et numéro de téléphone du (des) signataire(s) :

CADRE II : RESERVE A L'ADMINISTRATION

Date de réception	Période	Nbre pages	A/B/R	Date de traitement

Plier ici s.v.p.

CADRE III : RELEVE DES CLIENTS

	CODE PAYS ET NUMERO DE TVA DU CLIENT	CODE	MONTANT	PERIODE (4)
1				
2				
3				
4				
5				
6				
7				
8				
9				
10				
11				

Montant total de cette page :

Partie 2 – Les obligations

(1) Chaque page doit être numérotée.
(2) Indiquer ici le nombre total de pages du relevé.

Page (1)   sur (2)

SUITE DU CADRE III : RELEVE DES CLIENTS

	CODE PAYS ET NUMERO DE TVA DU CLIENT	CODE	MONTANT	PERIODE
1				
2				
3				
4				
5				
6				
7				
8				
9				
10				

Plier ici s.v.p.

11				
12				
13				
14				
15				
16				
17				
18				
19				
20				
21				
22				
	Montant total de cette page :			

23. Conservation des livres et documents

Non seulement le Code T.V.A. impose la tenue de livres et la création de documents, mais il exige en outre leur conservation pendant une période suffisamment longue pour conserver un droit de regard étendu sur les opérations réalisées.

23.1. Conservation des livres et documents comptables

23.1.1. Références légales

Code T.V.A. : Art. 60.

23.1.2. Livres et documents à conserver

Les livres et les documents dont la tenue, la rédaction ou la délivrance sont prescrites par le Code T.V.A. ou par un arrêté d'exécution doivent être conservés par les personnes qui les ont tenus, dressés ou reçus. Cette obligation concerne toute personne qu'elle soit physique ou morale, assujettie ou non à la T.V.A.

Les documents suivants doivent être conservés :
- les factures ou les documents qui en tiennent lieu, tant pour les opérations réalisées dans le pays que pour les livraisons intracommunautaires, les acquisitions intracommunautaires ou les achats hors de l'Union européenne;
- les livres et les documents comptables;
- les contrats et les pièces relatives aux commandes, expéditions, remises et livraisons de biens;
- les extraits de compte et documents de paiement;
- les autres livres et documents relatifs à l'activité.

L'obligation légale de conservation des livres et documents s'étend également à la documentation relative aux analyses, à la programmation et à l'exploitation des systèmes informatisés.

Les factures reçues par voie électronique doivent être conservées sous leur forme originale, y compris les données garantissant l'authenticité de l'origine et l'intégrité du contenu de chaque facture.
Les factures reçues sur papier sont conservées dans leur forme originale ou de manière digitale. Dans le cas d'une conservation digitale, les technologies utilisées ou les moyens de procédure doivent garantir l'authenticité de l'origine et l'intégrité du contenu des factures.

23.1.3. Délais de conservation

Les livres et documents comptables ainsi que les documents relatifs aux systèmes informatiques doivent être conservés durant **7 ans** prenant cours selon les règles reprises au tableau ci-dessous :

Nature	Date de départ du délai
Livres comptables	Le 1er janvier de l'année qui suit leur clôture
Documents comptables	Le 1er janvier de l'année qui suit leur date
Documents informatiques	Le 1er janvier de l'année qui suit la dernière année pendant laquelle le système a été utilisé

23.1.4. Sanctions

Toute infraction à l'obligation de conserver les documents est sanctionnée par une amende administrative de 1.000,00 € à 5.000,00 €. En outre, l'assujetti s'expose à une taxation d'office [49].

23.2. Communication des livres et documents comptables

23.2.1. Références légales

Code T.V.A. : Art. 61.

23.2.2. Règles

Toute personne doit communiquer, sans déplacement, à toute réquisition des agents de l'administration fiscale, les livres et documents qu'elle doit conserver [23.1.], afin de permettre la vérification de l'exacte perception de la T.V.A. à sa charge ou à la charge de tiers.

Si les livres et documents visés ci-avant sont tenus, établis, délivrés, reçus ou conservés au moyen d'un système informatisé, ces agents ont le droit de se faire communiquer les données enregistrées sur des supports informatiques sous forme lisible et intelligible. Ils peuvent également requérir la personne concernée d'effectuer, en leur présence, et sur son matériel, des copies, dans la forme qu'ils souhaitent, de tout ou partie des données précitées, ainsi que les traitements informatiques jugés nécessaires à la vérification de l'exacte perception de la T.V.A.

23.2.3. Droit d'emporter les livres et documents

Les agents de l'administration fiscale - secteur T.V.A., ont le droit de retenir, contre délivrance d'un accusé de réception, les livres et documents qu'une personne doit

---

[49] Visée par l'article 66 du Code T.V.A.

conserver ainsi que les copies des données informatiques, chaque fois qu'ils estiment que ces livres, documents ou copies établissent ou concourent à établir la débition d'une T.V.A. ou d'une amende à sa charge ou à la charge de tiers.

Le droit ne s'étend pas aux livres qui ne sont pas clôturés. Lorsque ces livres sont conservés au moyen d'un système informatique, les agents ont le droit de se faire remettre des copies de ces livres dans la forme qu'ils souhaitent.

Un agent de l'administration de la T.V.A. qui emporte des livres ou documents est tenu de remettre à l'assujetti un **procès-verbal de rétention** (au lieu d'un accusé de réception) dans les 5 jours de la rétention.
A noter que les agents de l'administration des contributions directes sont à présent également autorisés à emporter livres et documents (ce qui n'était pas le cas précédemment).

Toute infraction à l'obligation de communiquer les documents est sanctionnée par une amende administrative de 1.000,00 € à 5.000,00 € et expose l'assujetti à une taxation d'office.

23.3. Droit de visite des locaux professionnels

23.3.1. Références légales

Code T.V.A. : Art. 63.

23.3.2. Règles

Toute personne qui exerce une activité économique est tenue d'accorder, à tout moment et sans avertissement préalable, le libre accès des locaux où elle exerce son activité, aux fins de permettre aux agents habilités à contrôler l'application de la T.V.A. et munis d'une commission, d'examiner tous les livres et documents qui s'y trouvent, de vérifier la fiabilité des informations, données et traitements informatiques et de constater la nature et l'importance de l'activité qui s'y exerce et le personnel qui y est affecté, ainsi que des marchandises et tous les biens qui s'y trouvent, y compris les moyens de production et de transport.

Sont notamment des locaux où une activité est exercée, les bureaux, fabriques, usines, ateliers, magasins, remises, garages et les terrains servant d'usines, d'ateliers ou de dépôts.

Ces agents peuvent, dans le même but, pénétrer librement, à tout moment, sans avertissement préalable, dans tous les bâtiments, ateliers, établissements, locaux ou autres lieux qui ne sont pas visés à l'alinéa précédent et où sont effectuées ou sont présumées être effectuées des opérations visées par le Code T.V.A. mais, dans les bâtiments et locaux habités, uniquement de 5h du matin à 9h du soir et avec l'autorisation du juge de police.

Ils peuvent également arrêter et visiter à tout moment, sans avertissement préalable, tous moyens de transport, y compris les conteneurs en vue d'examiner les biens transportés.

23.4. Fourniture de renseignements à l'administration

23.4.1. Références légales

Code T.V.A. : Art. 62 & 63 bis.

23.4.2. Règles

Toute personne, assujettie ou non, est tenue de fournir verbalement ou par écrit, à toute réquisition des agents de l'administration fiscale, tous renseignements qui lui sont réclamés afin de vérifier l'exacte perception de la T.V.A. à sa charge ou à la charge de tiers.

Les agents de l'administration fiscale ne peuvent exiger la communication des livres et documents autres que ceux dont la tenue, la rédaction ou la délivrance sont prescrites par le Code T.V.A., et la fourniture de renseignements de la part d'organismes financiers, que lorsqu'ils agissent en vertu d'une autorisation du directeur général de cette administration.

24. Les moyens de preuve de l'administration

Les moyens de preuve permettent à l'administration fiscale de justifier la réclamation de T.V.A., des intérêts et des amendes fiscales. Ils peuvent différer d'un secteur fiscal à l'autre.

24.1. Références légales

Code T.V.A. : Art. 64, 65, 66, 68 & 69.

24.2. Principe

L'administration fiscale - secteur T.V.A. est autorisée à prouver selon les règles et par tous les moyens de droit commun, témoins et présomptions compris, à l'exception du serment, et par les procès-verbaux des agents du Service Public Fédéral - Finances, toute contravention aux dispositions du Code T.V.A. de même que tout fait quelconque qui établit ou qui concourt à établir la débition de la T.V.A. ou d'une amende.

24.3. Moyens de preuve spécifiques à la T.V.A.

24.3.1. Le procès-verbal

Le procès-verbal est l'acte dans lequel un agent du Service Public Fédéral - Finances consigne ses diligences, ses recherches, les renseignements obtenus, les constatations matérielles de certains faits et les déclarations obtenues.
La force probante d'un procès-verbal ne s'étend pas aux déductions que le verbalisant tire de ses constatations. Les procès-verbaux font foi jusqu'à preuve du contraire.

24.3.2. La taxation d'office

La **taxation d'office** [50] est une procédure qui permet à l'administration fiscale d'établir «d'office» les taxes dues en raison du montant présumé des opérations qu'un assujetti a effectuées durant la période de taxation. Cette procédure ne peut être utilisée que lorsque l'assujetti n'a pas rempli les obligations du Code T.V.A. comme, par exemple :

- l'absence de dépôt de la déclaration périodique à la T.V.A.;
- le refus de communication des livres et documents;
- l'absence de réponse à une demande de renseignements;
- etc.

---

[50] Art. 66 du Code T.V.A. – Circulaire administrative n° 76/1971.

La taxation d'office «renverse la charge de la preuve»; autrement dit, il incombe à l'assujetti d'apporter la preuve de l'inexactitude des chiffres avancés par l'administration fiscale.

24.3.3. L'expertise

La **procédure d'expertise** peut intervenir, notamment dans le cas du contrôle de la valeur normale des nouvelles constructions [8.2.2.].

24.3.4. Les présomptions légales

Les **présomptions légales** permettent de combler l'insuffisance des moyens de preuve de droit commun. Ce sont des présomptions instaurées par la loi qui doivent être suivies par le juge et ne sont pas soumises à appréciation.

25. La procédure

Malgré certains rapprochements, les procédures de recouvrement en matière de Contributions directes et de T.V.A. diffèrent encore.

25.1. Référence légale

Code T.V.A. : Art. 84 à 93.

25.2. Principe

Les litiges portant sur l'exigibilité ou sur le recouvrement des impôts indirects sont introduits devant les tribunaux ordinaires mais il existe, en matière de T.V.A., une **procédure administrative** différente de la procédure de réclamation en matière d'impôts directs.

La procédure administrative tend à la solution amiable des problèmes relatifs à la perception de la T.V.A. La décision qui est prise n'a aucune force obligatoire, elle ne lie ni le contribuable, ni l'Etat. Elle n'est pas imposée par la loi, donc le contribuable n'a pas l'obligation d'y recourir avant d'agir en justice. Il ne peut toutefois saisir la justice d'une contestation sur des droits ou des taxes qui sont réclamés, avant d'avoir reçu la notification d'une **contrainte** (25.3.10.).

25.3. Le contrôle T.V.A.

25.3.1. Avis de contrôle

En principe, un contrôle T.V.A. est annoncé par lettre recommandée minimum 15 jours à l'avance. Mais aucune règle n'est fixée à ce sujet. L'agent contrôleur peut fixer un rendez-vous par téléphone avec l'assujetti ou son comptable.

Sauf fraude manifeste, un contrôle ne peut porter que sur l'année en cours et les trois années qui la précèdent. Ce délai peut être porté à 5 ans en cas de fraude et à 7 ans pour les transactions intracommunautaires.

Les régularisations effectuées après l'annonce d'un contrôle ne sont pas considérées comme des régularisations spontanées.

25.3.2. Lieu du contrôle de la comptabilité

En principe, le contrôle T.V.A. doit s'effectuer sans déplacement de l'assujetti, c'est-à-dire au domicile d'une personne physique ou au siège administratif d'une personne morale. Mais, avec l'accord de l'assujetti intéressé, le contrôle peut avoir lieu à l'office de contrôle ou encore chez son conseil.

25.3.3. Relevé de régularisation

Lorsqu'il y a matière à régularisation, les erreurs constatées sont généralement consignées d'abord dans un **relevé de régularisation** adressé à l'assujetti invité à y donner suite dans un délai d'un mois (admis par la jurisprudence) soit par un accord sur la totalité de la régularisation, soit par un accord partiel, soit par la notification de son désaccord total.

25.3.4. Amendes

Les amendes sont toujours dues même si la bonne foi peut être invoquée. En cas de régularisation spontanée (c'est-à-dire, avant toute intervention d'une quelconque administration fiscale) l'amende est remise entièrement.

Les amendes proportionnelles sont égales à **deux fois** les droits éludés; sauf fraude manifeste, elles sont obligatoirement réduites selon un barème bien précis [51] :

Amendes appliquées sur les relevés de régularisation (amendes dites proportionnelles)		
Nature des régularisations	Amende appliquée	Arrondis
1. La régularisation porte sur une rectification du chiffre d'affaires, un prélèvement ou un avantage de toute nature - la moyenne annuelle des taxes dues sur l'ensemble de la période contrôlée est < à 1.250,00 € : - la moyenne annuelle des taxes dues sur l'ensemble de la période contrôlée est > à 1.250,00 € :	10% de la T.V.A. due 20% de la T.V.A. due	Si le total de la T.V.A. due est > à 250,00 €, l'amende est arrondie à la dizaine inférieure d'euro. Exemple : 1**688**,62 > 1680,00
2. La régularisation porte sur une rectification autre qu'une rectification du chiffre d'affaires (erreurs de déduction, de taux, révisions, etc.) : - la moyenne annuelle des taxes dues sur l'ensemble de la période contrôlée est < à 1.250,00 € : - la moyenne annuelle des taxes dues sur l'ensemble de la période contrôlée est > à 1.250,00 € :	5% de la T.V.A. due 10% de la T.V.A. due	Si le total de la T.V.A. due est < à 250,00 €, l'amende est arrondie à l'unité inférieure d'euro. Exemple : 106,81 > 106,00

25.3.5. Requête en remise ou réduction d'amendes

L'assujetti a la possibilité d'introduire une requête en remise ou réduction des amendes. Les remises d'amendes sont du ressort du Directeur régional. Le Directeur général reste compétent pour certains cas exceptionnels. La requête en remise d'amendes fait l'objet d'un rapport au Directeur régional qui statue sur avis de l'inspecteur principal compétent.

---

[51] A.R. n° 41.

25.3.6. Intérêts de retard

Les intérêts [26.] exigibles sur les régularisations de T.V.A. sont dus à partir du 21 du mois qui suit la fin de la période contrôlée. Tout mois commencé est considéré comme complet.

La remise des intérêts est exceptionnelle. Elle est uniquement de la compétence du Directeur Régional.

25.3.7. Accord de l'assujetti

L'assujetti marque son accord sur les régularisations qui lui sont proposées en apposant à l'endroit prévu à cet effet au bas du relevé de régularisation, la date, sa signature et la formule de reconnaissance de dette :

«*Lu et approuvé, bon pour la somme de ..... €*»

L'office de contrôle rédige un **ordre de recouvrement** au «C.T.R.I.[52]» chargé du recouvrement de la créance (avis de paiement, rappel, etc.). Il y a possibilité d'obtenir éventuellement des délais de paiement auprès du receveur de la T.V.A. compétent.

En cas de désaccord, commence alors le procédure administrative.

Les impôts étant d'ordre public, le Directeur régional peut transiger sur des questions de fait mais jamais sur des questions de droit. Il intervient entre l'agent contrôleur et l'assujetti. Il ne peut cependant accorder aucune exemption d'impôt.

25.3.8. Désaccord de l'assujetti

Qu'il soit total ou partiel, l'assujetti formule librement par écrit les motivations de son désaccord sur les régularisations proposées.
La notification du désaccord peut être adressée, au choix, au Directeur général, au Directeur régional ou à l'Inspecteur principal compétent.

25.3.9. Procès-verbal

Voir 24.3.1.

25.3.10. Contrainte

C'est le premier acte de poursuite. La contrainte repose sur le procès-verbal rédigé par l'agent contrôleur.

C'est un acte exécutoire extrajudiciaire utilisé par l'administration fiscale comme **titre exécutoire** pour le recouvrement des impôts. Elle est décernée par le Receveur de la T.V.A.

---

[52] Centre de traitement régional de l'information.

Elle est préalablement rendue exécutoire par le Directeur ou par l'Inspecteur principal compétent. Elle est alors **signifiée** (par exploit d'huissier) ou **notifiée** (par pli recommandé).

La notification par pli recommandé à la poste et à l'adresse que le redevable a communiquée vaut signification à compter du lendemain. Elle est valable même si le redevable a changé d'adresse sans en informer l'administration. Ce pli recommandé équivaut au rôle en matière de contributions directes.

- Pour les contributions directes
  - Le rôle est une liste qui mentionne la nature et le montant de l'impôt dû par une personne. C'est un acte par lequel les contributions directes se créent un titre contre le redevable et expriment sa volonté d'exiger le paiement de l'impôt.
  - C'est le titre exécutoire non seulement pour la première imposition mais aussi pour les perceptions. L'enrôlement introduit la procédure administrative obligatoire qui se termine par une décision juridictionnelle du Directeur Régional.
- Pour la T.V.A.
  - La déclaration périodique à la T.V.A. est un simple écrit qui sert à déterminer la dette d'impôt et à exiger le paiement à l'échéance de dépôt. S'il n'y a pas de paiement, une contrainte est décernée.
  - La fonction du rôle est dévolue à la contrainte qui est le premier acte judiciaire par lequel l'existence de la dette est constatée sous une forme légale.
    Tant qu'il n'y a pas contrainte, aucune imposition n'est établie.

Conséquences de la contrainte

La contrainte **interrompt la prescription** et permet l'inscription hypothécaire. Elle permet au redevable de faire opposition et d'introduire une procédure judiciaire. Elle fait courir des intérêts moratoires complémentaires [26].

Opposition à la contrainte

L'exécution de la contrainte peut être interrompue par une **requête contradictoire** introduite par l'intermédiaire d'un avocat auprès de Tribunal de 1ère Instance du Receveur de la T.V.A.

La requête doit être motivée et elle l'est, en pratique, dès le moment où la partie fait connaître les raisons de son opposition dans ses conclusions.

Après la contrainte

Si la contrainte a été notifiée par pli recommandé on peut uniquement procéder à une saisie-arrêt exécution.

La saisie-exécution est un moyen d'exécution par lequel le créancier (le saisissant) opère une saisie dans les mains d'un tiers (le tiers - saisi) sur les sommes et choses que ce dernier doit payer ou rembourser à son débiteur (le saisi).

Si la procédure administrative n'aboutit pas et que le désaccord est persistant, il y a nécessité d'une **instance judiciaire**.

25.3.11. Procédure judiciaire

La procédure judiciaire est basée sur le Code Judiciaire tant pour la compétence des tribunaux (tribunaux ordinaires) que pour les modalités de la procédure.

Elle est engagée par le dépôt d'une **requête contradictoire** au Tribunal de 1ère Instance compétent.
Elle se poursuit éventuellement en Cours d'Appel et en Cour de Cassation.

26. Les intérêts moratoires

L'assujetti qui paie tardivement la T.V.A. est débiteur de plein droit d'un intérêt moratoire de 0,8% par mois.

26.1. Références légales

Code T.V.A. : Art. 91, § 1er.

26.2. Intérêts en faveur de l'Etat

L'intérêt est calculé mensuellement sur le total des taxes dues arrondi au multiple inférieur le plus proche de 10,00 €. Toute fraction de mois est comptée pour un mois entier [14.7.1.]. L'intérêt d'un mois n'est réclamé que s'il atteint 2,50 €.

26.3. Intérêts en faveur de l'assujetti

Un intérêt de 0,8% par mois est exigible de plein droit sur les sommes à restituer, à compter de l'expiration du délai prévu [53] pour autant que l'assujetti ait déposé au plus tard le 20 janvier de l'année suivante toutes les déclarations relatives aux opérations de l'année civile concernée.

Cet intérêt est calculé mensuellement sur le total des taxes à restituer arrondi à la dizaine inférieure d'euros. Toute fraction de mois est comptée pour un mois entier.

Cette disposition vise aussi bien le crédit d'impôt né après le dépôt de la dernière déclaration d'une année civile que les crédits d'impôt nés au cours de cette même année, pour autant que soient remplies les conditions prévues pour la restitution des crédits d'impôt [13.2.2.].

L'intérêt est par conséquent dû lorsque les crédits d'impôt visés à l'alinéa précédent n'ont pas été restitués le 31 mars de l'année qui suit celle où ils sont survenus.

---

[53] Par l'article 76, § 1er, alinéa 1er, du Code T.V.A.

27. Organigramme du SPF Finances

Les Centres Grandes Entreprises ont été créés le 1er juillet 2015 dans le cadre de la modernisation du SPF Finances [54]. Les anciennes administrations sont regroupées en centres compétents dans toutes les matières.

27.1. Référence légale

Circulaire AGFisc N° 37/2015 (n° Ci.702.794) du 1/10/2015.

27.2. Structure générale

Au sein de la nouvelle structure organisationnelle, l'Administration Grandes Entreprises (AGE) est compétente, par priorité mais non exclusivement, à l'égard des sociétés et des personnes morales qualifiées de «grandes entreprises» (GE) [55].

L'Administration est sous la direction de l'Administrateur qui est assisté par :
- Le Service de l'Administrateur qui assiste l'Administrateur pour le fonctionnement quotidien.
- Le Service Soutien au Management qui a comme activités principales :
  - la supervision des CGE et des centres de contrôle;
  - l'organisation des travaux de taxation;
  - la collaboration avec les autres administrations;
  - la gestion de projets;
  - le suivi du cycle de gestion.

L'AGE comprend 7 CGE régionaux (Anvers, Bruges, Bruxelles, Charleroi, Gand, Liège et Louvain) et le CGE Gestion et Contrôles spécialisés.

Centre GE	Adresse	Adresse e-mail
Anvers	Italiëlei 4 - 2000 Antwerpen	go.antwerpen@minfin.fed.be
Bruges	Gustave Vincke Dujardinstraat 4 - 8000 Brugge	go.brugge@minfin.fed.be
Bruxelles	Finance Tower Bd du Jardin Botanique 50, bte 3350 - 1000 Bruxelles	goge.bru.reg@minfin.fed.be
Charleroi	Place Albert Ier 4, boite 16 - 6000 Charleroi	ge.charleroi@minfin.fed.be
Gand	Gaston Crommenlaan 6, bus 703 - 9050 Ledeberg	go.gent@minfin.fed.be
Liège	Rue de Fragnée 2, boite 111 - 4000 Liège	ge.liege@minfin.fed.be
Louvain	Philipssite 3A, bus 1 - 3001 Heverlee	go.leuven@minfin.fed.be

---

[54] Arrêté du 17 juin 2015 du Président du Comité de direction du SPF Finances créant les Centres Grandes Entreprises, publié au M.B. du 26/6/2015.
[55] Circulaire AGFisc N° 37/2015 du 1/10/2015

Louvain - Antenne Hasselt	Voorstraat 43, bus 52 blok C - 3500 Hasselt	go.leuven@minfin.fed.be
Division gestion	Finance Tower Bd du Jardin Botanique 50, bte 3351 – 1000 Bruxelles	goge.bgc.gcs@minfin.fed.be
Division contrôle		goge.gesp.controle.spec@minfin.fed.be
Division Coordination de secteur		goge.sector.coord.secteur@minfin.fed.be

27.3. Groupe cible

L'AGE est compétente, par priorité (mais pas exclusivement) à l'égard des sociétés et des personnes morales qualifiées de «grandes entreprises».

Les critères repris ci-après définissent les critères d'appartenance au groupe cible GE (critères utilisables à cette seule fin).

Le respect d'un seul critère suffit pour qu'une société ou une personne morale puisse être qualifiée de GE.

27.3.1. Critère «Taille» pour les sociétés

Est qualifiée de GE, la société pour laquelle, à la clôture de l'année comptable [56] :

- la moyenne annuelle du nombre de travailleurs occupés excède 100 personnes ou;
- au moins deux des critères suivants sont dépassés:
  - la moyenne annuelle du nombre de travailleurs occupés : 50;
  - le chiffre d'affaire hors T.V.A. : 7.300.000 EUR;
  - le total du bilan : 3.650.000 EUR.

Ce critère est évalué sur base des comptes annuels déposés auprès de la B.N.B. suivant le modèle complet standardisé pour les entreprises belges.

27.3.2. Critère «Taille» pour les personnes morales

Est qualifiée de GE, la personne morale pour laquelle, à la clôture de l'année comptable [57] :

- la moyenne annuelle du nombre de travailleurs occupés (en équivalents temps plein) excède 100 personnes ou;
- au moins deux des critères ci-après sont dépassés :
  - la moyenne annuelle du nombre de travailleurs occupés (en équivalents temps plein) : 50;
  - le total annuel des recettes, autres qu'exceptionnelles (hors TVA) : 7.300.000 EUR;
  - le total du bilan: 3.650.000 EUR.

Ce critère est évalué sur base des comptes annuels déposés auprès de la B.N.B. suivant le modèle complet standardisé pour les A.S.B.L. et fondations belges.

---

[56] Normes de l'art. 15, §§ 1er, 3 et 4 du C.Soc.
[57] Normes de l'art. 17, § 5 ou de l'art. 53, § 5 de la loi du 27 juin 1921.

27.3.3. Critère «Secteur d'activités spécifiques»

Les personnes morales citées ci-après sont, quelle que soit leur taille, qualifiées de GE pour autant :
- qu'elles relèvent du contrôle de la BNB ou de la FSMA (Autorité des services et marchés financiers):
  - les groupes de services financiers;
  - les établissements de crédit;
  - les entreprises d'assurances et de réassurances;
  - les sociétés cotées;
  - les entreprises d'investissement de droit belge: sociétés de bourse;
- qu'elles se soient inscrites auprès du SPF Finances, sur la liste des PRICAF privées (encouragement des investissements à risque dans les P.M.E.).

27.3.4. Critère «Groupe d'entreprises»

Pour qualifier une société ou une personne morale de GE, le pourcentage minimal de participation a été porté à 50% pour renforcer la notion de détention et d'identifier les sociétés et personnes morales qui sont liées de manière durable et dont la détention permet au détenteur d'exercer une influence sur celles-ci.

27.3.5. Critère «Unité T.V.A.»

Tous les membres d'une unité T.V.A. sont qualifiés de GE si au moins un membre de cette unité T.V.A. répond aux critères «taille de sociétés», «taille de personnes morales», «secteurs d'activité spécifiques» et/ou «groupes d'entreprises».

27.4. Dates de rattachement au groupe cible GE

Les sociétés et personnes morales relèvent du groupe cible GE le premier jour du 13ème mois qui suit la fin de l'année comptable où elles satisfont à un des critères. Elles ne relèvent plus du groupe cible GE, 24 mois après la fin de l'année comptable où elles ne satisfont plus à aucun critère.

27.5. Compétences territoriales

27.5.1. Les 7 centres régionaux

Le Centre Grandes Entreprises Anvers est compétent, à partir du 1/7/2015, pour les dossiers qualifiés de grandes entreprises de la région de langue néerlandaise. Il traite essentiellement, mais non exclusivement, les dossiers qualifiés de grandes entreprises pour les communes de la Province d'Anvers.

Le Centre Grandes Entreprises de Bruges est compétent, à partir du 1/7/2015, pour les dossiers qualifiés de grandes entreprises de la région de langue néerlandaise. Il traite essentiellement, mais non exclusivement, les dossiers qualifiés de grandes entreprises pour les communes de la province de Flandre Occidentale.

Le centre Grandes Entreprises Bruxelles est compétent, à partir du 1/7/2015, pour les dossiers qualifiés de grandes entreprises de l'ensemble du Royaume à l'exception des communes d'Amblève, Bullange, Burg-Reuland, Butgenbach, Eupen, La Calamine, Lontzen, Raeren et Saint-Vith.

Le Centre Grandes Entreprises Charleroi est compétent, à partir du 1/7/2015, pour les dossiers qualifiés de grandes entreprises de la région de langue française. Il traite essentiellement, mais non exclusivement, les dossiers qualifiés de grandes entreprises pour les communes des provinces du Hainaut et Brabant Wallon.

Le Centre Grandes Entreprises de Gand est compétent, à partir du 1/7/2015 pour les dossiers qualifiés de grandes entreprises de la région de langue néerlandaise. Il traite essentiellement, mais non exclusivement, les dossiers qualifiés de grandes entreprises pour les communes de la province de Flandre Orientale.

Le Centre Grandes Entreprises Liège est compétent, à partir du 1/7/2015, pour les dossiers qualifiés de grandes entreprises de la région de langue française. Il traite essentiellement, mais non exclusivement, les dossiers qualifiés de grandes entreprises pour les communes des Provinces de Liège, Namur et Luxembourg à l'exception des communes d'Amblève, Bullange, Burg-Reuland, Butgenbach, Eupen, La Calamine, Lontzen, Raeren et Saint-Vith.

Le Centre Grandes Entreprises de Louvain est compétent, à partir du 1/7/2015, pour les dossiers qualifiés de grandes entreprises de la région de langue néerlandaise. Il traite essentiellement, mais non exclusivement, les dossiers qualifiés de grandes entreprises pour les communes des provinces du Limbourg et du Brabant Flamand.

Les sociétés et personnes morales qualifiées de grandes entreprises des communes d'Amblève, Bullange, Burg-Reuland, Butgenbach, Eupen, La Calamine, Lontzen, Raeren et Saint-Vith dépendront de l'Administration Particuliers et plus précisément du Centre Polyvalent d'Eupen. D'ici la création de ce centre, ces sociétés et personnes morales continueront à être traitées par les services dont ils dépendaient au 30/6/2015.

27.5.2. Le Centre GE - Gestion et Contrôles spécialisés

Le Centre GE - Gestion et Contrôles spécialisés traite les dossiers qualifiés de grandes entreprises des communes de l'ensemble du pays à l'exception des communes d'Amblève, Bullange, Burg-Reuland, Butgenbach, Eupen, La Calamine, Lontzen, Raeren et Saint-Vith.

27.6. Compétences matérielles

27.6.1. Les 7 centres GE régionaux

Chaque Centre Grandes Entreprises est constitué :
- d'une équipe soutien administratif;
- de plusieurs équipes contrôle;
- d'une équipe expertise.

Les équipes contrôle et expertise sont chargées en matière d'IPP, taxes assimilées aux impôts sur les revenus, T.V.A., taxes diverses à l'exception des dispositions relatives à leur perception et à leur recouvrement :
- de la vérification de la situation fiscale;
- de l'établissement des impôts et taxes;
- du traitement des contestations;
- de la défense devant les diverses juridictions.

27.6.2. Le Centre GE - Gestion et Contrôles spécialisés

Le Centre GE - Gestion et Contrôles spécialisés est subdivisé en trois divisions :

1. **La division gestion**
   La division gestion est créée le 1/7/2016. Avant cette date, la gestion des dossiers GE reste du ressort des services de taxation actuels.

2. **La division contrôle**
   La division contrôle est constituée de plusieurs équipes contrôle et d'une équipe expertise.
   Les équipes contrôle et expertise sont chargées en matière d'IPP, taxes assimilées aux impôts sur les revenus, T.V.A., taxes diverses à l'exception des dispositions relatives à leur perception et à leur recouvrement:
   - de la vérification de la situation fiscale;
   - de l'établissement des impôts et taxes;
   - du traitement des contestations;
   - de la défense devant les diverses juridictions.

   En plus de ces compétences, les équipes contrôle de la division contrôle du Centre GE - Gestion et Contrôles spécialisés sont organisées suivants des matières et/ou secteurs spécifiques :
   - Equipe «Tax shelter»;
   - Equipe «Taxes diverses»;
   - Equipe «Prix de transfert» ;
   - Equipe «Secteurs d'activités spécifiques» ;
   - Equipe «Unités TVA».

3. **La division coordination de secteur**
   Cette division a, notamment, les compétences suivantes :
   - un point de contact unique pour les sociétés et personnes morales qualifiées de GE pour toutes questions ou informations fiscales;
   - le suivi des risques par secteur;
   - la coordination interne au sein des services;
   - l'analyse de la population GE.

Troisième partie

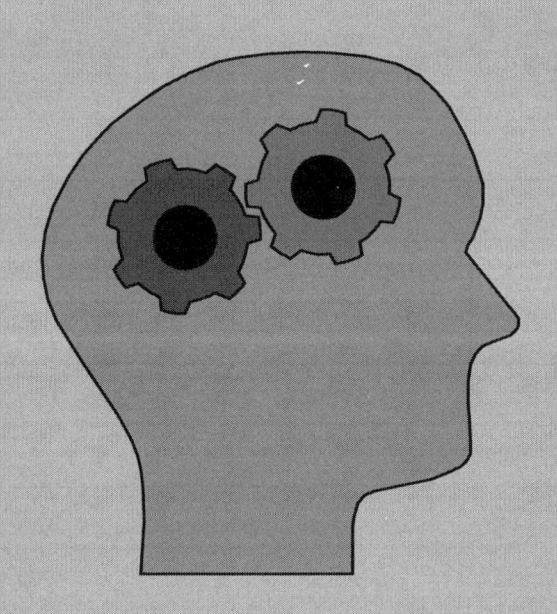

Exercices

28. Exercices pratiques

La théorie est la base de tout... La pratique est son complément indispensable...

Les étudiants et les non-initiés trouveront ici un excellent moyen de mettre en pratique les données théoriques.

Ces exercices ont été conçus dans la continuité des deux premières parties auxquelles il est renvoyé systématiquement. Toutes les solutions y figurent.

Les exercices sont regroupés par catégories :

Série n° 01 – Assujettissement à la T.V.A.

Série n° 02 – Comptabilisation et déclaration T.V.A.

Série n° 03 – Maîtrise de la déclaration T.V.A.

Série n° 04 – Déduction de la T.V.A.

Série n° 05 – Facturation

Série n° 06 – Investissements

Série n° 07 – Formalités administratives

Série n° 08 – Chiffre d'affaires

Série n° 09 – Véhicules automobiles

Série n° 10 – Avantages de toute nature

Série n° 11 – Taux

Série n° 12 – Analyse de situations diverses

Q.C.M.T.V.A.

Edi.pro

Série n° 01 - Assujettissement à la T.V.A.

Exercice n° 1.1. - Catégories d'assujettis

Théorie

Catégories d'assujettis à la T.V.A. (2.2.)
Tableau synthétique (2.3.).

Question

Dans quelle(s) catégorie(s) d'assujetti(s) peut-on ranger les personnes qui connaissent les situations suivantes ?

Données

01. Un opticien indépendant
02. Un kinésithérapeute indépendant
03. Un pharmacien indépendant
04. Une esthéticienne indépendante
05. Une immobilière qui donne des immeubles d'habitation en location

06. Un employé de banque, intermédiaire commercial après journée pour une entreprise de placement de châssis
07. Un négociant qui vend des meubles de bureau uniquement dans l'U.E.
08. Une compagnie d'assurance
09. Une A.S.B.L. sportive qui exploite une buvette ouverte à tous
10. Un médium

11. Une clinique vétérinaire
12. Un acupuncteur indépendant
13. Un mécanicien dentiste indépendant
14. Un guérisseur
15. La S.N.C.B.

16. Une manucure employée par une clinique
17. Une accoucheuse indépendante
18. Un particulier qui donne chaque année en location une villa meublée qu'il possède à la mer
19. Un courtier en assurances indépendant
20. Une société de leasing de voitures

21. Un vétérinaire employé dans une clinique vétérinaire
22. Un huissier de justice indépendant
23. Un bandagiste
24. Un psychologue indépendant
25. Un notaire

26. Un commissionnaire en marchandises
27. Un instituteur
28. La banque BNP PARIBAS FORTIS
29. Une société de transports internationaux
30. Un facteur

31. Un comptable indépendant qui vend du matériel informatique
32. Une pédicure indépendante à domicile et employée dans un hôpital
33. Un expert fiscal indépendant
34. Un courtier en assurances qui tient quelques comptabilités après journée
35. Un ingénieur cadre dans une société et indépendant après journée

36. Un fonctionnaire qui donne des cours du soir dans une école de l'Etat
37. Un licencié en droit indépendant qui dispense des conseils juridiques aux entreprises
38. Un chauffeur de taxi indépendant
39. Une école supérieure de comptabilité
40. Un pensionné qui cultive et vend son muguet à l'occasion du 1er mai

41. Une employée de bureau esthéticienne après journée
42. Un étudiant en comptabilité qui tient la comptabilité d'un pharmacien
43. Un étudiant en comptabilité qui tient la comptabilité d'un médecin
44. Un juriste indépendant qui est également agent indépendant d'assurances
45. Un réviseur d'entreprise indépendant

46. Un géomètre à mi-temps appointé et à mi-temps indépendant
47. Une entreprise qui construit et vend des nouveaux immeubles et des terrains non bâtis
48. Un forain
49. Une entreprise d'organisation de spectacle
50. Un particulier qui donne des boxes de garages en location dans le cadre de la gestion de son patrimoine privé

Série n° 02 - Comptabilisation et déclaration T.V.A.

Exercice n° 2.1. - Déclaration périodique à la T.V.A. au régime normal

Théorie

Analyse de la déclaration périodique à la T.V.A. (16.4.).

Question

Rédigez la déclaration à la T.V.A. du 1er trimestre de monsieur A, sur base d'une comptabilité simplifiée comprenant un facturier d'entrées (ou journal des achats), un facturier de sorties (ou journal de ventes) et un journal de recettes (ventes comptant) tous trois à compléter.

Données

Monsieur A exerce une activité de détaillant rue de la Paix n° 1 à BRUXELLES, et est identifié à la T.V.A. sous le n° BE 0111.111.111.
Toutes les opérations ont lieu en Belgique.
Sauf stipulation contraire, les montants sont renseignés T.V.A. 21% non comprise.

Opérations réalisées durant la période de la déclaration :

01. Facture du 5/1 pour achat de marchandises (3.415,44 € - T.V.A. 6%).

02. Facture du 7/1 pour vente de marchandises (4.154,12 €).

03. Facture du 9/1 pour achat de marchandises (2.441,77 € - T.V.A. 12%).

04. Note de crédit du 9/1 de 10% sur l'opération n° 1.

05. Facture du 12/1 pour vente de marchandises (6.447,22 € - T.V.A. 6%); un escompte de 3% est prévu en cas de paiement dans les huit jours.

06. Facture du 15/1 pour vente de marchandises (712,56 € - T.V.A. 12%); un rabais de 5% «client fidèle» est accordé sur la facture.

07. Achat du 19/1 de tabacs (698,42 €).

08. Facture du 1/2 pour achat d'un PC d'occasion à usage économique (1.141,00 €).

09. Vente du 6/2 de tabacs (678,96 €).

10. Facture du 12/2 : vente d'une voiture automobile entièrement amortie (base imposable réduite à 50% : 1.935,00 €).

11. Acquisition le 20/2 d'une voiture mixte neuve (15.755,00 €) utilisée à 65% à usage économique; une remise de 8% sur ce prix est accordée par le vendeur.

12. Facture du 22/2 pour de la publicité (44,55 €).

13. Facture du 25/2 pour frais de téléphone et fax (85,34 € - usage économique 4/5).

14. Facture du 1/3 pour réparation de la voiture automobile (169,51 €).

15. Vente le 3/3 de matériel usagé (657,43 €).

16. Note de restaurant (ticket de caisse T.V.A.) du 11/3 (158,87 €).

17. Facture du 15/3 pour vente de marchandises diverses (198,54 € - T.V.A. 6%; 86,54 € - T.V.A. 12% et 546,47 € - T.V.A. 21%).

18. Facture du 19/3 de l'entreprise Z pour le carrelage de la remise (355,91 €).

19. Note de crédit client adressée le 24/3 (53,00 €).

20. Facture du 25/3 du comptable pour la tenue de la comptabilité (154,00 €).

21. Correction d'une T.V.A. trop peu déduite (659,47 €) et trop déduite (543,88 €) le trimestre précédent.

22. Vente d'emballages non cautionnés le 29/3 (81,00 €).

23. Ventes « comptant » du trimestre :
    - 189,77 € au taux de 0 p. c.
    - 1.357,96 € au taux de 6 p. c.
    - 687,81 € au taux de 12 p. c.
    - 952,57 € au taux de 21 p. c.

Exercice n° 2.2. - Déclaration périodique à la T.V.A. au régime du forfait

Théorie

Analyse de la déclaration périodique à la T.V.A. (16.4.).
Le régime du forfait (15.2.).

Question

Sur base des données ci-dessous, comptabilisez les opérations dans le facturier d'entrées (ou journal des achats) et établissez la déclaration périodique à la T.V.A. du 2ème trimestre selon le régime forfaitaire, sur base de la feuille de calcul appropriée.

Données

Madame C exploite en Belgique un magasin d'alimentation générale (épicerie) et est identifiée à la T.V.A. sous le n° BE 0222.222.222.

- Des ristournes sous forme de timbre pour un montant de 124,86 € (T.V.A. 6% comprise) et 89,12 € (T.V.A. 21% comprise) ont été accordées aux clients durant le trimestre.
- Vente de l'ancienne caisse enregistreuse : 94,00 €.
- Sauf stipulation contraire, les montants sont renseignés T.V.A. 21 p. c. non comprise.
- Les coefficients forfaitaires communiqués par l'administration de la T.V.A. pour l'année concernée sont les suivants :

Ventilation des marchandises	Taux	Coefficients forfaitaire *
Groupe 00 : Tabac	0%	1.065
Groupe 11 : Alimentation, produits laitiers, friandises…	6%	1.235
Groupe 12 : Charcuteries, produits surgelés, fromages, légumes frais…	6%	1.375
Groupe 21 : Margarine	12%	1.17
Groupe 22 : Charbon	12%	1.26
Groupe 31 : Boissons, alimentation pour animaux de compagnie…	21%	1.185
Groupe 32 : Textiles, produits d'entretien de parfumerie et de toilette, jouets…	21%	1.235

* coefficients non indicatifs mais proches de la réalité

Opérations réalisées durant le 2ème trimestre :

01. Facture du 3/4 pour achat en Belgique de produits alimentaires (3.715,18 €) et de produits surgelés (1.614,12 €).

02. Facture du 10/4 pour achat en Belgique de boissons (1.505,43 €) et de légumes (764,32 €).

03. Note de crédit du 17/4 de 5% sur les livraisons de l'opération n° 1.

04. Achat du 31/4 en Belgique de tabacs (214,41 €).

05. Facture du 2/5 pour achat d'une nouvelle caisse enregistreuse pour un montant de 1.412,33 €.

06. Facture téléphone portable du 17/5 (75,55 €) - usage économique admis : 4/5.

07. Achat le 20/5 dans un établissement «Cash and Carry» (ristourne comprise 3%) de produits alimentaires (3.887,69 €), de légumes frais (1.665,93 €), de produits laitiers (315,45 €), de friandises (722,44 €) et de produits surgelés (1.441,66 €).

08. Facture du 24/5 pour publicité radiophonique (62,00 €).

09. Facture du 7/6 pour le remplissage de la citerne à mazout (692,64 €); 25% à usage privé.

10. Facture du 7/6 pour achat de confiserie chez un grossiste (614,33 €).

11. Facture du 12/6 pour achat dans une grande surface de produits textiles (175,22 €), de boissons (621,25 €), de margarine (115,96 €), de produits surgelés (406,14 €), de produits de parfumerie (622,99 €) et de jouets (314,15 €).

12. Facture du 18/6 pour remplacement d'un radiateur du magasin (714,75 €).

13. Note de crédit du 19/6 reçue d'un fournisseur de produits surgelés pour ristourne sur les achats de l'année précédente (175,00 €).

14. Achat le 21/6 chez un grossiste : Alimentation (237,55 €), produits surgelés (128,86 €), charbon (1.334,00 €), légumes frais (575,12 €) et produits laitiers (454,43 €).

15. Facture du 24/6 du comptable (146,00 €).

16. Facture du 26/6 pour achats de produits laitiers en Suisse (316,12 €); dédouanement en Belgique. Le document d'importation est reçu le même jour.

17. Facture du 27/6 pour acquisition en Hollande de fromages (533,11 €).

18. Note de crédit du 29/6 du fournisseur hollandais (n° 17) (250,00 €).

19. Achats le 29/6 d'emballages non cautionnés (81,00 €).

20. Facture du 30/6 pour nettoyage de la vitrine du magasin (53,00 €).

Série n° 03 - Maîtrise de la déclaration T.V.A.

Exercice n° 3.1. - Déclaration périodique à la T.V.A.

Théorie

La déclaration périodique à la T.V.A. (16.).
La base imposable (10.).

Question

Indiquez les montants et les grilles de la déclaration périodique à la T.V.A. à mouvementer pour chacune des opérations suivantes effectuées par un magasin de type «grande surface» établi en Belgique déposant des déclarations mensuelles à la T.V.A.

Données

Sauf stipulation contraire, les montants donnés s'entendent T.V.A. 21% non comprise.

01. Vente à un particulier d'une camionnette investie totalement dans l'entreprise (2.500,00 €).

02. Totalisation des recettes de la caisse enregistreuse (18.780,71 € au taux de 0%, 11.781,66 € au taux de 6%, 26.378,97 € au taux de 12% et 167.142,80 € au taux de 21%).

03. Acquisition chez un fabricant autrichien de pneus à vendre (123,78 €).

04. Achat en Belgique chez un agriculteur au régime du forfait agricole de 3 tonnes de pommes de terre conditionnées (293,50 € la tonne) (taux 6%); frais de conditionnement (83,00 €).

05. Achat au Japon de 100 chaînes HI-FI (372,84 € pièce). Droits d'entrée (1.812,00 €) et frais de transport (99,12 €).

06. Régularisation de la T.V.A. sur une créance totale de 7.435,00 €, perdue dans une faillite dont le jugement a été prononcé.

07. Travaux de réparation de la toiture du magasin par un menuisier (2.310,00 €).

08. Prélèvement d'une chaîne Hi-Fi (v. n° 5) par le gérant pour son usage privé.

09. Acquisition d'un minibus réservé au transport du personnel (21.070,00 €).

10. Facturation mensuelle au gérant de l'utilisation de la voiture automobile investie dans l'entreprise : 200,00.

11. Achat pour (3.718,40 €) de matériaux destinés à la construction d'un hangar réalisé par le personnel ouvrier de l'entreprise. Valeur de la mise en œuvre (2.200,00 €).

12. Envoi d'un stock de marchandises (valeur 2.234,00 €) à une succursale française.

13. Note de crédit avec application de T.V.A. reçue d'un fournisseur belge (292,33 € - taux 6%)

14. Régularisation d'une T.V.A. trop déduite (362,00 €) le mois précédent.

15. Facture pour entretien du chauffage central du magasin (188,77 €).

16. Ristourne de fin d'année reçue d'un important fournisseur de marchandises (3.500,00 €).

17. Note d'honoraires d'un bureau de consultance français (1.500,00 €)

18. Note de crédit (sans T.V.A.) délivrée à un client belge pour la reprise de marchandises périmées (386,00 €).

19. Réception d'emballages envoyés par la succursale luxembourgeoise (192,00 €).

20. Vente de marchandises à un client suisse qui a présenté les documents requis (3.596,00 €).

21. Frais de restaurant du directeur du magasin (235,33 €).

22. Note de crédit à un client suédois pour reprise de marchandises non conformes (190,88 €).

23. Facture pour fourniture de 2.000 porte-clefs gravés à l'enseigne du magasin destinés à être offerts aux clients (2.412,55 €).

24. Facture pour achats de boissons alcoolisées à vendre (1.866,12 €) dont 10% sont destinés à être offertes à la clientèle.

25. Vente à un hôpital hollandais d'un lot de tables et chaises (13.634,00 €). L'hôpital communique un numéro d'identification à la T.V.A. valable en Hollande.

Exercice n° 3.2. - Déclaration périodique à la T.V.A.

Théorie

La déclaration périodique à la T.V.A. (16.).

Question

Pour chaque opération, veuillez désigner les différentes grilles ou rubriques de la déclaration T.V.A. qu'il y lieu de servir, en indiquant le montant respectif de chacune d'elle.

Données

Sauf indication ou règle contraire, la totalité de la T.V.A. peut être récupérée.

Tous les fournisseurs ont appliqué correctement les règles en matière de T.V.A.

Sauf mention contraire implicite ou explicite, le taux applicable est de 21% et les prix s'entendent «T.V.A. non comprise».

01. Ventes facturées en Belgique (30.626,00 €).

02. Ventes en Belgique pour lesquelles la dispense de facturation a été appliquée (10.436,00 € au taux de 6%).

03. Réparation de la toiture des garages de l'entreprise (8.676,00 €).

04. Transport de biens achetés en Belgique (545,00 €).

05. Achat d'un ordinateur pour la gestion du stock (3.049,00 €).

06. Achat d'un minibus affecté pour 1/4 à usage économique (28.150,00 €, T.V.A.C.).

07. Achat de marchandises en Hollande (7.858,00 €).

08. Construction par une entreprise spécialisée d'une annexe à usage de bureaux (65.319,00 €).

09. Réception d'une facture d'entretien du chauffage de l'atelier (198,00 €).

10. Délivrance à un client d'une note de crédit (371,00 €).

11. Réception d'une facture d'électricité - 2/3 usage économique (74,00 €).

12. Achat d'une gerbe de fleurs (taux 6%) offerte à l'occasion de l'ouverture d'un magasin d'un client (63,12 €).

13. Récupération par la banque d'une créance (6.222,00 €) dans une faillite.

14. Facturation d'intérêts de retard à un client (94,00 €).

15. Facture d'achat de 120 bouteilles de vin (10,41 € / bouteille) offertes aux clients (une par client); la base hors T.V.A. a été comptabilisée durant la période précédente mais la déduction de la T.V.A. a été omise.

16. Un ordinateur (1.610,00 €) investi et utilisé pendant 3 années dans l'entreprise est donné au concierge. Sa valeur actuelle est de 650,00 €.

17. Comptabilisation de la prime annuelle d'assurance incendie (927,00 €).

18. Réception d'une note de crédit de 10% sur la fourniture visée au n° 7 ci-avant.

19. Réparation par nous de la toiture d'une école située en Hollande (2.200,00 €) et d'une église située en Belgique (1.700,00 €).

20. Le solde de la période de déclaration antérieure accusait un boni (1.611,00 €) remboursé intégralement à l'entreprise.

Exercice n° 3.3. - Déclaration périodique à la T.V.A.

Théorie

La déclaration périodique à la T.V.A. (16.).

Question

Pour chaque opération prise séparément, veuillez désigner les différentes grilles ou rubriques de la déclaration T.V.A. qu'il y lieu de servir, en indiquant le montant respectif de chacune d'elle.

Données

Sauf indication ou règle contraire, l'entreprise peut récupérer la totalité de la T.V.A.

Tous les fournisseurs ont appliqué correctement les règles en matière de T.V.A.

Sauf mention contraire implicite ou explicite, le taux applicable est de 21% et les prix s'entendent «T.V.A. non comprise».

01. Ventes comptant en Belgique (19.355,00 €). Les 2/7 ont été effectuées au taux réduit de 6%.

02. Ventes facturées en Belgique (592.352,11 €).

03. Asphaltage du parking de l'entreprise (3.718,00 €).

04. Transport de biens achetés en Belgique (545,00 €).

05. Achat d'un PC portable pour le service commercial (3.049,00 €).

06. Achat d'une camionnette affectée pour 3/4 à usage économique (38.394,00 € T.V.A.C.).

07. Achat de marchandises en Croatie (11.850,00 €).

08. Facture pour construction d'une salle d'exposition (65.330,00 €).

09. Facture d'entretien du chauffage (310,00 €). Usage économique 65%.

10. Délivrance à un client d'une note de crédit (297,00 €).

11. Réception d'une facture d'électricité - 2/3 économique (297,00 € T.V.A.C.).

12. Achat de fleurs (taux 6%) pour décorer le hall d'entrée (13,63 €).

13. Récupération d'une créance totale de 3.718,00 € que l'on croyait perdue (créance douteuse).

14. Facturation d'indemnités de dédit à un client (581,00 €).

15. Facture d'achat de 120 bouteilles de cognac (13,16 € / bouteille) offertes aux clients. La facture a été comptabilisée durant la période précédente et la T.V.A. n'a pas été déduite.

16. Un ordinateur (1.338,00 €) investi, entièrement amorti et utilisé pendant 4 années dans l'entreprise est donné au fils du gérant. Valeur actuelle estimée : 200,00 €.

17. Comptabilisation de la prime annuelle d'assurance automobile (1.324,44 € /taxe comprise : 116,51 €).

18. Réception d'une note de crédit de 10% pour remise sur achat du PC portable repris au n° 5 ci-avant.

19. Des versements anticipés d'impôts (1.600,00 €) ont été versés durant le trimestre.

20. Prélèvement dans le stock d'un bureau (valeur 570,45 €) destiné à la salle d'exposition.

Exercice n° 3.4. - Déclaration périodique à la T.V.A.

Théorie

La déclaration périodique à la T.V.A. (16.)

Question

Corrigez, avant la rédaction de la déclaration, les éventuelles erreurs constatées dans les données communiquées.
Calculez le solde de la déclaration périodique à la T.V.A. du mois de juin et commentez la suite à réserver au solde T.V.A. à la fin du 2ème trimestre.
Calculez le chiffre d'affaires total de l'entreprise.

Données

- Soldes antérieurs : 5.899,03 € en avril (dû à l'Etat) et 1.714,55 € en mai (dû par l'Etat).

- Sauf stipulation contraire, tous les montants indiqués s'entendent T.V.A. 21% non comprise.

Données communiquées sur les opérations réalisées durant le mois de juin :

01. Chiffre d'affaires «comptant» (3.889,00 € - taux 0%; 30.304,00 € - taux 6%; 13.987,00 € - taux 12% et 369.028,00 € - taux 21%).

02. Chiffre d'affaires «facturation» (41.759,00 € - taux 21% et 6.897,00 € - taux 6%).

03. Livraisons dans l'U.E. (8.860,00 €).

04. Notes de crédit dans l'U.E. (969,00 €).

05. Dans le montant total de la T.V.A. portée en compte par les fournisseurs (32.536,00 €), figure la T.V.A. totale relative à une facture de réparation d'un minibus servant au transport du personnel (873,00 €).

06. Frais généraux (15.815,12 €).

07. Marchandises (244.114,51 €).

08. Le montant des investissements communiqués (11.303,00 €) se compose de l'acquisition de matériel informatique (10.709,00 €) et de trois chaises de bureau.

09. Factures reçues pour l'entretien de l'immeuble (619,00 €).

Exercice n° 3.5. - Déclaration périodique à la T.V.A. et solde

Théorie

La déclaration périodique à la T.V.A. [16.]

Question

Calculez le solde final de la déclaration périodique à la T.V.A. et commentez la suite à lui réserver.

Données

Sauf stipulation contraire, tous les montants indiqués s'entendent T.V.A. 21% non comprise.
L'assujetti remplit toutes les conditions pour obtenir les remboursements de T.V.A.

L'examen des comptes du mois d'avril laisse apparaître chez un assujetti à la T.V.A. les données suivantes :

Totalisation des recettes :

Taux	Journal de recettes	Facturier de sorties	Notes de crédit
6%	293.674,00 €	123.595,00 €	12.354,00 €
12%	412.546,00 €	217.982,00 €	6.547,00 €
21%	1.789.258,00 €	906.657,00 €	42.851,00 €

Totalisation des dépenses :

Marchandises	2.733.687,00 €
Frais généraux	925.987,00 €
Investissements	364.000,00 €
Notes de crédit sur achats	345.699,00 €
Total de toutes les T.V.A. déductibles	749.877,00 €
T.V.A. sur notes de crédit	59.510,00 €
T.V.A. non déductibles économiques sur frais	28.991,00 €
T.V.A. intracommunautaire	31.254,00 €
T.V.A. cocontractant	70.980,00 €

Il subsistait, fin mars, un solde dû par l'Etat de 15.200,00 €.

Exercice n° 3.6. - Déclaration périodique à la T.V.A. et solde

Théorie

La déclaration périodique à la T.V.A. [16.].

Question

Calculez le solde de la déclaration périodique à la T.V.A. en tenant compte des opérations suivantes réalisées durant le 1er trimestre et dites quelle est la suite à lui réserver.
Calculez le chiffre d'affaires total et le coût total des dépenses.

Données

Sauf stipulation contraire, tous les montants indiqués s'entendent T.V.A. 21% non comprise :

01. Vente en Russie d'une remorque d'occasion (6.216,00 €).

02. Réfection de la cafétéria de l'entreprise (3.613,00 €).

03. Ventes au comptant (18.325,66 €) dont 1/3 au taux réduit le moins élevé.

04. Acquisition d'un PC (3.224,00 €).

05. Achat d'une voiture break utilisée pour 3/4 à usage économique (47.612,16 €, T.V.A.C.).

06. Achat de marchandises en Suède (2.865,00 €), Finlande (654,00 €) et Norvège (1.710,00 €).

07. Créance perdue dans une faillite (12.799,43 €).

08. Acomptes volontaires (non obligatoires) effectués durant le trimestre (2 x 1.332,00 €).

09. T.V.A. à régulariser sur avantage de toute nature (356,32 €).

10. Notes de crédit d'un fournisseur belge (324,67 €).

11. Notes de crédit à un client bulgare (213,11 €).

12. Intérêts de retard à facturer à un client (514,00 €).

13. Frais généraux relatifs à la voiture break (3.412,16) €.

Série n° 04 - Déduction de la T.V.A.

Exercice n° 4.1. - Cas pratiques de déduction

Théorie

Les déductions de T.V.A. (12.)

Question

La T.V.A. est-elle déductible (D), non déductible (ND) ou déductible partiellement (DP) lors des dépenses suivantes effectuées par une entreprise de menuiserie ?

Données

Les valeurs sont mentionnées T.V.A. non comprise».

01. Dix fardes de cigarettes offertes aux ouvriers (245,41 €).
02. Camionnette de transport (18.592,00 €).
03. Silicone pour fixation de châssis (34,71 €).
04. Electricité (297,50 €) dont une partie privée située dans les locaux de l'entreprise.
05. Mobilier de bureau acheté en Hollande (2.600,00 €).
06. Note de restaurant à l'occasion d'un déplacement du patron sur chantier (23,55 €).
07. Bouteille d'alcool destinée à la réception des clients (10,66 €).
08. Abonnement pour le lavage de la voiture de l'entreprise (74,37 €).
09. Lecteur blu-ray offert au concierge à l'occasion de sa retraite (297,40 €).
10. Remise en état d'une annexe de l'immeuble en vue de la donner en location (3.720,00 €).
11. Publicité dans le journal local (65,00 €).
12. Location d'une voiture automobile (174,00 €).
13. Location d'un minibus pour le transport des ouvriers (278,00 €).
14. Placement de vitres par un collègue sous-traitant (3.880,00 €).
15. Plante verte pour garnir le hall d'accueil (75,00 €).
16. Honoraires du notaire (970,00 €).
17. Achat d'une camionnette d'occasion «T.T.C.» (7.720,00 €).
18. Achat de matières auxiliaires (44,62 €).
19. Achat de dix bouteilles de genièvre (11,90 € /pièce) offertes aux ouvriers (une par ouvrier).
20. Matériel informatique acheté en Croatie (2.478,00 €).
21. Achat de 2.000 calendriers distribués à des fins publicitaires (2.405,00 €).
22. Contrat d'entretien des camionnettes de l'entreprise (570,00 €).
23. Le patron a invité le comptable au restaurant (27,67 €).
24. Réparation du chauffage de la loge du concierge située dans l'entreprise (210,71 €).
25. Fourniture de diesel pour la voiture utilisée entièrement à usage économique (446,55 €).

Exercice n° 4.2. - Déduction selon la règle du prorata général

Théorie

Règle du prorata général (12.5.2.).

Question

1. Quel est le montant de la T.V.A. déductible sur les acquisitions effectuées en An 0 ?

2. Quelle régularisation doit-on éventuellement effectuer en An +1 sur les trois achats indiqués, en supposant que le montant total des honoraires bruts s'élève pour l'année An 0 à 115.766,00 € dont 41.894,00 € d'honoraires de conseiller juridique ?

Données

Sauf stipulation contraire, les montants s'entendent T.V.A. non comprise et le taux est de 21%.

Il y a lieu d'arrondir les montants selon la règle.

Une société exerce simultanément la profession d'assureur et celle de conseillère juridique indépendante pour l'ensemble des entreprises appartenant à un important holding financier.

Le montant annuel des honoraires totaux bruts recueillis durant l'année civile AN -1 s'élève à 126.400,00 € dont 47.099,00 € de chiffre d'affaires « Assurances ».

Fin de l'année An -1, en vue d'acquérir du nouveau matériel début de l'année An 0, cette société revend son matériel informatique périmé pour une somme globale forfaitaire de 1.500,00 € (valeur résiduelle comptable); elle lui cède également pour 75,00 € un fauteuil de bureau acquis précédemment pour la somme de 198,31 €.

Début d'année An 0, la société achète effectivement du nouveau matériel informatique pour le prix de 5.540,00 € de même qu'une documentation juridique (86,57 € - T.V.A. 6%) ainsi qu'un autoradio (587,83 €) installé dans sa voiture automobile affectée en totalité à son usage économique.

Exercice n° 4.3. – Déduction sur achats de véhicules

Théorie

T.V.A. déductible sur les véhicules automobiles (12.6. et 12.6bis.).

Question

Rédiger les factures.

Indiquer les montants à inscrire dans les grilles concernées de la déclaration de l'acheteur.

Données

Facture 1

Achat en Belgique d'une camionnette par un indépendant, personne physique.

Usage privé du véhicule :	15%
Prix catalogue (Hors T.V.A.) :	16.850,00 €
Supplément installation GPS :	620,00 €
Remise de 7% sur prix total	
Taux de T.V.A. : 21%	

Facture 2

Achat en Belgique d'une voiture neuve par un indépendant, personne physique.

Usage privé du véhicule :	35%
Prix catalogue (Hors T.V.A.) :	16.700,00 €
Supplément toit ouvrant :	620,00 €
Remise de 8% sur prix total	
Taux de T.V.A. : 21%	
Plein d'essence (prix à la pompe) :	67,09 €

Facture 3

Achat en Belgique d'une voiture neuve par un indépendant, personne physique.

Usage privé du véhicule :	40%	
Prix catalogue :	26.875,00 €	
Supplément jantes larges :	600,00 €	
Remise de 8% sur prix total		
Taux de T.V.A. : 21%		
Plein d'essence (prix à la pompe) :	62,50 €	
Reprise camionnette :	3.500,00 €	T.V.A.C.

Série n° 05 - Facturation

Exercice n° 5.1. - Rédaction d'une facture et déclaration T.V.A.

Théorie

Base imposable d'une opération en Belgique (10.2.).
Taux «cocontractant» (11.6.).
Taux réduit de 6% sur les rénovations d'immeubles (11.6.).

Question

1. Établissez une facture unique pour cette opération.

2. Aussi bien chez le vitrier que chez l'expert-comptable, quelles sont les grilles ou rubriques de la déclaration périodique à la T.V.A. influencées par cette opération, et pour quels montants ?

Données

Un vitrier effectue des travaux de placement de double vitrage (10.411,00 €) dans un immeuble occupé depuis 19 ans et utilisé par un expert-comptable indépendant à la fois comme logement privé et comme bureau.

La quotité privée est fixée en accord avec l'administration des contributions directes à 60%.

L'immeuble répond à toutes les conditions pour bénéficier du taux réduit.

Exercice n° 5.2. - Rédaction d'une facture

Théorie

Base imposable d'une opération en Belgique (10.2.).

Question

Rédigez les factures sur base des données communiquées.

Données

Facture 1

Livraison de 10 m³ de béton à 40 € /m³.
Fourniture de 5 palettes non consignée (62,00 € la palette) pour le transport de briques.
Fourniture de 2 Hourdis à 180,00 €.
T.V.A. au taux normal.
Transport : 200,00 €.
Ristourne de 8% sur les matériaux.
Intérêts de retard : 35,00 €.

Facture 2

Fourniture de 12 colis de 6 cartons de papier de photocopie à 65,00 € le carton.
Frais d'emballage : 52,00 €.
Palette cautionnée : 8,00 €.
Remise de 15% sur le papier.
Escompte 3% en cas de paiement comptant.
Intérêts de retard (sur facture précédente) : 35,12 €.
Un pourboire de 10,00 € a été remis par le client au transporteur.

Série n° 06 - Investissements

Exercice n° 6.1. - Comptabilisation des investissements

Théorie

Notion de bien d'investissement (12.7.1.)

Question

- Pour chacune des opérations suivantes, donnez les grilles de la déclaration T.V.A. à servir ainsi que leur montant.

- Arrondir de la manière prescrite.

Données

Sauf stipulation contraire implicite ou explicite, les montants s'entendent T.V.A. 21% comprise.

Une entreprise industrielle effectue les acquisitions suivantes :

01.	Matériel informatique (un ordinateur portable) :	933,00 €
02.	Deux minibus pour le transport du personnel sur les sites industriels :	16.548,00 € l'unité
03.	Un smartphone :	276,00 €
04.	Une camionnette d'occasion :	7.957,00 €
	avec une remorque :	1.083,00 €
05.	Aménagement d'une pièce de réception pour les clients et autres visiteurs de l'entreprise :	12.138,00 €

Série n° 07 - Formalités administratives

Exercice n° 7.1. - Changement de régime de taxation

Théorie

Formalités administratives des assujettis [14].
Les régimes de taxation [15].
La déclaration périodique à la T.V.A. [16].

Question

Enumérez chronologiquement toutes les formalités T.V.A. et opérations que l'assujetti doit effectuer entre le 1er mars et le 31 décembre d'une année.

Données

Un assujetti trimestriel, réparateur de cycles, décide le 1/3 de réduire son activité et de la poursuivre sous le régime de la franchise à partir du 1/7.

Au moment de ce changement de régime il conserve le stock de pièces restantes ainsi qu'une camionnette achetée trois ans plus tôt (N − 3).

Exercice n° 7.2. - Changement de régime de taxation

Théorie

Les régimes de taxation [15.].

Question

Enumérez chronologiquement toutes les formalités T.V.A. et opérations que l'assujetti doit effectuer lors du passage au régime normal.

Données

Un détaillant en textiles est soumis au régime du forfait et décide de passer au régime normal de la T.V.A. le 1er avril

Sauf stipulation contraire, les montants s'entendent T.V.A. 21% non comprise.

Au moment de ce changement de régime, le stock de marchandises se détaille comme suit :

Groupe de marchandises	Prix d'achat	Coefficients forfaitaires *	Prix de vente
31 - Vêtements	2.612,34 €	1.49	3.892,39 €
32 - Linge, tissus d'ameublement	1.112,56 €	1.51	1.679,97 €
33 - Vêtements pour hommes et femmes	3.998,79 €	1.52	6.078,16 €
34 - Rubans et ceintures	655,77 €	1.55	1.016,44 €
35 - Gants en cuir, bijouterie	221,63 €	1.60	354,61 €
36 - Parfumerie	449,81 €	1.60	719,70 €

* coefficients proches de la réalité

Exercice n° 7.3. - Régimes de dépôt

Théorie

Délais de dépôt de la déclaration périodique à la T.V.A. (14.6.)
Délais de paiement de la T.V.A. (14.7.)

Question

Donnez, dans l'ordre chronologique et en indiquant les dates limites, toutes les opérations tant de dépôt que de paiement qui incombent à l'assujetti entre le 1er janvier et le 31 décembre.

Données

Un assujetti a déposé des déclarations trimestrielles pour le premier semestre de l'année. Son activité ayant pris de l'ampleur, il a opté pour le régime de dépôt mensuel à partir du 1/7.

Durant l'année, ses soldes T.V.A. mensuels ont été de :

Janvier :	dû à l'Etat :	8.903,00 €
Février :	dû par l'Etat :	17.764,00 €
Mars :	dû à l'Etat :	15.233,00 €
Avril :	dû à l'Etat :	43.221,00 €
Mai :	dû par l'Etat :	39.576,00 €
Juin :	dû par l'Etat :	823,00 €
Juillet :	dû à l'Etat :	7.569,00 €
Août :	dû à l'Etat :	9.432,00 €
Septembre :	dû par l'Etat :	5.231,00 €
Octobre :	dû à l'Etat :	17.836,00 €
Novembre :	dû à l'Etat :	2.767,00 €
Décembre :	dû par l'Etat	15.991,00 €

Série n° 08 - Chiffre d'affaires

Exercice n° 8.1. - Ventes en Belgique et à l'étranger

Théorie

Les ventes en Belgique (03.).
Les exportations (05.).
Les ventes dans l'U.E. (07.).

Question

Complétez les grilles de la déclaration périodique à la T.V.A. influencées par les opérations suivantes.

Données

Une société grossiste en matériel informatique a vendu les marchandises suivantes à des magasins situés dans différents pays européens :

01.	Vente de softwares en Belgique :	78.540,00 €
02.	Vente de PC portables en Finlande :	68.684,00 €
03.	Vente d'imprimantes en Norvège :	6.090,00 €
04.	Vente de lecteurs de DVD en Suisse :	9.337,00 €
05.	Vente d'ordinateurs en Bulgarie :	23.672,00 €

- Effectuez les arrondis de la manière prescrite.

- Sauf stipulation contraire implicite ou explicite, les montants s'entendent T.V.A. 21% comprise.

Exercice n° 8.2. - Cession de fonds de commerce

Théorie

Ventes de fonds de commerce [3.3.].

Question

Quelles sont les formalités à remplir et les opérations à effectuer pour être en ordre vis-à-vis de l'Administration fiscale, secteur de la T.V.A. et permettre la cession du fonds de commerce avec application de l'exemption prévue à l'article 11 du Code T.V.A.

Données

Madame S, détaillante en parfumerie, est arrivée à l'âge de la pension et a décidé de mettre fin à toute activité économique le 31 décembre. Elle cède son commerce à sa fille tout en conservant :

- une voiture automobile de marque SUZUKI (valeur au 31/12 : 2.350,00 €) acquise trois ans plus tôt (N – 3) pour un montant de 11.162,00 € et investie.

- un stock de marchandises d'une valeur de 8.729,00 €.

- un présentoir acquis l'année précédente pour le prix de 233,02 € (valeur actuelle : 94,00 €).

Sauf stipulation contraire, les montants s'entendent T.V.A. 21% non comprise.

Exercice n° 8.3. – Prestations de services fournies à l'étranger

Théorie

Prestations de services intracommunautaires [07bis.].

Question

Indiquez les grilles de la déclaration T.V.A. qui doivent être mouvementées par les prestations suivantes effectuées pour le compte d'un client étranger : grille 44 (règle générale) ou grille 47 (critères dérogatoires).

Données

1. Une société belge de consulting rend des services à une entreprise française.

2. Une entreprise belge de travaux immobiliers effectue des réparations à la toiture d'un hôpital français.

3. Un transporteur belge transporte des marchandises de Maastricht à Amsterdam pour le compte d'un client allemand.

4. Un expert comptable belge effectue une analyse de bilan pour le compte d'une société hollandaise.

5. Une société belge facture à un organisateur italien de spectacles des frais de production pour un spectacle donné à Rome.

Série n° 09 - Véhicules automobiles

Exercice n° 9.1. - Ventes de véhicules au régime de la marge

Théorie

Les ventes en Belgique (03.).
Le régime des biens d'occasion (régime de la marge) (15.5.).

Question

Etablissez la déclaration T.V.A. d'un négociant en véhicules automobiles d'occasion ayant effectué les opérations suivantes durant un trimestre et ayant appliqué le régime de la marge lorsque les conditions étaient réunies.

Données

Les montants s'entendent T.V.A. 21% non comprise.

Nature du véhicule et qualité du fournisseur	Prix d'achat	Prix de vente	Qualité du client
Voiture VOLVO achetée à un particulier	6.000,00 €	8.000,00 €	Particulier
Camionnette RENAULT achetée à un C.P.A.S.	9.000,00 €	12.000,00 €	Hôpital
Voiture AUDI achetée à une société de leasing	24.000,00 €	25.000,00 €	Pharmacien
Camion BEDFORD acheté à un entrepreneur	3.000,00 €	-	En stock
Tracteur MAN acheté à un agriculteur soumis au régime du forfait agricole	1.000,00 €	-	Détruit
Voiture PEUGEOT achetée à un assujetti soumis au régime de la franchise	4.000,00 €	6.500,00 €	Particulier
Totaux	47.000,00 €	51.500,00 €	

Exercice n° 9.2. - Déclaration T.V.A. d'un négociant en véhicules

Théorie

La déclaration périodique à la T.V.A. (16.)

Question

Indiquez les grilles de la déclaration mensuelle à la T.V.A. mouvementées par chacune des opérations suivantes.

Données

M. PHILIPPE, négociant en véhicules automobiles, assujetti au régime de dépôt mensuel, doit rédiger sa déclaration T.V.A.

Les frais d'électricité, de chauffage et de téléphone ne sont imputables qu'à concurrence de 75% (usage économique).

Sauf stipulation contraire, les montants s'entendent T.V.A. 21% non comprise.

Les opérations suivantes ont été réalisées durant la période de déclaration :

01. Des véhicules neufs ont été livrés et facturés à des clients (41.274,00 €).

02. Des véhicules d'occasion ont été vendus sous le régime normal (18.939,00 €).

03. Des véhicules d'occasion ont été vendus sous le régime de la marge (68.046,00 € toutes taxes comprises). Des acquisitions sous le régime de la marge ont eu lieu (57.263,00 €) et ces achats constituent les seules acquisitions de véhicules d'occasion durant le mois.

04. Des entretiens et réparations ont été facturés aux clients (24.433,00 €) dont 589,00 € facturés à des personnes reconnues handicapées.

05. Des ventes de pièces et petits accessoires ont été inscrites au journal de recettes (314,00 €).

06. Des véhicules neufs ont été achetés en Belgique (49.950,00 €).

07. Une remorque a été investie (1.115,00 €).

08. Une boite d'outillage a été investie (210,00 €).

09. Des salaires bruts ont été versés aux ouvriers (6.092,00 €).

10. Des pièces détachées (4.648,00 €) ont été achetées pour la remise en état des véhicules d'occasion.

11. Note d'honoraires de l'avocat (148,00 €).

12. Un autoradio (valeur affichée dans le magasin : 124,10 €) a été offert à un client.

13. Note de restaurant (souche T.V.A.) pour accueil d'un fournisseur (111,43 €).

14. Frais de téléphone (236,99 €).

15. Frais d'entretien du chauffage (1.060,00 €), y compris achat de mazout (875,12 €).

16. Frais d'électricité (368,42 €).

17. Carburant pour la voiture automobile de l'entreprise (Prix à la pompe : 302,43 €).

18. Une déduction insuffisante (99,16 €) a été constatée sur une acquisition du mois précédent.

19. Une note de crédit a été adressée à un client belge (532,00 €).

20. Une note de crédit a été reçue d'un fournisseur de marchandises (712,00 €).

Exercice n° 9.3. - Opérations sur véhicules

Théorie

Ventes de véhicules [09.].

Question

Analysez chacune des transactions suivantes tant du point de vue du vendeur que de celui de l'acheteur.

Données

01. Un constructeur de voitures automobiles italien vend à un concessionnaire belge une voiture automobile que celui-ci investit dans son exploitation commerciale.

02. Ce concessionnaire belge revend après usage ce véhicule à un négociant belge en véhicules d'occasion.

03. Le négociant en véhicules d'occasion revend le véhicule à un kinésithérapeute qui le destine totalement à son activité économique.

04. Insatisfait, le kinésithérapeute revend après huit mois le véhicule à son fournisseur.

05. Ce dernier le cède enfin à un vétérinaire qui l'utilise à 60% pour son usage économique.

Exercice n° 9.4. - Achats et ventes de véhicules

Théorie

Le régime normal (15.1.).
Le régime de la marge (15.5.).

Question

Quels sont les différents régimes de taxation qui doivent ou peuvent s'appliquer aux opérations suivantes ?

Quelles grilles de la déclaration des différents vendeurs sont à mouvementer suite à ces opérations ?

Sauf stipulation contraire, les montants s'entendent T.V.A. non comprise.

Données

01. N, négociant en véhicules, vend une voiture neuve (17.835,00 €) à une cliente C, employée communal, et reprend son ancienne voiture (4.612,00 €).

02. N revend cette même ancienne voiture le même jour (5.288,00 €) à un client M.

03. N vend une autre voiture neuve (12.443,00 €) à son client la S.A. L, une industrie, et lui reprend son ancien véhicule (prix de vente soumis à la T.V.A. : 1.977,00 €).

04. N revend ce même ancien véhicule le mois suivant (2.422,00 €) à un client R.

Exercice n° 9.5. - Transactions internationales de véhicules

Théorie

Vente de véhicule en Belgique (9.3.).
Vente d'un véhicule neuf à l'étranger (9.4.).
Vente d'un véhicule d'occasion à l'étranger (9.5.).

Question

Analysez chaque opération intervenant dans chacune des ventes successives ci-dessous et déterminez le régime T.V.A. applicable à la cession des véhicules concernés.

Données

01. Un constructeur français (A) vend un véhicule neuf à un agent de la marque belge (B)... qui le vend après usage à un employé de banque (C)... Celui-ci le revend après usage à un négociant en véhicules d'occasion (D)... qui le revend à un étudiant (E)... qui, après usage, le remet gratuitement à la ferraille (F).

02. Un constructeur américain (A) vend une voiture automobile à un concessionnaire belge (B)... qui la vend à une société alimentaire (C)... qui la revend après usage à un négociant en véhicules d'occasion (D)... qui la revend à un architecte (E) pour son usage économique...qui la revend après usage à son fils (F).

03. Un fabricant allemand (A) vend une voiture automobile à un concessionnaire belge (B)... qui la vend à un médecin (C)... qui la revend après usage à son facteur (D)... qui la revend à son boucher qui l'investit (E)... qui la revend après usage à un négociant en véhicules d'occasion (F)... qui la revend à un particulier (G).

04. Un fabricant anglais (A) vend un camion à un agent de la marque belge (B)... qui le vend à un client suisse (C).

05. Un constructeur belge (A) vend un véhicule neuf à un assureur (B) qui l'investit... Après usage, cette compagnie le revend à un instituteur (C)... qui le revend ensuite à un négociant en véhicules (D)... qui le revend à un garagiste luxembourgeois (E).

06. Une société de montage de véhicules (A) prélève un véhicule neuf pour son administrateur... et après usage le revend à un employé de la société (B)... qui le revend à un négociant en véhicules d'occasion (C)... qui le revend à un comptable indépendant (D)... qui le revend à un particulier (E).

Exercice n° 9.6. - Achats et ventes de véhicules

Théorie

Vente de véhicule en Belgique (9.3.).
Le régime de la marge (15.5.).

Question

Analysez chaque vente ci-dessous et déterminez le régime T.V.A. applicable à la cession des véhicules concernés.

Données

Le concessionnaire M vend une nouvelle voiture pour le prix de 15.000,00 € à son client la S.A. P (grossiste en papeterie) et lui reprend son ancienne voiture pour le prix convenu de 3.000,00 €.

M revend cette voiture le mois suivant pour le prix de 3.500,00 € hors T.V.A. à une cliente C.

Série n° 10 - Taux

Exercice n° 10.1. - Taux des travaux immobiliers

Théorie

Taux réduit de 6% sur les rénovations d'immeubles (11.5.).
Taux 0% sur les facturations «cocontractant» (11.6.).

Question

Indiquez le taux de T.V.A. à appliquer lors de l'établissement de la facture destinée à chacun des propriétaires de l'immeuble pour la quote-part des travaux qui lui revient.

Données

Un plombier remplace l'installation de chauffage central d'un immeuble occupé par 9 propriétaires différents et composé d'un double rez-de-chaussée et de 4 étages à deux appartements.

Toutes les conditions sont remplies pour bénéficier du taux réduit.

L'immeuble est occupé par les personnes suivantes :

Bureau d'expert-comptable	Logement du boulanger
Logement d'un instituteur	Salon d'esthéticienne
Cabinet dentaire	Courtier en assurances
Etude de Notaire	Couple de pensionnés
Agence bancaire	Boulangerie (magasin et atelier)

Exercice n° 10.2. - Taux «cocontractant»

Théorie

Taux 0% sur les facturations «cocontractant» (11.6.).

Question

Indiquez les grilles de la déclaration périodique à la T.V.A. qui seront servies lors de cette opération, aussi bien chez l'entrepreneur que chez le client.

Données

Une entreprise de toiture procède au remplacement du toit de la maison d'un architecte qui occupe celle-ci à concurrence de 60% à usage économique.
L'entrepreneur rédige une seule facture pour l'ensemble des travaux (8.457,00 €) et applique (comme il est permis) la règle du cocontractant.

Série n° 11 - Analyse de situations diverses

Théorie

Divers

Question

Du point de vue de la T.V.A., comment analysez-vous les situations suivantes et quelles conséquences devez-vous éventuellement en tirer ?

Données

01. Un producteur belge de légumes soumis au régime de la franchise rédige une facture constatant la livraison à un magasin de grande surface de pralines dont le prix de revient de fabrication était de 26.140,00 €.

02. Un vétérinaire belge indépendant achète en Hollande un appareil de radiologie (12.554,00 €) destiné en totalité à son activité de vétérinaire.

03. Une administration communale achète en France cinq cartons de 12 bouteilles de cognac (11,75 € la bouteille) pour ses réceptions. Il s'agit du seul et unique achat de l'année dans l'U.E.

04. Un assujetti soumis au régime forfaitaire ne remplit plus les conditions pour bénéficier de ce régime.

05. Un négociant en meubles réduit sa salle d'exposition en vue d'en donner la moitié en location à son voisin, détaillant en carrelages.

06. Un cordonnier / marchand de chaussures cesse son activité de vente de chaussures et cède son magasin tout en conservant l'activité de cordonnier.

07. Achat en Suède par une entreprise de construction d'immeubles d'un camion TOYOTA d'occasion.

08. Sélection par un négociant en appareils électroménagers, dans son stock, d'un lecteur DVD d'une valeur de 198,00 € en vue de l'offrir à son filleul à l'occasion de son anniversaire.

09. Utilisation à des fins privées par une coiffeuse soumise au régime forfaitaire, de laque et de shampoing prélevés dans le salon de coiffure.

10. Nettoyage par une entreprise spécialisée des bureaux d'un géomètre soumis au régime de la franchise.

Q.C.M. T.V.A.

Ce questionnaire à choix multiples a été volontairement rédigé en dehors des règles habituelles de ce type de questionnaire. Il a pour unique but un survol final de l'ensemble de la matière.

Question

Cochez la (ou les) bonne(s) réponse(s)

Données

1. Un négociant en véhicules d'occasion achète pour le prix de 1.300,00 € une caravane à un forain soumis au régime du forfait qui l'avait utilisée pour son usage économique. Il revend cette caravane à un particulier pour le prix de 1.200,00 € :

    a. Il peut rentrer cette caravane dans le régime de la marge parce qu'une caravane est considérée comme une voiture automobile
    b. Il ne peut pas rentrer cette caravane dans le régime de la marge parce que ce n'est pas une voiture automobile
    c. Il ne peut pas rentrer cette caravane dans le régime de la marge parce qu'il achète un véhicule à une personne qui a pu récupérer la T.V.A. lorsqu'elle a acquis le véhicule
    d. Il peut rentrer cette caravane dans le régime de la marge parce que le forain est un assujetti non déposant
    e. Il ne peut pas rentrer cette caravane dans le régime de la marge parce qu'il la revend sans marge bénéficiaire

2. La base d'imposition à la T.V.A. pour les opérations réalisées en Belgique se compose :

    a. Du prix sans les charges
    b. Du prix augmenté des charges et de la T.V.A.
    c. Du prix augmenté des charges mais diminué de la T.V.A.
    d. Du prix diminué des charges

3. Le chiffre d'affaires d'un détaillant en chaussures soumis au régime forfaitaire est calculé sur base :

    a. De son facturier de sorties
    b. De son facturier d'entrées
    c. De son journal de recettes
    d. De son livre de caisse

4. Un assujetti trimestriel se trouve, fin du premier trimestre, créditeur vis-à-vis de l'administration de la T.V.A. pour un montant de 385,72 €. Toutes autres conditions étant remplies :

    a. Il sera remboursé d'office du crédit d'impôt.
    b. Il sera remboursé, s'il est en ordre de dépôt de déclarations et de paiement de la T.V.A.
    c. Il ne sera remboursé du crédit d'impôt qu'à la fin du 4ème trimestre.
    d. Il ne sera pas remboursé durant l'année car son montant est insuffisant.
    e. Il ne sera pas remboursé du crédit d'impôt car il faut être assujetti mensuel pour être remboursé.

5. Un crédit d'impôt est remboursé :

    a. Par le Receveur de la T.V.A.
    b. Par l'Inspecteur principal de la T.V.A.
    c. Par un organisme financier choisi
    d. Par mandat postal
    e. Par une de ces méthodes au choix

6. Quels sont les éléments repris ci-dessous faisant partie de la base d'imposition T.V.A. ?

    a. L'escompte
    b. Le pourboire obligatoire
    c. Les débours
    d. Les emballages perdus
    e. Les intérêts de retard ou indemnités
    f. Les emballages ordinaires consignés
    g. Les frais de transport
    h. Les droits d'entrée
    i. Les rabais sur facture
    j. Les frais d'assurance
    k. La T.V.A.
    l. Un acompte

7. Quel(s) régime(s) d'imposition et quel régime de dépôt peut choisir un entrepreneur en peinture qui n'exécute que des travaux immobiliers (pas de vente de marchandises), qui réalise un chiffre d'affaires annuel (T.V.A. non comprise) de 260.288,00 € et dont les achats de marchandises s'élèvent à 91.760,00 € (T.V.A. non comprise).

    a. Le régime de la franchise
    b. Le régime normal
    c. Le régime spécial des entrepreneurs
    d. Le régime forfaitaire
    e. Le régime occasionnel sur option
    f. Un autre régime
    g. Le régime de dépôt annuel
    h. Le régime de dépôt semestriel
    i. Le régime de dépôt trimestriel
    j. Le régime de dépôt mensuel
    k. Le régime de dépôt hebdomadaire
    l. Le régime de non-dépôt
    m. Un autre régime

8. Quels sont ceux de ces livres comptables que doit tenir un supermarché ?

    a. Facturier d'entrées
    b. Facturier de sorties
    c. Journal de recettes
    d. Registre des restitutions

9. Les livres comptables doivent être conservés pendant un délai minimum à compter du 1/1 qui suit leur clôture; quel est ce délai ?

   a. 1 mois
   b. 1 an
   c. 5 ans
   d. 7 ans
   e. 10 ans
   f. 20 ans

10. Un détaillant en électroménager peut-il déduire la T.V.A. qui lui est portée en compte pour la livraison d'un récepteur de télévision qu'il sait qu'il va placer dans sa chambre à coucher (son installation commerciale est ouverte du lundi au samedi inclus) ?

    a. Oui, déduction totale de la T.V.A.
    b. Non, T.V.A. non déductible
    c. Oui, mais T.V.A. déductible à concurrence de 6/7ème
    d. Oui, mais limitation de la déduction à 50% maximum

11. Un assujetti avec droit à déduction utilise une voiture break (transport de marchandises et de personnes) dont il est propriétaire. Le garagiste qui a effectué des réparations à ce véhicule lui facture le prix de sa prestation avec application de la T.V.A. Les contributions directes admettent l'usage économique de ce véhicule à concurrence de 75%.

    a. Il peut déduire totalement la T.V.A. portée en compte pour cette prestation
    b. Il ne peut pas déduire la T.V.A. portée en compte pour cette prestation
    c. Il peut déduire à concurrence de 50% la T.V.A. portée en compte pour cette prestation
    d. Il peut déduire à concurrence de 75% la T.V.A. portée en compte pour cette prestation

12. Même question que le n° 11, mais la quotité d'usage économique du véhicule admise par les contributions directes est de 25%

    a. Il peut déduire totalement la T.V.A. portée en compte pour cette prestation
    b. Il ne peut pas déduire la T.V.A. portée en compte pour cette prestation
    c. Il peut déduire à concurrence de 25% la T.V.A. portée en compte pour cette prestation
    d. Il peut déduire à concurrence de 50% la T.V.A. portée en compte pour cette prestation

13. Un assujetti avec droit à déduction a acheté 2 fardes de cigarettes et 1 boîte de cigares qu'il va mettre à la disposition de tous les membres de son personnel lors de la fête qui sera organisée dans les locaux de son entreprise. Le coût d'une farde de cigarettes est de 52,00 € (chaque farde contient 8 paquets de 25 cigarettes) et la boîte de 40 cigares coûte 22,00 €

    a. Comme il s'agit d'un cadeau collectif, il peut déduire la T.V.A. qui grève cet achat
    b. Comme il s'agit de cadeaux commerciaux de faible valeur, il peut déduire la T.V.A. qui grève cet achat
    c. Il ne peut rien déduire car il n'y a pas de T.V.A. sur cette opération
    d. La déduction qui grève cet achat est limitée à 50%

14. Une entreprise de carrelage organise, à l'occasion de l'ouverture d'une nouvelle salle d'exposition, une réception à l'intention de ses clients et de ses fournisseurs. Elle loue des tapis et des plantes pour garnir le local dans lequel la fête se déroule. Ces locations lui sont facturées par une firme assujettie établie en Belgique.

    a. Elle peut déduire totalement la T.V.A. qui lui est portée en compte pour la prestation
    b. Elle ne peut pas déduire la T.V.A. qui lui est portée en compte pour cette prestation
    c. Elle peut déduire la T.V.A. relative à la location des tapis
    d. Elle peut déduire la T.V.A. relative à la location des plantes

15. Un industriel achète en Belgique des marchandises dont il fait le commerce, en vue d'en exporter une partie et de vendre l'autre partie dans le pays.

    a. Il peut déduire entièrement la T.V.A. qui lui est portée en compte par son fournisseur
    b. Il ne peut pas déduire la T.V.A. qui lui est portée en compte par son fournisseur
    c. Il ne peut déduire que la T.V.A. relative aux marchandises destinées à la vente dans le pays
    d. Il ne pourra déduire la T.V.A. grevant l'achat de marchandises destinées à l'exportation que lorsque celles-ci seront réellement exportées.

16. Un restaurateur achète en Belgique des bouteilles d'alcool qui lui reviennent à 35,50 € la pièce, hors T.V.A. (21%). Ces bouteilles sont destinées à ses clients à raison d'une par personne à l'occasion des fêtes de fin d'année.

    a. Il peut déduire totalement la T.V.A. qui grève l'achat de ces bouteilles
    b. Il ne peut pas déduire la T.V.A. qui grève l'achat de ces bouteilles
    c. Il ne peut déduire la T.V.A. qui grève l'achat de ces bouteilles qu'à la condition qu'il n'en offre qu'une par client
    d. Il ne peut déduire la T.V.A. que si cette dépense est admise comme dépense économique en matière de Contributions directes.

17. Un transporteur envoie un de ses chauffeurs livrer des marchandises que divers clients établis dans le pays lui ont commandées. A midi, le chauffeur s'arrête dans un restaurant pour prendre son repas. Il en repart avec une facture établie au nom du transporteur.

    a. Il peut déduire totalement la T.V.A.
    b. Il ne peut pas déduire la T.V.A.
    c. Il n'aurait pu déduire la T.V.A. que si la facture avait été libellée au nom du chauffeur
    d. Il peut déduire la T.V.A. même s'il n'est pas en possession d'une facture
    e. Il ne peut déduire la T.V.A. que sur base d'une «souche T.V.A.»

18. Un négociant en vins et liqueurs, achète du vin et du whisky qu'il destine à offrir en dégustation (au verre) à ses clients en vue de promouvoir ces produits.

    a. Il peut déduire toute la T.V.A. qui grève ces achats
    b. Il ne peut déduire aucune des T.V.A. qui grèvent ces achats
    c. Il ne peut déduire que la T.V.A. qui grève l'achat du vin
    d. Il ne peut déduire que la T.V.A. qui grève l'achat du whisky

19. Un exploitant de taxis achète une voiture automobile pour le prix de 24.900,00 € + T.V.A. 5.229,00 €, qu'il destine à son activité pour laquelle il est assujetti. Néanmoins, il affecte ce véhicule à concurrence de 5% pour son usage privé (quotité admise par les contributions directes et par les autorités qui accordent le permis d'exploiter).

    a. Il peut déduire la totalité de la T.V.A. grevant l'achat de la voiture
    b. Il peut déduire à concurrence de 50% maximum, la T.V.A. grevant l'achat de la voiture
    c. Il peut déduire à concurrence de 95% la T.V.A. grevant l'achat de la voiture
    d. Il ne peut pas déduire la T.V.A. grevant l'achat de la voiture

20. Quelle est la base d'imposition d'une somme de 245,00 €, T.V.A. 6% comprise ?

    a. 15,00 €
    b. 14,74 €
    c. 231,13 €
    d. 245,00 €

21. Quelle est la T.V.A. de 12% comprise dans le prix de 1.983,00 € ?

    a. 212,46 €
    b. 237,96 €
    c. 177,00 €
    d. Il n'y a pas de taux de 12%

22. Quel est le montant de l'intérêt moratoire calculé par l'administration fiscale ?

    a. 0,6% / mois
    b. 0,8% / mois
    c. 0,10% / mois
    d. 0,12% / mois

23. Quelle est, au niveau du chiffre d'affaires, la condition de base à remplir pour un assujetti qui désire obtenir le remboursement mensuel de ses crédits d'impôt ?

    a. Le chiffre d'affaires à l'exportation doit être d'au moins 30% du chiffre d'affaires total
    b. Le total du chiffre d'affaires doit s'effectuer à l'exportation
    c. Le chiffre d'affaires des grilles 01, 45, 46 et 47 doit être d'au moins 30% du chiffre d'affaires total
    d. Le chiffre d'affaires à l'intérieur de l'U.E. doit être d'au moins 30%

24. Quelle est la grille de la déclaration T.V.A. qu'il faut retenir pour apprécier le montant remboursable d'un crédit d'impôt T.V.A. ?

    a. La grille 71
    b. La grille 72
    c. La grille 91
    d. La hauteur d'un crédit d'impôt ne s'apprécie pas seulement au niveau de la déclaration

25. Lors de la vente de quels types de biens peut-on devenir assujetti occasionnel ?

   a.   Des véhicules d'occasion
   b.   Des biens d'occasion en général
   c.   D'un immeuble neuf (sur option) lorsqu'on n'est pas un professionnel de la vente
   d.   D'une voiture neuve lorsqu'on est un particulier et qu'on la vend dans l'U.E.
   e.   D'un immeuble ancien vendu normalement avec les droits d'enregistrement

26. Pour l'application du taux réduit de 6% aux travaux immobiliers, quelle est, actuellement, la condition au niveau du nombre d'années d'occupation du bâtiment ?

   a.   5 ans
   b.   10 ans
   c.   15 ans
   d.   20 ans
   e.   25 ans
   f.   Aucune ancienneté

27. Un entrepreneur peut-il appliquer le système de l'autoliquidation lors de travaux de peinture effectués dans les locaux économiques d'un comptable soumis au régime de la franchise ?

   a.   Oui obligatoirement
   b.   Non obligatoirement
   c.   Oui s'il le souhaite
   d.   Non s'il le souhaite
   e.   Le système «cocontractant» ne concerne pas ce genre d'opération

28. Quel est le crédit d'impôt minimum nécessaire à un remboursement mensuel ?

   a.   1.845,00 €
   b.   1.500,00 €
   c.   1.485,00 €
   d.   1.245,00 €
   e.   1.185,00 €
   f.   245,00 €
   g.   Il n'y a aucun minimum requis

29. Quelle est la condition légale la plus favorable à l'assujetti pour récupérer la T.V.A. sur une créance perdue dans le cadre d'une faillite ?

   a.   Aucune condition
   b.   Attendre minimum 3 ans
   c.   Attendre la clôture de la faillite
   d.   La déclaration de faillite
   e.   Epuiser tous les moyens de recouvrement de sa créance
   f.   Il n'y a pas de récupération possible
   g.   Attendre l'autorisation de l'administration
   h.   Attendre l'attestation du curateur

30. Quelle est la durée de la période de révision de la déduction pour la construction d'un nouvel immeuble ?

    a. 5 ans
    b. 10 ans
    c. 15 ans
    d. 20 ans
    e. Pas de révision

31. Hormis les repas à consommer sur place, pour l'exercice de quelle activité doit-on encore délivrer des notes ou reçus ?

    a. Hôtellerie
    b. Forain
    c. Salon-lavoir
    d. Lavage de véhicules automobiles
    e. Coiffure

32. Quelle est la durée de conservation d'une facture ?

    a. 5 ans à compter du 1er janvier qui suit sa date
    b. 7 ans à compter du 1er janvier qui suit sa date
    c. 10 ans à compter du 1er janvier qui suit sa date
    d. 30 ans à compter du 1er janvier qui suit sa date

33. Un assujetti soumis au régime de la franchise est-il tenu de déposer le listing clients annuel ?

    a. Oui
    b. Non
    c. S'il le souhaite

34. Dans quelle catégorie d'assujettis doit-on ranger un licencié en droit dont l'unique activité consiste à donner, à titre indépendant, des conseils juridiques pour le compte de la Communauté française de Belgique ?

    a. Assujetti avec droit à déduction
    b. Assujetti exonéré
    c. Non assujetti
    d. Assujetti mixte

35. Un négociant en spiritueux choisit le régime de la franchise. A partir de quel montant annuel serait-t-il tenu de payer la T.V.A. belge pour des achats d'alcools en France ?

    a. 5.580,00 €
    b. 2.500,00 €
    c. 11.200,00 €
    d. Dès le premier euro
    e. 15.000,00 €

36. Quel est le document sur lequel est inscrite la T.V.A. lors d'une importation ?

    a. La facture
    b. Le bon de commande
    c. Le document de douane

37. Quels sont les documents qui peuvent servir de preuve lors d'une exportation ?

    a. La facture
    b. Le bon de commande
    c. Le document de douane
    d. Tout document probant
    e. Le paiement

38. Hormis la vente, quels sont les prélèvements dans le stock qui nécessitent l'application de la T.V.A. ?

    a. Le vol
    b. La destruction
    c. L'affectation privée
    d. L'investissement
    e. Le cadeau

39. Un marchand d'articles en cuir peut-il bénéficier du régime forfaitaire ?

    a. Oui obligatoirement
    b. Oui s'il le désire
    c. Non obligatoirement
    d. Il n'y a pas de forfait pour cette activité

40. Une S.A. peut-elle bénéficier du régime forfaitaire ?

    a. Oui toujours
    b. Non jamais
    c. Oui si elle le souhaite

41. Un garagiste (personne physique) débute une activité indépendante le 1/1. Son chiffre d'affaires (T.V.A. non comprise) peut être estimé pour l'année à 17.800,00 € et ses acquisitions de marchandises devraient atteindre la somme de 12.300,00 €. Quel(s) régimes(s) d'imposition peut choisir cette entreprise ?

    a. Le régime de la franchise
    b. Le régime normal
    c. Le régime forfaitaire
    d. Le régime spécial des garagistes
    e. Le régime d'assujettissement sur option
    f. Un autre régime

42. A quel(s) régimes(s) de dépôt l'entreprise décrite au n° 41 ci-dessus a-t-elle accès ?

   a. Le régime de dépôt annuel
   b. Le régime de dépôt semestriel
   c. Le régime de dépôt trimestriel
   d. Le régime de dépôt mensuel
   e. Le régime de dépôt hebdomadaire
   f. Le régime de non-dépôt
   g. Un autre régime

43. Quels sont les régimes d'imposition auxquels un restaurateur dont le chiffre d'affaires annuel est de 22.000,00 € hors T.V.A. peut prétendre ?

   a. Le régime normal
   b. Le régime forfaitaire
   c. Le régime de la franchise
   d. Le régime spécial des restaurateurs
   e. Le régime de la marge
   f. Un autre régime

44. Quelle sorte d'assujetti est l'ingénieur indépendant qui donne des conseils pour le compte d'une entreprise ?

   a. Assujetti exonéré
   b. Assujetti avec droit à déduction
   c. Assujetti occasionnel
   d. Assujetti mixte
   e. Non assujetti

45. Quel est le document qui sert normalement de base au calcul de la T.V.A. lors d'une acquisition intracommunautaire ?

   a. Le bon de commande
   b. Le bon de livraison
   c. Le document de transport
   d. La facture originale
   e. La copie de la facture
   f. Un document douanier

46. Quel est le pourcentage minimum de chiffre d'affaires exonéré ou au taux réduit requis pour bénéficier des remboursements mensuels des crédits d'impôt T.V.A. ?

   a. 10%
   b. 20%
   c. 30%
   d. 40%
   e. 50%
   f. 35%

47. Un assujetti est détaillant et réparateur en appareils électroménagers. Il décide de remettre son magasin en conservant l'activité plus lucrative de réparateur. La cession comprend les marchandises (3.500,00 €), le matériel (1.200,00 €), la clientèle (8.000,00 €) et le pas de porte (3.000,00 €); elle ne comprend pas l'outillage de l'atelier (1.000,00 €) et le mobilier de l'atelier (7.500,00 €). La T.V.A. due sur la cession s'élève à :

   a. 24.200,00 € x 21% = 5.082,00 €
   b. 15.700,00 € x 21% = 3.297,00 €
   c. 8.500,00 € x 21% = 1.785,00 €
   d. 8.000,00 € x 21% = 1.680,00 €
   e. 4.700,00 € x 21% = 987,00 €
   f. Il n'y a pas de T.V.A. sur cette cession

48. A quel(s) régime(s) de dépôt peut être soumis un assujetti dont le chiffre d'affaires s'élève à 2.750.000,00 € ?

   a. Le régime de dépôt annuel
   b. Le régime de dépôt semestriel
   c. Le régime de dépôt trimestriel
   d. Le régime de dépôt mensuel
   e. Le régime de dépôt hebdomadaire
   f. Le régime de non-dépôt
   g. Un autre régime

49. Dans l'hypothèse où, en matière de T.V.A., une utilisation des charges est admise à concurrence de 3/5 économique, quelle sera la quotité de T.V.A. déductible par un assujetti sur ses frais relatifs à une voiture automobile (type SUV) prise en leasing ?

   a. 20%
   b. 30%
   c. 50%
   d. 60%
   e. 90%
   f. 100%

50. Un entrepreneur peut-il appliquer l'autoliquidation lors de travaux de toiture effectués dans les locaux d'un syndicat d'initiative ?

   a. Oui, obligatoirement
   b. Oui, s'il le souhaite
   c. Oui, si son client le souhaite
   d. Non, obligatoirement
   e. Non, s'il le souhaite
   f. Non, si son client le souhaite

51. Une S.P.R.L. dont l'activité est l'exploitation de débits de boissons, peut-elle opter pour le régime forfaitaire ?

   a. Oui, obligatoirement
   b. Non, obligatoirement
   c. Oui, si elle le souhaite
   d. Non, si elle le souhaite

52. Quelle est la durée de la période de révision de la déduction pour des travaux qui consistent au remplacement de la toiture d'un immeuble commercial ?

   a. 1 an
   b. 3 ans
   c. 5 ans
   d. 10 ans
   e. 15 ans

53. A quel régime de dépôt un négociant en mazout qui réalise un chiffre d'affaires annuel de 478.334,00 € peut-il être soumis ?

   a. Le régime de non-dépôt
   b. Le régime de dépôt hebdomadaire
   c. Le régime de dépôt mensuel
   d. Le régime de dépôt trimestriel
   e. Le régime de dépôt semestriel
   f. Le régime de dépôt annuel
   g. Aucune de ces réponses

54. En admettant qu'il soit exigible, à quelle date ultime un assujetti trimestriel qui a commencé son activité le 14 février doit-il avoir payé son premier acompte obligatoire ?

   a. Le 14/2
   b. Le 20/2
   c. Le 28/2
   d. Le 1/3
   e. Le 20/3
   f. Le 20/4
   g. Le 20/5
   h. Le 24/12

55. Quelle est la date ultime de conservation d'une facture datée du 2/4/2016 ?

   a. Le 1/1/2018
   b. Le 1/1/2019
   c. Le 31/12/2021
   d. Le 1/1/2022
   e. Le 1/1/2024
   f. Le 31/12/2025

56. Pour qu'un bien soit considéré comme un bien d'investissement au sens de Code T.V.A., il faut impérativement :

    a. Qu'il ait une valeur minimum
    b. Qu'il ait une certaine durée d'utilisation
    c. Qu'il ait une valeur minimum et une certaine durée d'utilisation
    d. Qu'il soit inscrit au tableau d'investissement
    e. Qu'il fasse l'objet d'amortissements fiscaux

57. Un assujetti est, en règle, exonéré par l'article 44 du Code T.V.A.

    a. D'office
    b. A sa demande
    c. Selon la hauteur de son chiffre d'affaires
    d. En fonction de la qualité de ses clients
    e. Aucune de ces réponses

58. Un instituteur passionné de philatélie, qui vend régulièrement des timbres-poste de collection, est un :

    a. Assujetti avec droit à déduction
    b. Non assujetti
    c. Assujetti exonéré
    d. Assujetti mixte ou partiel
    e. Aucune de ces réponses

59. Un vendeur de cuisines perçoit le 25/3 un acompte sur une cuisine qui sera fournie le 29/4. Abstraction faite des jours fériés, la facture relative à cet acompte doit être délivrée au plus tard :

    a. Le 25/3
    b. Au plus tard pour le 30/3
    c. Au plus tard pour le 15/4
    d. Au plus tard pour le 29/4
    e. Au plus tard pour le 15/4
    f. Aucune de ces réponses

60. Toutes conditions remplies, un crédit d'impôt T.V.A. d'un assujetti mensuel, peut être remboursé :

    a. Toutes les semaines
    b. Tous les mois
    c. Tous les deux mois
    d. Tous les trimestres
    e. Tous les semestres
    f. Tous les ans
    g. Aucune de ces réponses

28. Solutions des exercices

Solution exercice n° 1.1.

Remarque préalable

La qualité d'assujetti franchisé peut être attribuée à tous les assujettis avec droit à déduction qui le souhaitent pour autant que leur chiffre d'affaires annuel demeure inférieur à 25.000,00 € T.V.A. non comprise [2.2.2.].
Cette réserve établie, les catégories suivantes sont à attribuer aux situations évoquées :

01. Assujetti avec droit à déduction (régime normal)
02. Assujetti exonéré - Les kinésithérapeutes figurent à l'article 44 du Code T.V.A.
03. Assujetti avec droit à déduction (régime normal ou régime forfaitaire) - Les pharmaciens peuvent bénéficier du forfait
04. Assujetti avec droit à déduction (régime normal) - Les esthéticiennes ne sont pas exonérées par l'article 44 du Code T.V.A.
05. Assujetti exonéré - Les locations immobilières sont exonérées par l'article 44 du Code T.V.A.
06. Non assujetti (employé de banque) + Assujetti avec droit à déduction (régime normal pour l'activité d'intermédiaire commercial) = Assujetti partiel
07. Assujetti avec droit à déduction (régime normal) - Les opérations exemptées ne le privent pas du droit à déduction
08. Assujetti exonéré (assurances) + Assujetti avec droit à déduction (si commerce de véhicules) = Assujetti mixte
09. Assujetti avec droit à déduction (buvette) + Assujetti exonéré (activité sportive) = Assujetti mixte
10. Assujetti avec droit à déduction (régime normal)
11. Assujetti avec droit à déduction (régime normal)
12. Assujetti exonéré - Uniquement s'il détient le titre de docteur en médecine. Sinon : assujetti avec droit à déduction
13. Assujetti avec droit à déduction (régime normal)
14. Assujetti exonéré - Uniquement s'il détient le titre de docteur en médecine. Sinon : assujetti avec droit à déduction.
15. Assujetti avec droit à déduction (régime normal)

16. Non assujetti (contrat d'emploi)
17. Assujetti exonéré
18. Assujetti exonéré
19. Assujetti exonéré
20. Assujetti avec droit à déduction (régime normal)

21. Non assujetti (contrat d'emploi)
22. Assujetti avec droit à déduction
23. Assujetti avec droit à déduction (régime normal)
24. Assujetti exonéré - Uniquement s'il détient le titre de docteur en médecine. Sinon : assujetti avec droit à déduction.
25. Assujetti avec droit à déduction

26. Assujetti avec droit à déduction (régime normal)
27. Non assujetti
28. Assujetti mixte - Les banques effectuent quelques opérations soumises à la T.V.A.
29. Assujetti avec droit à déduction (régime normal)
30. Non assujetti

31. Assujetti avec droit à déduction (régime normal) - Pour les deux activités
32. Non assujetti (employée) + Assujetti avec droit à déduction (régime normal) = Assujetti partiel
33. Assujetti avec droit à déduction (régime normal)
34. Assujetti avec droit à déduction (comptabilité) + Assujetti exonéré (courtage en assurances) = Assujetti mixte
35. Non assujetti (cadre) + Assujetti avec droit à déduction (régime normal) = Assujetti partiel
36. Non assujetti - pour les deux activités
37. Assujetti avec droit à déduction (régime normal)
38. Assujetti avec droit à déduction (régime normal)
39. Assujetti exonéré
40. Assujetti avec droit à déduction (régime normal) – Ne pas exclure le régime de franchise ni, éventuellement, le régime forfaitaire agricole.
41. Non assujetti (employée) + Assujetti avec droit à déduction (régime normal) pour l'activité d'esthéticienne
42. Non assujetti (étudiant) + Assujetti avec droit à déduction (comptabilité) - – Ne pas exclure le régime de franchise
43. Non assujetti (étudiant) + Assujetti avec droit à déduction (comptabilité) - – Ne pas exclure le régime de franchise
44. Assujetti avec droit à déduction (juriste) + Assujetti exonéré (assurances) = Assujetti mixte
45. Assujetti avec droit à déduction (régime normal)
46. Non assujetti (appointé) + Assujetti avec droit à déduction (régime normal) pour l'activité indépendante = Assujetti partiel
47. Assujetti avec droit à déduction (construction et vente d'immeubles) + Assujetti exonéré (vente de terrains non bâtis) = Assujetti mixte
48. Assujetti avec droit à déduction (régime normal ou forfaitaire)
49. Assujetti avec droit à déduction (régime normal)
50. Assujetti avec droit à déduction (régime normal) - – Ne pas exclure le régime de franchise

Solution exercice n° 2.1.

JOURNAL DES ACHATS (ENTRÉES)

Date	n° doc.	Fournis-seurs	Total T.V.A.C.	Bases imposables					T.V.A. due			T.V.A. Déductible
				Marchandises Mat. premières Mat. auxiliaires	Frais généraux	Investissements	Acquisitions intracom.	Travaux immobiliers	Intracom.	Cocontractant	Hors U.E.	
				Grille 81	Grille 82	Grille 83	Grille 86	Grille 87	Grille 55	Grille 56	Grille 57	Grille 59
5/1	01		3620,37	3.415,44	0	0	0	0	0	0		204,93
9/1	03		2734,78	2.441,77	0	0	0	0	0	0		293,01
19/1	07		698,42	698,42	0	0	0	0	0	0		0*
1/2	08		896,61	0	0	1.141,00	0	0	0	0		239,61
20/2	11		11400,01	0	0	9878,07	0	0	0	0		1.521,94
22/2	12		53,91	0	44,55	0	0	0	0	0		9,36
25/2	13		82,61	0	68,27	0	0	0	0	0		14,34
1/3	14		133,32	0	115,52	0	0	0	0	0		17,80
11/3	16		158,87	0	158,87	0	0	0	0	0		0
15/3	18		355,91	0	0	355,91	0	355,91	0	74,74		74,74
25/3	20		186,34	0	154,00	0	0	0	0	0		32,34
			20.321,15	6.555,63	541,21	11.374,98	0	355,91	0	74,74		2.408,07

* T.V.A. 12% perçue à la source

JOURNAL DES NOTES DE CRÉDIT SUR ACHATS (ENTRÉES)

Date	n°	Fournis-seurs	Total T.V.A.C.	Bases imposables				Notes de crédit			T.V.A. à reverser
				Marchandises Mat. premières Mat. auxiliaires	Frais généraux	Investissements	Travaux immob.	Intracom.	belge		
				Grille 81	Grille 82	Grille 83	Grille 87	Grille 84	Grille 85		Grille 63
9/1	04			(-) 341,54					341,54		20,49
				(-) 341,54					341,54		20,49

JOURNAL DES VENTES (SORTIES)

| Date | n° | Clients | Total T.V.A.C. | Bases imposables ||||||| T.V.A. due |
| | | | | 0 % | 6 % | 12% | 21% | Cocontractant | Intracom. | Export. | |
				Grille 00	Grille 01	Grille 02	Grille 03	Grille 45	Grille 46	Grille 47	Grille 54
7/1	02		5.026,49	0	0	0	4.154,12				872,37
12/1	05		6.629,03	0	6.253,80	0	0				375,23
15/1	06		758,16	0	0	676,93	0				81,23
6/2	09		678,96	678,96	0	0	0				0
12/2	10		2.341,35	0	0	0	1.935,00				406,35
3/3	15		795,49	0	0	0	657,43				138,06
15/3	17		968,60	0	198,54	86,54	546,47				137,05
29/3	22		98,01	0	0	0	81,00				17,01
Sous totaux			17.296,09	678,96	6.452,34	763,47	7.374,02				2.027,30
Report du journal de recettes			3.188,11	189,77	1.281,09	614,12	787,25				315,88
Totaux			20.484,20	868,73	7.733,43	1.377,59	8.161,27				2.343,18

JOURNAL DES NOTES DE CREDIT SUR VENTES (SORTIES)

| Date | n° | Clients | Total T.V.A.C. | Bases imposables || T.V.A. à régulariser |
| | | | | Intracomm. | Autres | |
				Grille 48	Grille 49	Grille 64
24/3	19		64,13		53,00	11,13
Totaux			64,13		53,00	11,13

JOURNAL DE RECETTES (SORTIES)

Dates	Taux 0 %	Taux 6 %	Taux 12 %	Taux 21 %
01				
02				
03				
04				
...				
...				
...				
...				
...				
...				
30				
31				
Totaux (T.V.A.C.)	189,77	1.357,96	687,81	952,57
Hors T.V.A. :	189,77	1.281,09	614,12	787,25
T.V.A. :	0	76,87	73,69	165,32

REGULARISATIONS DIVERSES (Opérations hors facturier)

	Grille 62	Grille 61
Opération 21	659,47	543,88

Déclaration périodique à la T.V.A. - Recto

Montant	Décimales	Code
868	73	00
7 733	43	01
1 377	59	02
8 161	27	03
		45
		46
		47
		48
53	00	49
6 555	63	81
524	21	82
11 374	98	83
		84
341	54	85
		86
355	91	87

Déclaration périodique à la T.V.A. - Verso

2343,18		54
		55
74,74		56
,		57
543,88		61
20,49		63
,		65
2982,29		xx
2408,07		59
659,47		62
11,13		64
,		66
3078,67		yy
,		71
96,38		72
,		91

Solution exercice n° 2.2.

JOURNAL DES ACHATS (ENTREES)

| DATE | N° DOC | FOURNIS-SEURS | TOTAL T.V.A.C. | BASES IMPOSABLES ||| ACQUISITIONS ||| T.V.A. DUE ||| T.V.A. DEDUCTIBLE |
				MARCHANDISES MAT. PREMIERES MAT. AUXILIAIRES Grille 81	FRAIS GENERAUX Grille 82	INVESTISSEMENTS Grille 83	INTRACOM-MUNAUTAIRE Grille 86	TRAVAUX IMMOBILIERS Grille 87		Intracom-munautaire Grille 55	Cocontractant Grille 56	Hors U.E. Grille 57	Grille 59
3/4	1		5.649,06	5.329,30	0	0		0		0	0	0	319,76
10/4	2		2.631,74	2.269,75	0	0		0		0	0	0	361,99
31/4	4		214,41	214,41	0	0		0		0	0	0	0
2/5	5		1.708,92	0	0	1.412,33		0		0	0	0	296,59
17/5	6		73,13	0	60,44	0		0		0	0	0	12,69
20/5	7		8.515,16	8.033,17	0	0		0		0	0	0	481,99
24/5	8		75,02	0	62,00	0		0		0	0	0	13,02
7/6	9		658,57	0	549,48	0		0		0	0	0	109,09
7/6	10		651,19	614,33	0	0		0		0	0	0	36,86
12/6	11		2.658,05	2.255,71	0	0		0		0	0	0	402,35
18/6	12		714,75	0	714,75	0		0	714,75	0	150,10	0	150,10
21/6	14		2.655,80	2.429,96	0	0		0		0	0	0	225,84
24/6	15		176,66	0	146,00	0		0		0	0	0	30,66
26/6	16		335,09	316,12	0	0		0		0	0	0	18,97
27/6	17		533,11	533,11	0	0		533,11		31,99	0	0	31,99
29/6	19		98,01	0	81,00	0		0		0	0	0	17,01
30/6	20		53,00	0	53,00	0		0	53,00	0	11,13	0	11,13
			27.401,67	21.995,86	1.666,67	1.412,33		533,11	767,75	31,99	161,23	0	2.520,04

Edi.pro

277

JOURNAL DES NOTES DE CREDIT SUR ACHATS (ENTREES)

DATE	N°	FOURNISSEURS	TOTAL T.V.A.C.	MARCH.,MP MAT. AUX. Grille 81	FRAIS GEN. Grille 82	INVESTIS. Grille 83	INTRACOM. Grille 86	TRAVAUX Grille 87	N.C. INTRACOM Grille 84	N.C. BELGES Grille 85	T.V.A. A REVERSER Grille 63
17/4	3		282,46	266,47						266,47	15,99
19/6	13		185,50	175,00						175,00	10,50
29/6	18		250,00	250,00					250,00	0	0
			717,96	691,47					250,00	441,47	26,49

VENTILATION DE LA GRILLE 81 (Achats de marchandises)

	Total	Groupe 00	Groupe 11	Groupe 12	Groupe 21	Groupe 22	Groupe 31	Groupe 32
Opération 01	5.329,30	0	3.715,18	1.614,12	0	0	0	0
Opération 02	2.269,75	0	0	764,32	0	0	1.505,43	0
Opération 03	-266,47	0	-185,76	-80,71	0	0	0	0
Opération 04	214,41	214,41	0	0	0	0	0	0
Opération 07	8.033,17	0	4.925,58	3.107,59	0	0	0	0
Opération 10	614,33	0	614,33	0	0	0	0	0
Opération 11	2.255,71	0	0	406,14	115,96	0	621,25	1.112,36
Opération 13	-175,00	0	0	-175,00	0	0	0	0
Opération 14	2.429,96	0	391,98	703,98	0	1.334,00	0	0
Opération 16	316,12	0	316,12	0	0	0	0	0
Opération 17	533,11	0	0	533,11	0	0	0	0
Opération 18	-250,00	0	0	-250,00	0	0	0	0
Totaux à reporter à la feuille de calcul		214,41	9.777,43	6.623,55	115,96	1.334,00	2.126,68	1.112,36

1	2	Prix d'achat 3	Coefficients 4	Chiffre d'affaires forfaitaire 5	Total 6	Conditions d'achat particulières 7	Opérations sans base forfaitaire 8	A déduire : ristournes 9	Total colonnes 6 + 7 + 8 - 9 10
6%	11	9.777,43	1,235	12.075,13	21.182,51	+ 240,99[(1)]		-117,79[(2)]	21.305,71
	12	6.623,55	1,375	9.107,38					
	13								
	14								
12%	21	115,96	1,17	135,67	1.816,51				1.816,51
	22	1.334,00	1,26	1.680,84					
	23								
21%	31	2.126,68	1,185	2.520,12	3.893,88		+ 94,00	- 73,65	3.914,23
	32	1.112,36	1,235	1.373,76					
	33								
	34								
	35								
	36								

Tabacs		214,41	1,065	228,35
Journaux				

[(1)] Majoration pour conditions d'achat particulières : 8.033,17 x 3% = 240,99
[(2)] Diminution pour cause de ristournes clients : 124,86 x 100/106 = 117,79 et 89,12 x 100/121 = 73,65

Montants imposables 11	Taux 12	T.V.A. due (colonnes 11 x 12) 13
21.305,71 (grille 01)	x 6%	1.278,34
1.816,51 (grille 02)	x 12%	217,98
3.914,23 (grille 03)	x 21%	821,99
Total :		2.318,31 (grille 54)

228,35 (grille 00)

Déclaration périodique à la T.V.A. - Recto

Montant	Code
228,35	00
21 305,71	01
1 816,51	02
3 914,23	03
,	45
,	46
,	47
,	48
,	49
22 295,86	81
1 636,67	82
1 412,33	83
250,00	84
441,47	85
533,11	86
767,75	87

Déclaration périodique à la T.V.A. - Verso

2318 , 31		54
31 , 99		55
161 , 23		56
,		57
,		61
26 , 49		63
,		65
2538 , 02		xx
2520 , 04		59
,		62
,		64
,		66
2520 , 04		yy
17 , 98		71
,		72
,		91

Solution exercice n° 3.1.

01	Grille 03 : 2.500,00	Grille 54 : 525,00			
02	Grille 00 : 18.780,71	Grille 01 : 11.114,74	Grille 02 : 23.552,65	Grille 03 : 138.134,55	Grille 54 : 32.501,47
03	Grille 81 : 123,78	Grille 86 : 123,78	Grille 55 : 25,99	Grille 59 : 25,99	
04	Grille 81 : 963,50	Grille 59 : 57,81			
05	Grille 81 : 39.195,12	Grille 59 : 8.230,98			
06	Grille 62 : 1.290,37				
07	Grille 82 : 2.310,00	Grille 87 : 2.310,00	Grille 56 : 485,10	Grille 59 : 485,10	
08	Grille 03 : 391,95	Grille 54 : 82,31			
09	Grille 83 : 23.282,35 [1]	Grille 59 : 2.212,35			
10	Grille 03 : 200,00 [2]	Grille 54 : 42,00			
11	Grille 03 : 5.918,40 [3]	Grille 54 : 1.242,86	Grille 83 : 5.918,40 [3]	Grille 59 : 1.242,86	
12	Grille 46 : 2.234,00				
13	Grille 81 : - 292,33	Grille 85 : 292,33	Grille 63 : 17,54		
14	Grille 61 : 362,00				
15	Grille 82 : 188,77	Grille 87 : 188,77	Grille 56 : 39,64	Grille 59 : 39,64	
16	Grille 81 : - 3.500,00	Grille 85 : 3.500,00	Grille 63 : 735,00		
17	Grille 82 : 1.500,00	Grille 88 : 1.500,00	Grille 55 : 315,00	Grille 59 : 315,00	
18	Grille 49 : 386,00				
19	Grille 82 : 192,00	Grille 86 : 192,00	Grille 55 : 40,32	Grille 59 : 40,32	
20	Grille 47 : 3.596,00				
21	Grille 82 : 235,33				
22	Grille 48 : 190,88				
23	Grille 82 : 2.412,55	Grille 59 : 506,64			
24	Grille 81 : 1.679,51	Grille 82 : 225,80	Grille 59 : 352,70		
25	Grille 46 : 13.634,00				

[1] 21.070,00 + (4.424,70 x 50%)
[2] Taxation de l'utilisation
[3] Investissement du prélèvement

Solution exercice n° 3.2.

01	Grille 03 : 30.626,00	Grille 54 : 6.431,46		
02	Grille 01 : 9.845,28	Grille 54 : 590,72		
03	Grille 82 : 8.676,00	Grille 87 : 8.676,00	Grille 56 : 1.821,96	Grille 59 : 1.821,96
04	Grille 82 : 545,00	Grille 59 : 114,45		
05	Grille 83 : 3.049,00	Grille 59 : 640,29		
06	Grille 83 : 5.816,12	Grille 59 : 1.221,38		
07	Grille 81 : 7.858,00	Grille 86 : 7.858,00	Grille 55 : 1.650,18	Grille 59 : 1.650,18
08	Grille 83 : 65.319,00	Grille 87 : 65.319,00	Grille 56 : 13.716,99	Grille 59 : 13.716,99
09	Grille 82 : 198,00	Grille 87 : 198,00	Grille 56 : 41,58	Grille 59 : 41,58
10	Grille 49 : 371,00	Grille 64 : 77,91		
11	Grille 82 : 49,33	Grille 59 : 10,36		
12	Grille 82 : 66,91			
13	- [1]			
14	Grille 00 : 94,00			
15	Grille 62 : 262,33 [2]			
16	Grille 03 : 650,00	Grille 54 : 136,50		
17	Grille 82 : 927,00			
18	Grille 81 : - 785,80	Grille 84 : 785,80	Grille 86 : - 785,80	
19	Grille 47 : 2.200,00	Grille 03 : 1.700,00	Grille 54 : 357,00	
20	-			

[1] La T.V.A. a déjà été payée lors de la facturation.
[2] La grille 82 a été mouvementée précédemment.

Solution exercice n° 3.3.

01	Grille 01 : 5.216,98	Grille 03 : 11.425,62	Grille 54 : 2.712,40	
02	Grille 03 : 592.352,11	Grille 54 : 124.393,94		
03	Grille 83 : 3.718,00	Grille 87 : 3.718,00	Grille 56 : 780,78	Grille 59 : 780,78
04	Grille 82 : 545,00	Grille 59 : 114,45		
05	Grille 83 : 3.049,00	Grille 59 : 640,29		
06	Grille 83 : 23.797,94	Grille 59 : 4.997,57		
07	Grille 81 : 11.850,00	Grille 86 : 11.850,00	Grille 55 : 2.488,50	Grille 59 : 2.488,50
08	Grille 03 : 65.330,00	Grille 87 : 65.330,00	Grille 56 : 13.719,30	Grille 59 : 13.719,30
09	Grille 82 : 201,50	Grille 87 : 310,00	Grille 56 : 65,10	Grille 59 : 42,32
10	Grille 49 : 297,00	Grille 64 : 62,37		
11	Grille 82 : 163,64	Grille 59 : 34,36		
12	Grille 82 : 13,63	Grille 59 : 0,82		
13	-			
14	Grille 00 : 581,00			
15	-			
16	Grille 03 : 200,00	Grille 54 : 42,00		
17	Grille 82 : 1.324,44			
18	Grille 83 : - 304,90	Grille 85 : 304,90	Grille 63 : 64,03	
19	-			
20	Grille 03 : 570,45	Grille 54 : 119,79	Grille 82 : 570, 45	Grille 59 : 119,79

Solution exercice n° 3.4.

	Opération 01	Opération 02	Opération 03	Opération 04	Opération 05	Opération 06	Opération 07	Opération 08	Opération 09	Totaux
00	3.889,00									3.889,00
01	28.588,68	6.897,00								35.485,68
02	12.488,39									12.488,39
03	304.981,82	41.759,00								346.740,82
45										0,00
46				8.860,00						8.860,00
48					969,00					969,00
81							244.144,51			244.144,51
82					436,50	15.815,12		594,00	619,00	17.464,62
83								10.709,00		10.709,00
87									619,00	619,00
54	67.260,11	9.183,21								76.443,32
56									129,99	129,99
59					32.099,50				129,99	32.229,49

Chiffre d'affaires : 3.899,00 + 35.485,68 + 12.488,39 + 346.740,82 + 8.860,00 - 969,00 = **406.494,89 €**

Solde fin du 2ème trimestre

Grille XX (54 + 56) :	76.573,31	T.V.A. à payer (76.443,32 + 129,29)	
Grille YY (59) :	- 32.229,49	T.V.A. à récupérer	
Grille 71 (dû à l'Etat):	44.343,82		
Solde avril :	+ 5.899,03		
Solde mai :	- 1.714,55		
Solde final :	**48.528,30**	A payer	

Solution exercice n° 3.5.

Grille 01	Ventes au taux de 6%	400.645,94 €
Grille 02	Ventes au taux de 12%	586.326,64 €
Grille 03	Ventes au taux de 21%	2.385.382,62 €
Grille 54	T.V.A. sur ventes	595.328,31 €
Grille 49	Notes de crédit sur ventes	61.752,00 €
Grille 64	T.V.A. sur notes de crédit sur ventes	10.525,59 €

Grille 81	Marchandises	2.733.687,00 €
Grille 82	Frais généraux	925.987,00 €
Grille 83	Investissements	364.000,00 €
Grille 84	Notes de crédit sur achats	345.699,00 €
Grille 59	Total de toutes les T.V.A. déductibles	749.877,00 €
Grille 63	T.V.A. sur notes de crédit sur achats	59.510,00 €
Grille 82	T.V.A. non déductibles économiques sur frais	28.991,00 €
Grille 55	T.V.A. intracommunautaire	31.254,00 €
Grille 56	T.V.A. cocontractant	70.980,00 €

Solde de la déclaration :

Grille XX (54 + 55 + 56 + 63) :   757.072,31   T.V.A. à payer
Grille YY (59 + 64) :   - 760.402,59 T.V.A. à récupérer
Grille 72 :   **- 3.330,28 €   Crédit**

Il y a lieu d'attendre les soldes de mai et juin pour apprécier si le solde trimestriel est éventuellement remboursable.

Chiffre d'affaires (01 + 02 + 03 – 49) = **3.310.603,20 €**.

Coût des dépenses (81 + 82 + 83) = **4.023.674,00 €**.

Solution exercice n° 3.6.

Voir le tableau page suivante.

Grille XX (54 + 55 + 56 + 63) :   4.032,00   T.V.A. à payer
Grille YY (59 + 62) :   - 9.245,17 T.V.A. à récupérer
Grille 72 :   - 5.213.17 Crédit
Acomptes :   - 2.664,00
Solde final :   **- 7.877,17   Crédit d'impôt remboursable**

Chiffre d'affaires (00 + 01 + 03 – 48) = 22.376,46 €.
Coût des acquisitions (81 + 82 + 83) = 46.057,08 €.

Détail sur l'opération n° 5 :
Grille 83 : (39.348,89 x 75%) + (8.263,27 x 25%) = 29.511,67 + 2065,82 = 31.577,49

Détail sur l'opération n° 13 :
Grille 82: (3.412,16 x 75%) + (716,55 x 25%) = 2.559,12 + 179,14 = 2.738,26

	Opération 01	Opération 02	Opération 03	Opération 04	Opération 05	Opération 06	Opération 07	Opération 08	Opération 09	Opération 10	Opération 11	Opération 12	Opération 13	Totaux
00														514,00
01			5.762,78											5.762,78
02														0,00
03			10.096,79											10.096,79
48											(-) 213,11			(-) 213,11
47	6.216,00													6.216,00
61									356,32					356,32
62							2.221,39							2.221,39
63										68,18				68,18
81		3.613,00				5.229,00				-324,67				4.904,33
82													2.738,26	6.351,26
83				3.224,00	31.577,49									34.801,49
85										324,67				324,67
86						3.519,00								3.519,00
87		3.613,00												3.613,00
54			2.466,10											2.466,10
55						738,99								738,99
56		758,73												758,73
59		758,73		677,04	4.131,64	1.098,09						514,00	358,28	7.023,78

Solution exercice n° 4.1.

01.	ND	Il n'y a pas de T.V.A. sur les ventes de tabacs. La T.V.A. est perçue à la source.
02.	D	12.3.2.
03.	D	12.3.2.
04.	DP	Frais mixtes 12.4.1.
05.	D	Acquisition intracommunautaire 6.3.1. et 12.3.2. Autoliquidation
06.	ND	12.4.2.
07.	ND	12.4.2.
08.	DP	12.6.2. Règle des 50%
09.	ND	12.4.2. Avantage privatif
10.	ND	La location immobilière est une opération exonérée de la T.V.A. 8.3.3.
11.	D	12.3.2.
12.	DP	12.6.2. Règle des 50%
13.	DP	12.6.2. Règle des 50%
14.	D	Opération «cocontractant» 12.3.2.
15.	D	12.3.2.
16.	D	2.2.1.
17.	ND	Achat au régime de la marge 9.3.3.
18.	D	12.3.2.
19.	ND	12.4.2
20.	D	Acquisition intracommunautaire 6.3.1. et 12.3.2. Autoliquidation
21.	D	12.3.2.
22.	D	12.3.2.
23.	ND	12.4.2.
24.	D	Opération «cocontractant» 12.3.2. Autoliquidation
25.	DP	12.6.2. Règle des 50%

Solution exercice n° 4.2.

1. Calcul (sur base des chiffres de An -1) du prorata provisoire de déduction pour l'année An 0 :

Honoraires de conseillère :   79.301,00 € - 1.500,00 € [1]   =   77.801,00   =   62,29% arrondi à **63 %**
Total des honoraires :   126.400,00 € - 1.500,00 € [1]   124.900,00

[1] Matériel informatique vendu : 1.500,00 €, à déduire du chiffre d'affaires. (Le fauteuil n'est pas à considérer comme un investissement)

Calcul du montant de la T.V.A. déductible sur les acquisitions effectuées en An 0 :

Matériel informatique :   5.540,00 x 21% =   1.163,40 €
Documentation :   86,57 x 6%   =   5,19 €
Autoradio :   587,83 x 21% x 50% =   61,72 €
                          Total T.V.A. :   1.230,31 €
T.V.A. déductible :   1.230,31 € x 63% = 775,10 €.

2. Calcul (sur base des chiffres de An 0) du prorata définitif pour l'année An 0 :

Honoraires de conseillère :   41.894,00   =   36,19% arrondi à **37%**
Total des honoraires :   115.766,00

Calcul de la régularisation à opérer en grille 61 en An +1 (différence supérieure à 10 points)
              (1.230,31 x 63%) - (1.230,31 x 37%) = 319,88 €
      ou :   1.230,31 x 26% (63 - 37) = 319,88 €

Solution exercice n° 4.3.

Facture 1

Prix catalogue :	16.850,00 €
Supplément GPS :	620,00 €
Total :	17.470,00 €
Ristourne 7% sur 17.470,00 :	- 1.222,90 €
Base imposable :	16.247,10 €
T.V.A. due au taux de 21% :	3.411,89 €
Total à payer :	19.658,99 €

Grille 83 : 13.810,04	16.247,10 x 85%
Grille 59 : 2900,11	3.411,89 x 85% - Il n'y a pas de limitation de la déduction à 50% pour les camionnettes

Facture 2

Prix catalogue :	16.700,00 €
Supplément toit ouvrant :	620,00 €
Total :	17.320,00 €
Ristourne 8% sur 17.230,00 € :	- 1.385,60 €
Base imposable :	15.934,40 €
T.V.A. due au taux de 21% :	3.346,22 €
Total :	19.280,62 €
Total essence :	67,09 € (55,45 + 11,64)
Total à payer :	19.347,71 €

Grille 83 : 10.859,29 €	(15.934,40 x 65%) + (3.346,22 x 15% T.V.A. économique non déductible)
Grille 82 : 37,79 €	(55,45 x 65%) + (11,64 x 15%)
Grille 59 : 1.678,93 €	(3.346,22 + 11,64) 50%

Facture 3

Prix catalogue :	26.875,00 €
Supplément jantes larges :	600,00 €
Total :	27.475,00 €
Ristourne 8% sur 27.475,00 € :	- 2.198,00 €
Base imposable :	25.277,00 €
T.V.A. due au taux de 21% :	5.308,17 €
Total :	30.585,17 €
Essence :	62,50 € (51,65 + 10,85)
Total :	30.647,67 €
Reprise :	- 3.500,00 € (2.892,56 + 607,44)
A payer :	27.147,67 €

Grille 83 : 15.697,02	(25.277,00 x 60%) + (5.308,17 x 10%)
Grille 82 : 32,08	(51,65 x 60%) + (10,85 x 10%)
Grille 59 : 2.659,51	(5.308,17 + 10,85) x 50%
Grille 03 : 2.892,56	Reprise camionnette
Grille 54 : 607,44	T.V.A. sur reprise camionnette

Solution exercice n° 5.1.

1. Facture unique pour l'opération

- Remplacement des vitres existantes par des vitres à double virage – Travaux effectués en vos bureaux.
Valeur des travaux :   4.164,40 €   (10.411,00 x 40%)
« T.V.A. à acquitter par le cocontractant »

- Remplacement des vitres existantes par des vitres à double virage – Travaux effectués à votre logement privé.
Valeur des travaux :   6.246,60 €   (10.411,00 x 60%)
T.V.A. au taux de 6% :   374,80 €
Total :   6.621,40 €

Total à payer :   10.785,80 €

2. Grilles de la déclaration périodique à la T.V.A. chez le vitrier

| Grille 01 : 6.246,50 | Grille 45 : 4.164,40 | Grille 54 : 374,80 |

Grilles de la déclaration périodique à la T.V.A. chez l'expert-comptable

| Grille 83 : 4.164,40 | Grille 56 : 874,52 | Grille 59 : 874,52 | Grille 87 : 4.164,40 |

Les travaux privés ne doivent pas être inscrits dans la déclaration périodique à la T.V.A.

Solution exercice n° 5.2.

Facture 1
10 m3 de béton à 40,00 €/m3 :   400,00 €
5 palettes à 62,00 € la palette :   310,00 €
2 Hourdis à 180,00 € :   360,00 €
Sous-total :   1.070,00 €
Transport :   200,00 €
Total :   1.270,00 €
Ristourne de 8% sur les matériaux (400,00 + 360,00) x 8% :   - 60,80 €
Base taxable :   1.209,20 €
T.V.A. au taux de 21% :   253,93 €
Total :   1.463,13 €
Intérêts de retard :   35,00 €
A payer :   **1.498,13 €**

Facture 2
Papier : 12 x 6 x 65,00 € :   4.680,00 €
Frais d'emballage :   52,00 €
Remise 15% (4.680,00 x 15%) :   - 702,00 €
Sous-total :   4.030,00 €
Escompte 3%   - 120,90 €
Base taxable :   3.909,10 €
T.V.A. au taux de 21% :   820,91 €
Total :   4.730,01 €
Intérêts de retard :   35,12 €
Palette cautionnée :   8,00 €
A payer :   **4.773,13 €** escompte déduit
            ou T.V.A. 21% sur 3909,10   4.030,00 €
                                                                       820,91 €
                                                                     4.850,91 €
                                                                        35,12 €
                                                                         8,00 €
                                                                     4.894,03 € escompte non déduite

Solution exercice n° 6.1.

Rappel : limite d'investissement à 1.000.000 €

01	Grille 82 : 771,07	Grille 59 : 161,93		Frais généraux < 1.000,00 €
02	Grille 83 : 30.224,04	Grille 59 : 2.871,97		83 : 16.458,00 x 2 = 33.096,00 : 1.21 = 27.352,07 + 2.871,97 (T.V.A. 50% économique non déductible)
03	Grille 82 : 288,10	Grille 59 : 47,90		Acquisition < 1.000,00 € H.T.V.A.: Frais généraux
04	Grille 83 : 6.576,03	Grille 59 : 1.380,97		Investissement (camionnette d'occasion)
	Grille 82 : 895,04	Grille 59 : 187,96		Frais généraux (remorque)
05	Grille 83 : 12.138,00	Grille 87 : 12.138,00	Grille 56 : 2.548,98 Grille 59 : 2.548,98	Facturation de travaux immobiliers «cocontractant» - T.V.A. déductible

Solution exercice n° 7.1.

Formalités
- Déclaration de modification d'activité à déposer dans les 15 jours du 1/3
- Option pour le régime de la franchise
- Dépôt du listing clients de l'année précédente pour le 30/3 au plus tard
- Dépôt pour le 20/4 au plus tard de la déclaration périodique à la T.V.A. du 1er trimestre de l'année en cours
- Dépôt pour le 20/7 (10/8) au plus tard de la déclaration périodique à la T.V.A. du 2ème trimestre de l'année en cours

Opérations à effectuer (grille 61 de la déclaration périodique à la T.V.A. du 2ème trimestre)
- Reversement de la T.V.A. déduite sur le stock de marchandises (Révision)
- Reversement de 2/5 de la T.V.A. déduite sur l'achat de la camionnette (Révision)

Solution exercice n° 7.2.

- Informer l'office de contrôle de la T.V.A. compétent du changement de régime (déclaration de modification d'activité)
- Déposer un inventaire du stock de marchandises (3 exemplaires)
- Calculer le montant de la détaxation du stock (voir tableau ci-dessous)
- Procéder à la régularisation de la T.V.A. en grille 62 de la déclaration à la T.V.A.

Groupe de marchandises	Prix de vente forfaitaire H.T.V.A.	Taux de T.V.A.	T.V.A. forfaitaire (versée anticipativement) récupérable
31 - Vêtements	3.892,39 €		
32 - Linge, tissus d'ameublement	1.679,97 €		
33 - Vêtements pour hommes et femmes	6.078,16 €		
34 - Rubans et ceintures	1.016,44 €		
35 - Gants en cuir, bijouterie	354,61 €		
36 - Parfumerie	719,70 €		
Total :	13.741,27 €	x 21%	2.885,67 €

Solution exercice n° 7.3.

20/1	Dépôt de la déclaration périodique à la T.V.A. du 4ème trimestre de l'année précédente
20/1	Paiement de la T.V.A. due sur le 4ème trimestre de l'année précédente
31/3	Dépôt de la liste des clients assujettis de l'année précédente
20/4	Dépôt de la déclaration périodique à la T.V.A. du 1er trimestre
20/4	Paiement de la T.V.A. due sur le 1er trimestre : 6.372,00 € (8.903,00 – 17.764,00 + 15.233,00) Option pour le régime de dépôt mensuel
20/7 (10/8)	Dépôt de la déclaration périodique à la T.V.A. du 2ème trimestre : dû par l'Etat : 1.426,00 € (43.221,00 – 39.576,00 – 823,00 – 2.124,00 – 2.124,00) : A rembourser Remise à zéro du compte courant

20/8 (10/9)	Dépôt de la déclaration périodique à la T.V.A. du mois de juillet
20/8	Paiement de la T.V.A. due sur le mois de juillet : 7.569,00 €
20/9	Dépôt de la déclaration périodique à la T.V.A. du mois d'août
20/9	Paiement de la T.V.A. due sur le mois d'août : 9.432,00 €
20/10	Dépôt de la déclaration périodique à la T.V.A. du mois de septembre : dû par l'Etat : 5.231,00 € : à rembourser
	Remise à zéro du compte courant
20/11	Dépôt de la déclaration périodique à la T.V.A. du mois d'octobre
20/11	Paiement de la T.V.A. due sur le mois d'octobre : 17.836,00 €
20/12	Dépôt de la déclaration périodique à la T.V.A. du mois de novembre
20/12	Paiement de la T.V.A. due sur le mois de novembre : 2.767,00 €
24/12	Acompte de décembre calculé sur novembre (2.767,00 €) ou sur le solde T.V.A. du 1/12 au 20/12

Solution exercice n° 8.1.

01	Grille 03 : 64.909,09	Grille 54 : 13.630,91	Vente en Belgique : T.V.A. due.
02	Grille 46 : 68.684,00		Livraison intracommunautaire : exemption de T.V.A.
03	Grille 47 : 6.090,00		Exportation : exemption de T.V.A.
04	Grille 47 : 9.337,00		Exportation : exemption de T.V.A.
05	Grille 46 : 23.672,00		Livraison intracommunautaire : exemption de T.V.A.

Solution exercice n° 8.2.

Formalités
Dépôt de la déclaration de cessation d'activité.
Dépôt de la déclaration du 4e trimestre.
Dépôt de la liste des clients assujettis relative à l'année.
Facture de la cession du fonds ce commerce (en 2 exemplaires originaux signés par les parties).

Opérations
Comme Mme S ne poursuit pas d'activité économique, c'est le prélèvement qui s'impose. Ce prélèvement doit être opéré à la date du 31 décembre, préalablement à la cession du fonds de commerce.

Voiture automobile conservée :
Valeur du véhicule au 31 décembre: 2.350,00 €
Base imposable ramenée à 50% (suite à la limitation de déduction à 50% lors de l'acquisition) : 1.175,00 €
T.V.A. due au taux de 21% : 1.175,00 x 21% = 246,75 €

Stock de marchandises conservé (dont la T.V.A. a été initialement déduite) :
Base imposable : 8.729,00 €
T.V.A. due au taux de 21% : 1.833.09 €
Présentoir conservé :
Base imposable au 31 décembre : 94,00 €
T.V.A. due au taux de 21% : 19,74 €
La limite prévue pour les investissements (12.7.1.) ne s'applique que pour les révisions.

Déclaration :

| Grille 03 : 9.998,00 € | Grille 54 : 2.099,58 € |

Les biens conservés par Mme S ayant fait l'objet d'un prélèvement, le fonds de commerce peut être cédé à sa fille avec application de l'exemption prévue à l'article 11 du Code T.V.A.

Solution exercice n° 8.3.

1. Opération B to B – Règle générale – Grille 44 – T.V.A. française due
2. Opération B to B – Critère dérogatoire – Grille 47 – T.V.A. française due
3. Opération B to B – Critère dérogatoire – Grille 47 – T.V.A. allemande due
4. Opération B to B – Règle générale – Grille 44 – T.V.A. hollandaise due
5. Opération B to B – Critère dérogatoire – Grille 47 – T.V.A. italienne due

Solution exercice n° 9.1.

Les véhicules suivants peuvent être vendus sous le régime de la marge :

Nature du véhicule et qualité du vendeur	Prix d'achat	Prix de vente
Voiture VOLVO achetée à un particulier	6.000,00 €	8.000,00 €
Camionnette RENAULT achetée à un C.P.A.S.	9.000,00 €	12.000,00 €
Voiture PEUGEOT achetée à un assujetti franchisé	4.000,00 €	6.500,00 €
Totaux :	19.000,00 €	26.500,00 €

Prix de vente :

au régime normal	25.000,00 €	(24.000,00 + 1.000,00)
au régime de la marge	26.500,00 €	(tableau ci-dessus)

Bases taxables :

au régime normal		25.000,00 €
au régime de la marge	(26.500,00 – 19.000,00 = 7.500,00) : 1.21	6.198,35 €

Déclaration périodique à la T.V.A. :

Grille 03 : 31.198,35	Base imposable : 25.000,00 + 6.198,35
Grille 54 : 6.551,65	T.V.A. due : (25.000,00 x 21%) + (7.500,00 x 21/121)
Grille 81 : 47.000,00	Prix d'achat totaux
Grille 00 : 19.000,00	Prix d'achat au regime de la marge
Grille 59 : 5.670	24.000 + 3.000 = 27.000 x 21%

Solution exercice n° 9.2.

01	Grille 03 : 41.274,00	Grille 54 : 8.667,54	
02	Grille 03 : 18.939,00	Grille 54 : 3.977,19	
03	Grille 03 : 8.911,57*	Grille 54 : 1.871,43	Grille 00 : (57.236,00)
04	Grille 01 : 589,00	Grille 03 : 23.844,00	Grille 54 : 5.042,58
05	Grille 03 : 259,50	Grille 54 : 54,50	Recette T.V.A.C. !
06	Grille 81 : 49.950,00	Grille 59 : 10.489,50	
07	Grille 83 : 1.115,00	Grille 59 : 234,15	Investissement
08	Grille 82 : 210,00	Grille 59 : 44,10	Frais généraux
09	-		
10	Grille 81 : 4.648,00	Grille 59 : 976,08	
11	Grille 82 : 148,00	Grille 59 : 31,08	
12	Grille 03 : 102,56	Grille 54 : 21,54	Grille 82 : 124,10
13	Grille 82 : 111,43		T.V.A. non déductible
14	Grille 82 : 177,74	Grille 59 : 37,33	à 75%

15	Grille 82 : 656,34	Grille 59 : 137,83	à 75%
	Grille 82 : 138,66	Grille 59 : 29,12	à 75%
	Grille 87 : 184,88	Grille 56 : 38,82	cocontractant
16	Grille 82 : 276,32	Grille 59 : 58,03	à 75%
17	Grille 82 : 276,18	Grille 59 : 26,24	Règle des 50%
18	Grille 62 : 99,16		
19	Grille 49 : 532,00	Grille 64 : 111,72	
20	Grille 85 : 712,00	Grille 81 : - 712,00	Grille 63 : 149,52

* (68.046,00 – 57.263,00 = 10.783,00) : 1.21

Solution exercice n° 9.3.

	Vendeur	Acheteur
01	Livraison intracommunautaire Exemption de T.V.A. italienne	Acquisition intracommunautaire d'un investissement T.V.A. belge due Autoliquidation dans la déclaration périodique à la T.V.A. (grille 55) T.V.A. déductible à concurrence de 50% maximum (grille 59)
02	Livraison de bien en Belgique (grille 03) T.V.A. due au taux de 21% sur le prix de vente ramené à 50% (régime normal)	Achat de marchandise à vendre (grille 81) T.V.A. déductible (grille 59) Véhicule devant être revendu au régime normal
03	Livraison de bien en Belgique (grille 03) T.V.A. due au taux de 21% sur le prix de vente (régime normal)	Acquisition d'un investissement Le kinésithérapeute est un assujetti exonéré sans droit à déduction
04	Vente par un assujetti exonéré Pas de T.V.A. due sur le prix de vente	Achat de marchandise à vendre (grille 81) Pas de T.V.A. déductible (puisque pas de T.V.A. facturée) Véhicule pouvant être revendu au régime de la marge
05	Livraison d'un bien sous le régime de la marge «Toutes taxes comprises»	Achat d'un investissement (grille 83) Pas de T.V.A. déductible

Solution exercice n° 9.4.

01. Vente de la nouvelle voiture par N à C
La T.V.A. est due au taux de 21% sur 17.835,00 €. Il ne s'agit en effet pas d'une voiture d'occasion. Le régime de taxation normal s'applique sur le prix de vente (diminué d'une éventuelle ristourne).

| Base imposable | Grille 03 : 17.835,00 |
| T.V.A. à payer | Grille 54 : 3.745,35 |

Vente de la voiture d'occasion par C à N
C est un non assujetti. Il vend son véhicule sans application de T.V.A.

02. Vente de la voiture d'occasion par N à M
C avait supporté définitivement la T.V.A. comme consommateur final. La vente de ce véhicule par N à M peut par conséquent être soumise au régime de la marge, peu importe que M soit particulier ou assujetti quelconque.

Calcul de la T.V.A. due :
Prix de vente :   5.288,00 €
Prix d'achat :   4.612,00 €
Marge :   676,00 €
Base taxable :   676,00 € x 100/121 = 558,68 €
T.V.A. à payer   500,00 € x 21/121 = 117,32 €

Base imposable	Grille 03 : 558,68
	Grille 00 : 4.612,00
T.V.A. à payer	Grille 54 : 117,32

03. Vente de la nouvelle voiture par N à la S.A. L
Il ne s'agit pas d'une voiture d'occasion; le régime normal de taxation s'applique sur le prix de vente (diminué d'une éventuelle ristourne).

Base imposable	Grille 03 : 12.443,00
T.V.A. à payer	Grille 54 : 2.613,03

Vente de la voiture d'occasion par la S.A. L à N
Il s'agit d'une vente par un assujetti avec droit à déduction. La T.V.A. au taux de 21% est due sur l'opération.

Base imposable	Grille 03 : 1.977,00
T.V.A. à payer	Grille 54 : 415,17

04. Revente de N à R
Le véhicule de L ne peut être vendu sous le régime de la marge puisque L a pu pratiquer la déduction. Il s'agit dès lors d'une vente au régime normal.

Base imposable	Grille 03 : 2.422,00
T.V.A. à payer	Grille 54 : 508,62

Solution exercice n° 9.5.

01
A > B   Acquisition intracommunautaire de B. T.V.A. due dans le pays de l'acheteur (autoliquidation)
B > C   Livraison de bien en Belgique. T.V.A. belge due sur le prix de vente (ristourne éventuelle déduite)
C > D   Vente par un non assujetti. Pas de T.V.A.
D > E   Vente possible sous le régime de la marge (T.V.A. due sur la marge bénéficiaire)
E > F   Vente par un non assujetti. Pas de T.V.A.

02
A > B   Importation de B. T.V.A. due par B.
B > C   Livraison de bien en Belgique. T.V.A. belge due sur le prix de vente (ristourne éventuelle déduite)
C > D   Livraison de bien en Belgique. T.V.A. belge due sur le prix de vente (ristourne éventuelle déduite)
D > E   Livraison de bien en Belgique. T.V.A. belge due sur le prix de vente (ristourne éventuelle déduite)
E > F   Livraison de bien en Belgique. T.V.A. belge due sur le prix de vente

03
A > B   Acquisition intracommunautaire de B. T.V.A. due dans le pays de l'acheteur (autoliquidation)
B > C   Livraison de bien en Belgique. T.V.A. belge due sur le prix de vente (ristourne éventuelle déduite)
C > D   Vente par un assujetti exonéré. Pas de T.V.A.
D > E   Vente par un particulier non assujetti. Pas de T.V.A.
E > F   Livraison de bien en Belgique. T.V.A. belge due sur le prix de vente (ristourne éventuelle déduite)
F > G   Livraison de bien en Belgique. T.V.A. belge due sur le prix de vente (ristourne éventuelle déduite)

04
A > B   Acquisition intracommunautaire de B. T.V.A. due dans le pays de l'acheteur (autoliquidation)
B > C   Exportation : exemption de T.V.A. (si preuve de l'exportation)

05
A > B   Livraison de bien en Belgique. T.V.A. belge due sur le prix de vente (ristourne éventuelle déduite)
B > C   Vente par un assujetti exonéré. Pas de T.V.A.
C > D   Vente par un non assujetti. Pas de T.V.A.
D > E   Vente possible sous le régime de la marge (T.V.A. due sur la marge bénéficiari)

06
A		Prélèvement – T.V.A. due sur la valeur normale du bien
A	> B	Livraison de bien en Belgique. T.V.A. belge due sur le prix de vente (ristourne éventuelle déduite)
B	> C	Vente par un non assujetti. Pas de T.V.A.
C	> D	Vente possible sous le régime de la marge (T.V.A. due sur la marge bénéficiaire)
D	> E	Livraison de bien en Belgique. T.V.A. belge due sur le prix de vente (ristourne éventuelle déduite)

Solution exercice n° 9.6.

Vente de la nouvelle voiture par M à la S.A. P
La T.V.A. est due au taux de 21% sur 15.000,00 €. Il s'agit d'une voiture neuve. Le régime de normal de taxation s'applique sur le prix de vente (diminué d'une éventuelle ristourne).

Déclaration de M :

Base imposable	Grille 03 : 15.000,00 €
T.V.A. à payer	Grille 54 : 3.150,00 €

Achat de la voiture d'occasion par M à la S.A. P
La S.A. P (assujettie avec droit à déduction) a pu déduire la T.V.A. (maximum 50% [12.6.2.]) lorsqu'elle a acheté le véhicule. Elle doit, en tant qu'assujettie, soumettre sa vente à 21% de T.V.A. que M peut déduire entièrement mais peut réduire sa base imposable à 50%.

Déclaration de la S.A. P :

Base imposable	Grille 00 : 1.500,00 €
	Grille 03 : 1.500,00 €
T.V.A. à payer	Grille 54 : 315,00 €

Vente de la voiture d'occasion par M à C
La vente de ce véhicule ne peut être soumise au régime de la marge car la S.A. P n'a pas supporté entièrement la T.V.A. Elle doit avoir lieu au régime normal, peu importe que C soit particulier ou assujetti quelconque.
Le prix de vente à C est de 3.500,00 € "T.V.A. non comprise" sur lequel une T.V.A. au taux de 21% (735,00 €) est à reverser à l'Etat par l'intermédiaire de la déclaration périodique à la T.V.A. :

Déclaration de M :

Base imposable	Grille 03 : 3.500,00 €
T.V.A. à payer	Grille 54 : 735,00 €

Solution exercice n° 10.1.

Bureau de l'expert-comptable	Cocontractant	(Assujetti avec droit à déduction)
Logement du boulanger	6%	(Logement privé)
Logement de l'instituteur	6%	(Logement privé)
Salon de l'esthéticienne	Cocontractant	(Assujetti avec droit à déduction)
Cabinet dentaire	21%	(Assujetti exonéré)
Courtier en assurances	21%	(Assujetti exonéré)
Etude du notaire	Cocontractant	(Assujetti avec droit à déduction)
Couple de pensionnés	6%	(Logement privé)
Agence bancaire	21%	(Assujetti exonéré)
Boulangerie (magasin et atelier)	Cocontractant	(Assujetti avec droit à déduction)

Solution exercice n° 10.2.

Chez l'entrepreneur :
Grille 45   8.457,00 €

Chez l'architecte :
Grille 82   5.074,20 € (il s'agit d'entretiens et non d'investissements)
Grille 87   8.457,00 € (montant total)
Grille 56   1.775,97 € (montant total)
Grille 59   1.065,58 € (montant déductible à concurrence de 60%)

Solution exercice n° 11.

01 Régime de la franchise.
Le montant des acquisitions du producteur étant de 26.140,00 €, la facture de vente qu'il rédigera sera au moins d'égale valeur, montant qui dépasse le plafond autorisé pour le bénéfice du régime de la franchise. Le producteur ne peut plus conserver ce régime et est tenu de passer au régime normal de la T.V.A. et de déposer des déclarations périodiques à la T.V.A. (2.2.2.)

02 Acquisition intracommunautaire.
Le vétérinaire étant un assujetti avec droit à déduction, la taxe est due dans le pays de l'acheteur. Le fournisseur hollandais, sur base du numéro d'identification à la T.V.A. fourni par le vétérinaire, livrera l'appareil de radiologie en exemption de T.V.A. hollandaise et le vétérinaire pratiquera l'autoliquidation dans sa déclaration périodique à la T.V.A. (grille 55) et exercera son droit à déduction (grille 59) (6.3.1.).

03 Acquisition intracommunautaire.
Pour les produits soumis à accises, la taxe est due dès le premier euro dans le pays de l'acheteur. Comme une administration communale est une personne morale non assujettie, elle doit solliciter un numéro d'identification à la T.V.A. et le présenter à son fournisseur français en vue d'obtenir l'exemption de la T.V.A. française et d'effectuer, par le biais d'une déclaration spéciale, le paiement de la T.V.A. belge (6.3.5.).

04 Régime du forfait
Il doit automatiquement passer au régime normal de la T.V.A. et calculer ses T.V.A. dues sur base des recettes réelles à partir d'un facturier de sorties (ou journal des ventes) et/ou d'un journal de recettes.
Il pourra également bénéficier de la détaxation de son stock (15.2. et 15.6).

05 Location immobilière
La location immobilière étant une opération exonérée de la T.V.A., les déductions éventuellement opérées sur la construction de l'immeuble donnée en location doivent faire l'objet d'une révision de la déduction sur une période de 15 ans et de 5 ans pour les autres travaux d'aménagement (8.3.3.).

06 Cession d'une partie autonome de l'activité
L'activité de vente de chaussures étant une partie autonome d'une entreprise, comprenant des éléments corporels et éventuellement incorporels qui, ensemble, constituent une entreprise ou une partie d'entreprise susceptible de poursuivre une activité économique autonome. Comme le bénéficiaire du transfert a l'intention d'exploiter le fonds de commerce cédé, il y a exemption de T.V.A. sur base de l'art. 11 de Code T.V.A. (3.3.2.).

07 Acquisition intracommunautaire
La taxation doit avoir lieu dans le pays de l'acheteur. Il y a donc exemption de la T.V.A. suédoise et autoliquidation dans la déclaration périodique à la T.V.A. de l'entreprise belge (grilles 55 et 59) (6.3.5.).

08 Prélèvement - cadeau
Le lecteur DVD doit faire l'objet d'un document interne de prélèvement (grilles 03 et 54). Comme ce prélèvement n'est pas destiné à un cadeau commercial, il n'y a pas de comptabilisation de ce document interne en charges. Si le lecteur avait été offert à un client (donc dans le cadre le l'activité économique), le document interne pouvait être comptabilisé en charges mais la T.V.A. versée sur le prélèvement restait non déductible car il ne s'agirait pas d'un cadeau de faible valeur (3.5.3.).

09 Régime du forfait - prélèvement

Comme les coefficients forfaitaires tiennent compte des prélèvements effectués par la coiffeuse, il n'y a pas lieu de taxer ces prélèvements privés déjà taxés dans le cadre du régime forfaitaire (3.5.3. et 15.2.8.).

10 Travail immobilier – régime de la franchise

Bien qu'il s'agisse d'un travail immobilier de nettoyage et que le géomètre soit un assujetti, il ne peut être question d'une opération «cocontractant» puisque le client n'est pas un assujetti avec droit à déduction et ne peut dès lors pratiquer l'autoliquidation puisqu'il ne dépose pas de déclaration périodique à la T.V.A. La T.V.A. au taux de 21% est dès lors due sur cette opération. T.V.A. non déductible dans le chef du géomètre (11.6.2.).

Solution Q.C.M. T.V.A.

01.	c.					31.	a.	d.			
02.	c.					32.	b.				
03	b.					33.	a.	b.			
04.	c.	d.				34.	a.				
05.	c.					35.	d.				
06	b.	d.	g.	h.	j.	36.	c.				
07.	b.	i.	j.			37.	a.	b.	c.	d.	e.
08.	a.	b.	c.	d.		38.	c.	d.	e.		
09.	d.					39.	b.				
10.	b.					40.	b.				
11.	c.					41.	a.	b.			
12.	c.					42.	c.	d.			
13.	c.					43.	a.	c.			
14.	b.					44.	b.				
15.	a.					45.	d.				
16.	b.					46.	c.				
17.	a.					47.	f.				
18.	c.					48.	d.				
19.	c.					49.	c.				
20.	c.					50.	d.				
21.	a.					51.	b.				
22.	b.					52.	c.				
23.	c.					53.	c.				
24.	d.					54.	h.				
25.	c.	d.				55.	e.				
26.	b.					56.	c.				
27.	b.					57.	a.				
28.	f.					58.	a.				
29.	d.					59.	e.				
30.	c.					60.	b.	d			

INDEX

A

Acompte
    décembre (de) 139
    T.V.A. 138
Acquisition intracommunautaire 64
Affection réelle 114
Amendes 196
Assujetti
    à la T.V.A. 25, 27
    agriculteur 127
    avec droit à déduction 27, 65
    étranger 37, 127
    exonéré 30
    exploitant agricole 34
    franchisé 28
    mixte 36
    occasionnel 127
    occasionnel d'office 39
    occasionnel sur option 38
    partiel 36
    revendeur 90
Assujettissement 26, 27
Avantages
    de toute nature 55
    privatifs 111

B

Base imposable
    acquisition intracommunautaire
        (d'une) 98
    importation (d'une) 98
    opération en Belgique (d'une) 95
    régime de la marge (du) 98
Bâtiment neuf 79
Bien d'investissement 121
Boissons spiritueuses 110
Bureau des assujettis étrangers 128

C

Cadeaux commerciaux 111
Charges 95
Chiffre d'affaires 24, 96, 112, 126, 137, 144, 146, 155, 159
Cocontractant 103, 105
Coefficients forfaitaires 145
Collecteur d'impôt 22
Commissionnaire 41
Communication des livres et documents
    comptables 190
Comptabilité 91, 179
Compte courant T.V.A. 136
Compte spécial 136
Comptes des clients assujettis 179
Concordance T.V.A. 96
Conservation des livres et documents ... 189
Consommateur final 21, 103
Contrôle T.V.A. 195
Courtier 42
Créance impayée 131
Crédit d'impôt 125, 126, 136

D

Débours 97
Déclaration
    cessation d'activité (de) 136
    commencement d'activité (de) 136
    exportation (d') 61
    mensuelle 137
    modification d'activité (de) 136
    périodique à la T.V.A. 22, 149, 153
    spéciale à la T.V.A. 65, 165
    trimestrielle 137
déduction historique 121
Déductions de T.V.A. 107

Délais
- conservation (de) 190
- déduction (de la) 124
- dépôt de la déclaration (de) 137
- dépôt de la déclaration spéciale (de)... 166
- facturation (de) 172
- paiement de la T.V.A. (de) 138

documents de destination 72
Droit de visite 191

E

Emballages 129
- consignés 97
- perdus 95

Escompte 96
Etablissement stable 127
Expertise 194
Exportation 61, 94

F

Facturation 169
Facture 107, 169
Facturier
- entrées (d') 91, 179
- sorties (de) 179

Faillite 130
Feuille de calcul 145
Fonds de commerce 49
Frais
- caractère économique (à) 109
- caractère privé (à) 109
- logement, nourriture et boissons (de) . 110
- réception (de) 110

H

Handicapé 131

I

I.P.P. 23
I.S.O.C. 23
Identification à la T.V.A. 135
Importation 57
- avec report de paiement 59

Intérêts 96
- en faveur de l'assujetti 201
- en faveur de l'Etat 201
- moratoires 201
- retard (de) 138, 197

J

Journal
- achats (des) 91
- recettes (de) 179

L

Liste des clients assujettis 181
Listing clients 181
Livraison de biens 45
- corporels 45
- incorporels 48

Livraison intracommunautaire 69, 93
Livraisons avec installation et montage ... 70
Livre des inventaires 179
Location immobilière 83
- non soumise à la T.V.A. 83
- soumise à la T.V.A. 84

Logement privé 102

M

Moyen de preuve 193
Moyen de transport 85
- neuf 67, 86, 93
- non neuf 93

N

Notes ou reçus T.V.A. 175
Numéro d'identification à la T.V.A. 71, 135

O

Opérations immobilières 79
Ordre de recouvrement 197

P

Paiement indu 129
Particulier 66
Personne morale non assujettie 35, 65
Perte de créance 130
Pourboire 95
Prélèvement 52, 122, 146
    biens (de) 53
Présomptions légales 194
Prestations de services 50
Prix 95
Procédure 195
    administrative 197
    judiciaire 199
Procès-verbal 193
Produits soumis à accises 67
Prorata
    définitif 113
    général 112

R

Rabais 96
    prix (de) 129
Redevable de la T.V.A. 64
Régime
    biens d'occasion (des) 147
    dépôt (de) 137
    exploitants agricoles (des) 147
    forfait (du) 144
    franchise (de la) 147
    marge (de la) 88, 91, 147
    normal 143
    taxation (de) 136, 143, 148
Registre
    achats (des) 91, 179
    comparaison (de) 91, 179
    réparations (des) 179
    restitutions (des) 179
    véhicules d'occasion destinés à la vente (des) 179
Règle
    50 % (des) 115
    encaissement (de l') 41

Relevé
    régularisation (de) 196
    trimestriel des livraisons intracommunautaires 185
Remise 96
Renseignements 192
Report
    paiement (de) 59
    perception (de) 65, 103
Représentant responsable 128
Reprise d'un bien 130
Résiliation d'une convention 130
Restitution
    mensuelle 62
    T.V.A. (de) 125
Revenu 23
Révision 122
    biens d'investissement (sur les) 121
    déduction (de la) 121
Ristourne 96

T

T.V.A.
    déductible sur les véhicules automobiles 115
    non déductible 109
    partiellement déductible 111
    totalement déductible 108
Tableau des investissements 179
Taux 99
    0% 103
    normal 100
    réduit 100
    réduit de 6% 102
    zéro 100
Taxation d'office 193
Transferts 71
Travail immobilier 102

U

Union européenne 63, 69, 75, 76, 77

V

Valeur normale 80
Vente
  à distance 70
  à l'étranger sous le régime de la marge 94
  dans un pays autre qu'un pays de l'U.E. 94
  dans un pays de l'U.E. 93
  immeubles (d') 79
  véhicules (de) 85
  véhicules d'occasion en Belgique (de) .. 87
  véhicules neufs en Belgique (de) 87
Voiture **86**
Voiture
  neuve 87
  occasion (d') 87

Du même auteur

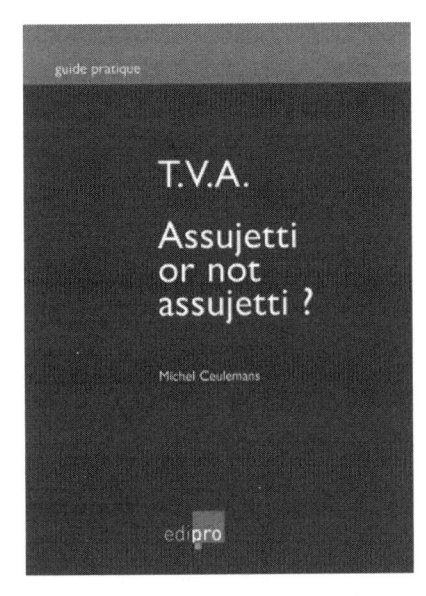

T.V.A. – Assujetti or not assujetti ?

Mon entreprise est-elle assujettie à la T.V.A. ?
Mon A.S.B.L. ?
Ma petite activité après journée ?
Mon club sportif ?...
Mon client psychologue, vétérinaire, disck-jockey, assureur, guérisseur, ostéopathe, speaker, syndic d'immeubles ?...
Ma cliente podologue, infirmière, artiste, enseignante, aide familiale, gardienne d'enfants, tabacologue, traductrice ?...
Un particulier qui loue des chambres d'hôtes ? Une intercommunale ? Une polyclinique ?...

Il n'existe pas d'indépendant qui ne se soit pas posé la question : Mon activité est-elle soumise à la T.V.A. et, par conséquent, suis-je assujetti à la T.V.A. ? Il n'existe pas non plus de professionnel de la comptabilité qui ne se pose pas régulièrement cette même question à propos des activités de ses nouveaux clients : Mon client doit-il être assujetti à la T.V.A. ?

La simplicité de la question n'a d'égal que la complexité de la réponse. Les questions sur l'assujettissement à la T.V.A. induisent des réponses réfléchies, nuancées et circonstanciées qui prennent en compte de nombreux paramètres.

La nuance entres les divers assujettissements à la T.V.A. est précisément l'objet de cet ouvrage. Comment s'y retrouver dans le dédale législatif ? Quels sont les raisonnements à tenir pour chaque activité, pour chaque profession ?

Près de 400 professions ou activités sont passées en revue par ordre alphabétique. Plus de 700 références aux textes légaux ou à la jurisprudence les appuyent.

« **T.V.A. - Assujetti or not assujetti** » vient compléter la série d'ouvrages du même auteur concernant les grands thèmes de la T.V.A. Un nouvel outil indispensable au professionnel de la comptabilité et de la fiscalité soucieux de maîtriser les problèmes relatifs à la T.V.A.

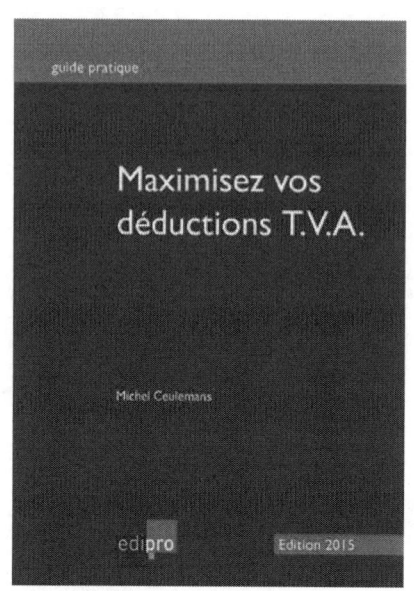

Maximisez vos déductions T.V.A. (2015)

Maximisez vos déductions T.V.A. s'adresse à ceux qui souhaitent maîtriser parfaitement le problème quotidien de la déduction de la T.V.A., sujet particulièrement technique et étendu, mais capital pour les trésoreries.

Quoi de plus naturel en effet que de bénéficier de toutes les T.V.A. que l'on est en droit de récupérer en vertu de la législation belge, des directives européennes ou de la jurisprudence si souvent méconnue ? Quoi de plus normal aussi que d'être averti des nombreuses restrictions et interdictions ?

Rédigés dans un style direct et accessible, les sujets sont classés par ordre alphabétique, ce qui permet d'orienter très rapidement le lecteur vers la solution recherchée. Une table des matières, un index et un glossaire très complet qui rappelle les notions indispensables et explique les termes techniques utilisés optimalisent encore la facilité d'accès. Les références aux textes officiels y figurent utilement. Un outil indispensable à la bibliothèque des entreprises et des professionnels de la comptabilité et de la fiscalité. Un investissement vite rentabilisé.

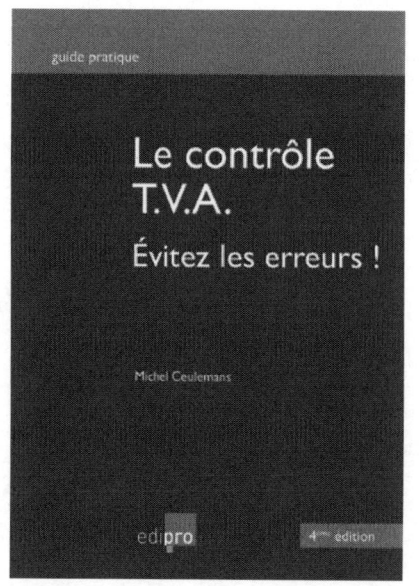

Le contrôle T.V.A. – Evitez les erreurs !

Les contrôles sont souvent redoutés par les personnes qui les subissent car ils révèlent parfois des erreurs ou irrégularités plus ou moins graves.

Mais ils peuvent heureusement aussi attester d'une bonne gestion. Le contrôle T.V.A. n'échappe pas à cette règle. Parce qu'il vérifie l'exacte perception d'une taxe aux applications diverses et parfois complexes, il mérite toute notre attention.

- Qui peut me contrôler et que va-t-on contrôler ?
- Quand peut-on me contrôler et quelle période peut-on contrôler ?
- Que se passe-t-il en cas d'erreurs de bonne foi ou d'irrégularités ?
- Etc.

Autant de questions qui viennent logiquement à l'esprit à l'annonce d'un contrôle !

Cet ouvrage énumère et explique les erreurs ou irrégularités les plus souvent rencontrées lors des contrôles T.V.A., mais il donne aussi les moyens de les éviter à l'avenir. L'occasion est belle de rappeler l'ensemble des principales règles qui régissent quotidiennement l'application de la T.V.A. et de tout savoir sur les éternelles questions débattues lors des contrôles : le taux réduit de 6%, les opérations cocontractant, les prélèvements, les avantages de toute nature, les opérations intracommunautaires, les importations et exportations, le régime de la marge, le régime forfaitaire, les notes ou reçus, les ventes de véhicules, le contrôle du chiffre d'affaires, etc.

Un ouvrage indispensable aux assujettis et aux professionnels de la comptabilité et de la fiscalité pour vivre des contrôles T.V.A. en toute sérénité.

A.S.B.L. & T.V.A.

A.S.B.L. et T.V.A. ne font pas toujours bon ménage ! Règles spécifiques, exonérations, déductions, facturation, ... Autant de problèmes quotidiens !

Les responsables - souvent bénévoles - pensent, parfois à tort, bénéficier de l'une ou l'autre exonération. On peut les comprendre ; les particularités sont si nombreuses et subtiles qu'elles sont souvent méconnues, même des professionnels du chiffre.

Pour une gestion sereine au sein de votre association, à travers près de 300 pages d'explications et d'exemples, ce guide pratique expose toutes les règles en matière de T.V.A. susceptibles d'intéresser une A.S.B.L., grande ou petite, au cours de son fonctionnement quotidien.

Il n'a pour but que de vous aider et vous conseiller. Un index complet vous permet de trouver rapidement l'information recherchée. Vous avez des questions ? Nous avons les réponses...

Quelles règles appliquer dans les domaines social, humanitaire, médical, artistique et sportif ?
Comment remplir la déclaration T.V.A., le listing des clients assujettis ?
Quelles sont les exemptions du secteur culturel ?
Quid des subsides et subventions ?
Mon A.S.B.L. exploite une buvette, puis-je déduire la T.V.A. ?
Comment considérer les prestations gratuites ?
Quid de l'enseignement et des formations ?
Les cotisations sont-elles soumises à la T.V.A. ?
Quelles conséquences pour les administrateurs d'A.S.B.L. ?

Immobilier & TVA (2018)

Acheter, construire, louer, transformer, réparer, agrandir... Qui ne souhaite pas s'engager au moins une fois dans sa vie dans un projet immobilier ? Une démarche pensée et réfléchie parce qu'elle implique d'importants budgets et s'étale souvent sur plusieurs années.

La fiscalité constitue une part non négligeable de ces budgets : droits d'enregistrement, impôt direct, précompte immobilier, mais surtout la T.V.A. qui intéresse aussi bien l'entreprise...

- Quelles entreprises doivent être assujetties à la T.V.A. ?
- Comment rédiger correctement une facture ?
- Quelles sont les obligations des entrepreneurs ?
- Pourquoi un entrepreneur doit-il être enregistré ?
- Comment céder une entreprise ?
- Quelle T.V.A. déduire ?
- Comment fonctionnent les associations momentanées ?
- Un syndic d'immeubles doit-il être assujetti à la T.V.A. ?
- Etc.

que le particulier…
- Je fais construire mon immeuble : T.V.A. ou droits d'enregistrement ?
- J'achète un immeuble avec T.V.A. ou avec droits d'enregistrement ?
- A quelles conditions transformer ma maison au taux réduit de 6% ?
- Je démolis et reconstruis ma maison… 6% ou 21% ?
- Je donne des chambres en location à des étudiants : T.V.A. ou non ?
- Je construis moi-même ma maison, dois-je payer la T.V.A. sur ma propre main-d'oeuvre ?
- Etc.

« Immobilier & T.V.A. » est le seul ouvrage en Belgique qui explique de manière aussi claire, pratique et complète l'ensemble des problèmes que pose la T.V.A. dans tous les domaines du secteur immobilier. Il constitue une aide précieuse et indispensable à tous les intervenants du secteur, aux professionnels de la comptabilité et à toute personne susceptible d'être intéressée par ce sujet.

HORECA & T.V.A. (2018)

Sont réunies dans ce guide pratique, toutes les règles en matière de T.V.A. communes ou spécifiques aux activités du secteur HORECA et notamment :

Les obligations : déclarations, facturation, comptabilité, caisses enregistreuses, etc.
- Les forfaits cafetiers, friteries, glaciers et salons de consommation.
- Les prestations accessoires (animations, jeux, parking, téléphone, internet, etc.).
- Les locations de salles avec ou sans matériel.
- L'utilisation des caisses enregistreuses.
- Les cessions de fonds de commerce (fréquentes dans ce secteur).
- Les hôtels, chambres d'hôtes, appart-hôtels, maisons de repos, etc.
- Les restaurants, friteries (fixes ou mobiles), cantines dans les hôpitaux, écoles, etc.
- Les traiteurs : plats fournis ou servis et foodtrucks.
- Les cafés, coffee-bars, cafétérias, buvettes, bars, etc.
- Les salons de consommation (glaces, vins, pâtisseries, produits de la ferme, etc.).
- Le camping et les locations de chalets, caravanes, bungalows, etc.

L'ensemble de la législation T.V.A. concernant le secteur HORECA est regroupé en un seul ouvrage clair et complet.

Cette initiative devrait répondre au souhait et aux questions des nombreux intervenants du secteur ainsi que des professionnels de la comptabilité et de la fiscalité qui les conseillent.